学校性教育概论

主　编◎苟　萍
副主编◎徐海燕　马　骋　赵　雪　卞　蓉
　　　　杨　蓉　黄　杰　蔡小雨
编　委◎唐小红　王海燕　王凤玲　李　琼
　　　　柳　燕　邓　萍　宋子豪　朱　琳
　　　　颜鲁翠　谭红朵

四川大学出版社

图书在版编目（CIP）数据

学校性教育概论 / 苟萍主编． — 成都：四川大学出版社，2023.12
ISBN 978-7-5690-5901-4

Ⅰ．①学… Ⅱ．①苟… Ⅲ．①青少年－性教育－教学研究 Ⅳ．①G479

中国国家版本馆CIP数据核字（2023）第002109号

| 书　　名：学校性教育概论 |
| Xuexiao Xingjiaoyu Gailun |
| 主　　编：苟　萍 |

选题策划：梁　平　杨　果
责任编辑：杨　果
责任校对：李　梅
装帧设计：裴菊红
责任印制：王　炜

出版发行：四川大学出版社有限责任公司
　　　　　地址：成都市一环路南一段24号（610065）
　　　　　电话：（028）85408311（发行部）、85400276（总编室）
　　　　　电子邮箱：scupress@vip.163.com
　　　　　网址：https://press.scu.edu.cn
印前制作：四川胜翔数码印务设计有限公司
印刷装订：四川省平轩印务有限公司

成品尺寸：185 mm×260 mm
印　　张：16.5
字　　数：406千字

版　　次：2024年1月　第1版
印　　次：2024年1月　第1次印刷
定　　价：56.00元

本社图书如有印装质量问题，请联系发行部调换

版权所有　◆　侵权必究

扫码获取数字资源

四川大学出版社
微信公众号

前　言

早在1929年，商务印书馆便出版了周建人所著《性教育》一书，书中指出，除了家长应当开展家庭性教育以外，学校教师也是适合对青少年开展性教育的人选。事实上，性教育在学校并不是新鲜事，学校教师尤其是班主任或多或少都会遇到需要性教育的工作情境：幼儿园的孩子互相观察身体，小学生卖弄与性有关的词汇，中学生青涩的恋情和课堂上普通词汇引起性联想的哄笑，培智学校学生对隐私部位的毫不避讳……如何处理这些现象，本身就是性教育的一部分；除此以外，孩子们青春期发育带来的性困扰和情窦初开的重重心事，也亟需得到教育者的指导与帮助。但很少有学校能把性教育作为一项常规工作纳入工作计划，开展性教育课堂教学的学校更是少之又少。

《中华人民共和国未成年人保护法》第四十条规定了学校开展性教育的责任，《未成年人学校保护规定》进一步明确了学校性教育的要求，性教育的重要性也被越来越多的人认同，越来越多的学校开始了性教育的教学尝试。但总体而言学校和教师开展性教育仍然不是一件容易的事。性话题的敏感性，以及性教育不同于其他文化类学科的特殊性，会使学校和教师对开展性教育顾虑重重，缺乏信心。一些学校会引入校外专业力量为学生开展性教育，但是这缺乏持续性，受益面也有限。

四川省青少年性教育普及基地自2011年授牌成立、落户成都大学以来，长期与各级各类学校合作进行学校性教育的实践探索，对于开展学校性教育积累了一定的经验。本书便是这些探索的固化成果之一。除了有对性与性教育的概念厘清、我国性教育的历史与发展现状，以及性教育教师的专业发展、性教育的原则方法等理论性内容，本书还分别针对小学、中学、幼儿园、培智学校的性教育设专章阐述，试图为计划开展性教育的学校提供一些理论与实践的参考。

本书的编写，凝聚了四川省青少年性教育普及基地专家团队的共同努力，这个团队的成员既包括以成都大学教师为主的高校性教育研究者与推广者，也有各中小学、幼儿园、特殊教育学校富有经验的一线教师。本书反映了目前较新的学校性教育研究成果，还有一线教师实践经验的总结与提炼。这些成果与经验也许不够成熟完善，但也是非常可贵的探索，期待能在一定程度上帮助开展性教育的学校少走弯路，提高性教育效果。

本书为成都大学教材建设项目，是为高校师范专业学生学习性教育，以及中小学幼儿园、特殊教育学校开展性教育师资培训而编写的教材。

本书除了附录之外共分为八章，各章编写分工如下：第一章由马骋、朱琳编写，第二章由徐海燕、赵雪、苟萍、邓萍等人编写，第三章由马骋、赵雪、苟萍编写，第四章由苟萍、宋子豪编写，第五章由徐海燕、颜鲁翠、谭红朵等人编写，第六章由杨蓉编写，第七章由黄杰、蔡小雨、苟萍编写，第八章由卞蓉带领青羊区特殊教育学校性教育团队的唐小红、王海燕、王凤玲、李琼、柳燕等人编写。附录由蔡小雨整理，参考文献由宋子豪、朱琳整理。全书由苟萍、徐海燕、马骋三人在宋子豪、朱琳的协助下完成统稿。全书最终由苟萍审定。

成都大学　苟　萍
2022 年 10 月 6 日

目 录

第一章 性与性教育 (1)
　第一节 性的概念变迁与含义 (1)
　第二节 性教育的概念变迁、模式与观念 (6)
　第三节 关于性教育的争议 (13)

第二章 我国学校性教育的发展及政策支持、现状和存在的问题 (19)
　第一节 我国学校性教育的发展 (19)
　第二节 我国学校性教育发展的政策支持 (23)
　第三节 我国学校性教育现状和存在的问题 (36)

第三章 学校性教育教师的专业化发展 (40)
　第一节 性教育教师应具备的教育素养 (40)
　第二节 性教育教师的学科德育职能 (46)

第四章 学校性教育的基本原则、途径和方法 (53)
　第一节 学校性教育的基本原则 (53)
　第二节 学校性教育的途径 (58)
　第三节 学校性教育的方法 (61)

第五章 幼儿园性教育指导 (70)
　第一节 幼儿的性发育特点 (70)
　第二节 幼儿园性教育的条件、教学原则和课程 (73)
　第三节 幼儿园性教育的途径和方法 (77)
　第四节 幼儿园性教育案例 (81)

第六章 小学性教育指导 (88)
　第一节 小学阶段儿童性发育特点 (88)
　第二节 小学性教育内容建议 (97)
　第三节 小学性教育策略与方法 (100)

第四节　小学班主任工作与性教育………………………………………(106)

第七章　中学性教育指导………………………………………………(111)
　　第一节　中学阶段青少年性发育特点……………………………………(111)
　　第二节　中学阶段性教育内容建议………………………………………(116)
　　第三节　中学性教育课堂教学设计………………………………………(122)
　　第四节　中学班主任工作与性教育………………………………………(133)

第八章　培智学校性教育指导…………………………………………(137)
　　第一节　培智学校学生性发育特点………………………………………(137)
　　第二节　培智学校性教育的原则…………………………………………(138)
　　第三节　培智学校性教育实施建议………………………………………(141)

附录　性教育指导纲要选编……………………………………………(160)
　　附录一　国际性教育技术指导纲要………………………………………(160)
　　附录二　中国青少年性健康教育指导纲要………………………………(195)
　　附录三　学校性教育指引…………………………………………………(219)
　　附录四　欧洲性教育标准…………………………………………………(231)
　　附录五　全面性教育技术指南——国际标准在中国的潜在本土化应用………(242)

参考文献…………………………………………………………………(253)

第一章　性与性教育

本章学习要求：
1. 了解性的概念变迁与含义，理解性与性教育的关系。
2. 了解国际视野中性教育的发展过程，理解不同教育模式的差异及其文化特色。
3. 了解我国性教育的发展状况，理解社会大众持有的不同性教育观念。
4. 了解关于性教育的争议，理解争议的关键点，并反思自己的观点。

第一节　性的概念变迁与含义

一般而言，性教育指"性"的教育，即以性为主要内容的教育，性是教育"成人"不可或缺的部分。因此，开展性教育是一种原有教育缺失基础上的补充，是将被剥夺的部分受教育权还于受教育者。然而，我们还需要进一步进行反思的是，在性教育中性仅仅是教育内容吗？它与教育的其他范畴（教育目的和手段、教育价值、教育功能等）有什么关系？另一种关于性和教育的关系的认知是：性不仅仅是人的一部分，而且还是人的核心属性或底层基础，如身份认同、关系构建、身体发育、生命繁衍等都与性有密不可分的关系。因此，开展性教育便是激发和促进教育改革的动力，是人本主义等哲学理念在教育领域的体现。《国际性教育技术指导纲要（修订版）》对性教育的定义是：采取适合一定年龄、具有文化相关性的方式，通过提供科学意义上准确的、真实的、不带任何评判色彩的信息，传授有关性和人际关系方面的知识；为一个人提供了探索自身价值观和态度的机会，有助于培养其就有关性的诸多问题做出决策、进行交流和减少风险的能力[①]。

现代意义上的性教育发源于欧洲，瑞典、荷兰等国率先开始对中小学生开始性教育，随后美国、德国、日本、韩国等国也开始探索性教育，并形成了各具特色的性教育模式。作为教育内容的"性"，其概念内涵和外延随着人们价值观念的演变而发生变化，由此带来性教育的定义和操作理念也截然不同。中国性教育肇始于20世纪初"西学东渐"的文化潮流，通过引进西方性教育理念和实施模式开始探索性教育的研究与实践。中国性教育在借鉴西方发达国家经验的基础上，与传统文化、政策背景、价值观念、行

---

① 联合国教育、科学及文化组织：《国际性教育技术指导纲要（修订版）》，2018年。

政体制和现实国情等因素进行了不同程度的选择与融合，形成了各具特色的性教育理念与实施方式。要厘清各种性教育理念之异同，需要从性与性教育概念的辨析开始。

一、性的概念变迁

（一）"性"的原始含义

汉语中的"性"是一个多义词，《说文解字》对其的解释是"人之阳气性善者也"，即人的身上善良本能的显性表现。《辞海》在该词条第二项中将其解释为："人物的自然属性，通常指人性。"第六项解释为："性别。如男性、女性；雄性、雌性。另指性欲。如：性意识。"在近代"西学东渐"的文化潮流以前，汉语中的"性"一词，主要用来指称人的自然属性（笔者注：类似于英文中的 nature）。而在我国传统文化中，sex 含义对应的词汇主要有"色""欲""男女"等。例如，为人所熟知的"食色，性也""饮食男女，人之大欲存焉"，都是对 sex 含义的表述。"性"的含义从 nature 到 sex 的转变是在近代翻译西书过程中完成的[1]。因此，"性"一词的原始用法并没有 sex 的含义，而是更为宽泛的"本性"之意。

（二）"性"的 sex 含义

19 世纪末 20 世纪初，一批仁人志士在借由日本翻译欧美性教育书籍资料时，开始使用"（两）性教育"这一词汇代指 sex education，因此"性"才具有了 sex 的含义。sex 意义上的性，指的是生理和行为层面的性，主要是关于男性和女性的生理特点以及性活动[2]，涉及性生理发育、性交、强奸、怀孕、流产、避孕、堕胎等一系列的话题。《简明不列颠百科全书》对 sex 的解释是："生物体与有性生殖过程中有关解剖、生理和行为方面的特征。"[3]《不列颠百科全书》对 sex 的解释是："借以区别物种成员在生殖能力上互补的两个群体（雄性和雌性）的各种形态和表征。"[4]《大美百科全书》对 sex 的解释是："个体中所有差异的总和。"[5] 受认识范围所限，初期欧美社会大众也将性相关的问题做了狭隘的理解，西方权威辞典对 sex 的解释主要侧重于生理层面，也就是说 sex 含义上的性即生理层面的性。然而，性这一现象的复杂之处在于，它不仅仅是一个生理层面的问题，同时还具有心理层面、社会层面、文化层面等各个层面的综合属性。因此，关于性的 sex 含义有待进一步的深化和扩展。

---

[1] 王雪峰、高畅：《作为教育的性教育》，《华北水利水电大学学报（社会科学版）》，2004 年第 20 期，第 14~17 页。

[2] 李红艳：《全面性教育的国际政策与实践》，《江苏教育》，2017 年第 12 期，第 7~17 页。

[3] 《简明不列颠百科全书》编辑部：《简明不列颠百科全书：第 8 卷》，中国大百科全书出版社，1986 年。

[4] 美国不列颠百科全书公司：《不列颠百科全书（国际中文版）：第 15 卷》，中国大百科全书出版社不列颠百科全书编辑部译，中国大百科全书出版社，1999 年。

[5] 《大美百科全书》编委会：《大美百科全书：第 24 卷》，外文出版社，1994 年。

（三）"性"的 sexuality 含义

随着人们对性的认识程度的加深和价值观念的更新，人们普遍认为性话题的讨论不能仅限于对性交行为的关注，同时性还有更为隐蔽、更为深刻、更为广泛的特性需要被纳入，因此提出了性存在（sexuality）的概念。sexuality 概念的提出使得性这一指称突破了生理层面的限制，具有了社会文化属性。人类的性已经扩大为一种系统化的"性存在"，其内部结构至少包括生物存在、心理存在和社会存在[1]。吴阶平院士在《中国性科学百科全书》开篇指出："人有生物属性和社会属性两个方面……人类的性不仅是生命实体的存在状态，它同时也被赋予精神和文化的含义，是生命健康和幸福的基本要素……性绝不是单纯的生理现象，而是以生理为基础的社会文化现象。"[2]

sexuality 意义上的性的外延更为广泛，包括性别平等、性权利、亲密关系、性别认同、性与生殖健康、性实现、性愉悦等，"我们应该在 sexuality 的意义上进行性教育，即强调'性'是一个全面的、综合的，会影响多种因素的，也受多种因素影响的社会建构对象，是从心理、生理、文化、社会等多角度综合地看待性以及与之密切相关的社会性别"[3]。《教育大辞书》对于性的 sexuality 含义解释为："性（sexuality）指的是与性有关的一切层面，即'全人的性'，通常包涵性生理、心理、伦理、法理、病理等。换言之，性首先是生理现象，其次是一种心理现象、文化现象和社会现象。"[4]

二、性的含义的混用与澄清

（一）性的 sexuality 含义和 sex 含义

性的 sexuality 含义和 sex 含义已经产生了很大的分化，但是国内学术界仍然采用"性"这一词汇指称。潘绥铭教授曾提出用"全性"来翻译 sexuality，但并未得到普遍认可和采用。"今天我们所使用的'性'一词实际上对应着英文当中的 sex 和 sexuality 两个词，同时具有这两个词的含义。"[5] 在中文语境中的"性教育"往往被视为一种生物本能，不需要刻意教育。"性教育"概念含义不清的根源在于"性"这一概念的 sex 含义和 sexuality 含义的混淆使用。虽然国际视野中的"性教育"已经发生了内涵上的重大变化，但国内社会大众对性教育所持的观念仍然停留在 sex 层面。我国传统文化对性避讳太深，但主要是在生理和行为层面的 sex 含义上；而实际上，sexuality 含义上的亲密关系的构建与维持、性与生殖健康促进、性安全保护与性犯罪预防等议题都颇受当

---

[1] 潘绥铭：《当前中国的性存在》，《社会学研究》，1993年第2期，第104~110页。

[2] 《中国性科学百科全书》编辑委员会、中国大百科全书出版社科技编辑部：《中国性科学百科全书》，中国大百科全书出版社，1998年。

[3] 方刚、董晓莹：《中学性教育的不足与努力方向——基于对"全国中学性教育优秀教案评比"的分析》，《中国性科学》，2015年第2期，第95~98页。

[4] 唐钺、朱经农、高觉敷：《教育大辞书》，商务印书馆，1930年。

[5] 王雪峰、高畅：《作为教育的性教育》，《华北水利水电大学学报（社会科学版）》，2004年第20期，第14~17页。

代中国人重视。正是"性"这一概念的 sex 含义和 sexuality 含义的混淆,导致人们一看到"性教育"这一词汇就唯恐避之不及。

因此,只有在澄清"性"的 sex 含义和 sexuality 含义的基础上,才有望让更多中国人接受"性教育"。需要指出的是,sexuality 含义上的性并不排斥 sex 含义的性,而是包含与被包含的关系,即 sexuality 含义上的性包含 sex 含义上的性(直接涉及性交的知识并不包含在内,成人性行为指导属于性咨询和训练的范畴,不属于性教育的范畴)。sexuality 含义上的性除了具有生理层面 sex 含义上的性,还有更多的社会文化内涵。研究者如果不加详细说明地论述性文化、性观念、性教育等问题,读者会想当然地认为是在讨论狭义的 sex 之性,即性生理和性行为;社会大众对性教育持敏感的态度也与这一词汇的含义不明直接相关。这也是造成社会大众视"性教育"如洪水猛兽的本质原因。

（二）性教育与性别教育的关系

相对于性别由生理决定的观念,女权主义者提出了社会性别(gender)的概念,认为性别不完全是由先天因素决定的,而主要是在后天社会文化中建构起来的,如性别角色、劳动分工、社会地位等。因此,性别特征和需要不是先天"刻板化"的,而是随着社会文化形塑的。社会性别概念的提出,肯定并承认了性少数群体的存在合理性。通过审视现实,性教育女权主义者发现,多数性教育只谈男性的勃起和射精,却毫不涉及女性的阴蒂,刻意回避和否定了女性性欲望的存在,这等于间接支持了将女性视为性目标的传统观念,导致两性之间无法建立起更为深入的亲密关系①。因此,要打破传统社会造成的性别刻板印象,提出人的发展不应受先天生理性别所限,而应自由地表达。

女性主义学者据此提出了"女性主义的性教育"(feminist sex education)的概念,强调应该"对青少年进行性别平等观念和责任感的培育……倡导一种负责任的性自治观,而不应将异性恋婚姻制度以外的性都认为是危险和有害的,更不应该教导一种固化的性别刻板印象,将女性视为性行为的把关者,同时将男性看作无责任者"②。"避孕教育"只是针对性行为增加而采取的补救措施,而"女性主义的性教育"则立足于"性"之本质,从尊重青少年自主性和对性弱势群体进行赋权的角度出发,弥补了其他性教育模式中普遍存在的治标不治本的缺陷③。该教育模式与综合型性教育的区别在于它更关注女性的权益,提倡两性权力的平等。性是有性别的性,许多性的问题本质上是性别问题。性别教育不应该是社会性别刻板化的教育,而应该是性别平等、性别公正的教育。性别教育应该强调对性别少数人群(跨性别人群)的尊重④。

---

① 陈亚亚:《论当代青少年性教育模式之转型》,《中国青年研究》,2011年第8期,第16~20页。
② Linda C, McClain: Some ABCS of feminist sex education (in light of the sexuality critique of legeal feminist), Columbia journal of gender and law, 2006 (1): 63-88.
③ 陈亚亚:《论当代青少年性教育模式之转型》,《中国青年研究》,2011年第8期,第16~20页。
④ 方刚:《将性别教育引入学校性教育的思考》,《中国性科学》,2007年第16期,第6~7页。

（三）性科学与性文化

当今世界前沿的青少年性教育理念，是基于性的 sexuality 含义的。原有 sex 含义上、生理层面的性侧重于生理学的研究方法，即通过科学的研究方法加以认识。sexuality 含义上、心理层面的一部分也侧重于运用心理学的研究方法，即通过科学的研究方法加以认识。然而，对于与社会文化紧密相关的性议题，只能借助文化学的角度加以认识，如割礼、处女情结、求婚机制、婚姻形式等。因此，性科学和性文化所倡导的科学性和文化性是性教育的两大核心纬度，科学性和文化性的平衡点的把控是青少年 sexuality 含义上全面性教育理念的坚守与源泉。不同的性教育流派在"科学性—文化性"这一价值尺度上的不同抉择也就催生了分界迥然的青少年性教育理念与模式。不同的性教育模式秉持着各具特色的人性假设、目标追求，这决定了它们具有不同的教育理念。

青少年性教育始于实际社会问题的解决和青少年实用技能的培养，但具体的青少年性教育实践总是处于特定的社会文化情景之中并时刻受到所处社会文化的规定而体现出各自的文化特色。在特定的文化情景中，人们的信仰、观念、习俗等都直接影响着青少年性教育价值判断与取舍，因此也影响着教育内容和教育方式的选择。现代社会是一个人口流动密集的混居性社会结构，多种文化的享有者共同生活在某些地域，文化差异性可能会导致冲突和敌对事件的发生，因此建设一个多元文化和谐共存的文化环境至关重要。对于青少年性教育而言，其实践不能仅局限在本土文化的范围内，还应对国际上主流的文化观念有所涉猎，促进青少年的国际理解教育。

现代中国人的性观念主要来源于以下几个方面：传统思想流派的主张（儒、释、道）、西方现代思想流派的主张（科学、民主、人权）、复杂因素影响下的商业运作等。传统思想流派的文化主张经过历史筛选留存下来的生活方式，"西学东渐"中引进的西方人的生活方式，网络时代交流和涌现出来的新兴的生活方式等，共同构成了现代人的性观念基础。其特点之一便是性实践的空前活跃和性教育观念之间的差异，反映着人们看待未成年人的性、性成长和性教育的态度及它们之间的关系。

本节从性的概念变迁与含义解析出发，对"性"在我国传统文化中的原始含义、经翻译西方学术著作而获得的 sex 含义及西方概念变化而具备的 sexuality 含义进行了详细说明；探讨了现实中人们对性这一概念的含义混用情况与澄清；对性与性别的关系进行了说明，对性的科学性和文化性进行了分析。

第二节　性教育的概念变迁、模式与观念

一、性教育的概念变迁

（一）国际视野中的性教育概念变迁

从国际视野来看，基于对性这一概念认识的加深和社会文化的选择，人们对性教育的概念和价值观念的认识、选择经历了一些变化，呈现出各具特色性教育理念与模式。琼斯（Jones）分析总结出建立在不同的理论基础上的 28 种不同的性教育话语，并将其分为四大类别：保守型（传达一种处于主导地位的性模式）、自由型（传递性知识和技能，以帮助实现个人选择和发展）、批判型（在可供选择的性原则基础上促进学生的整体行动，关注少数者的性）、后现代型（对性和性别以及关于性的框架和立场等进行理论上的探索）[1]。按照上述划分标准，纯洁型性教育属于保守型，传达禁欲的性模式；综合型性教育属于自由型，传递全面的性知识和技能供青少年选择；全面型性教育属于批判型，承认青少年的性存在与性成长的差异性并加以支持；赋权型性教育倾向于后现代型，在社会性别理论和性人权理论的基础上探索性教育理论。

（二）国内性教育概念变迁

在我国历史上，"从春秋、战国至汉、唐，性的风气都较为开朗，性文化较发达，在宋代以后，性的风气就较为禁锢，性文化就趋向衰微了，而这种禁锢与衰微似乎是深受儒家文化影响的"[2]。"由于文化传统的原因，在中国性向来被认为是忌讳的，羞于启齿的；改革开放后，中国人的性意识才得以呼吸到一些新鲜的空气，但是，中国人对于性知识的了解和普及，较之西方还是远远不够，人们仍然不能完全正视有关性的问题，社会也难以提供一个健康的性教育与性文化的氛围。"[3] 随着西方性文化和性教育理念进入中国，产生了一个重大悖论：性行为较之前空前活跃，但对青少年的性教育难以推行。瓦茨（Watts）在国际知名学刊《柳叶刀》（*The Lancet*）上发文一针见血地指出"中国性教育落后于青少年的性实践"，生动形象地说明了青少年性教育在面对身心需求、家庭背景、教育理念、社会环境重重张力下的冲突与纠结[4]。

我国现代意义上的性教育启蒙于 20 世纪初"西学东渐"的文化潮流。在一百余年的发展历程中，我国性教育多为程序、技巧、模式等操作性问题的借鉴，而少于思考性

---

[1] Jones：A sexuality education discourse framework：conservative, liberal, critical, and postmodern, American journal of sexuality education，2011，6（2）：133—175.
[2] 刘达临、胡宏霞：《儒家文化影响性文化》，《中国性科学》，2010 年第 19 期，第 3～5 页。
[3] 石国亮、鲁慧：《国外青春期性教育模式及其启示》，《中国青年研究》，2008 年第 12 期，第 13～17 页。
[4] Watts：China sex education lags behind sex activity, The lancet，2004，363（9416）：1208.

教育的人本性格和终极关怀，在面临形形色色的性教育价值观念时难以取舍。进入20世纪80年代以后，改革开放给作为社会子系统的教育带来了巨大变化，教育体制与结构的变革与转型、西方教育理论的大量引进引发了许多新现象，伴生了许多新的价值观念，造成了现代与传统、东方与西方教育价值观念间的激烈碰撞与冲突。对此人们往往无所适从，在一定程度上出现了教育价值观念迷失现象。守贞教育、性科学教育、生活技能教育、综合型性教育等种种主张各有市场，青少年性早熟但性教育滞后、学校性教育发展缓慢、父母害怕成为性教育者、青少年性实践超前但性观念落后等问题依然突出[①]。国内普遍存在的情况是，使用青春期教育、生理卫生教育、性科学教育、性健康教育、性道德教育等词汇指称性教育，但是这些词汇或侧重于部分教育对象，或侧重于部分教育内容，很难涵盖全面的性教育内涵。

二、国际主流的性教育模式

（一）纯洁型性教育模式

sex含义上的性，指的是生理层面的性，主要涉及性生理发育、性交、强奸、怀孕、流产、避孕、堕胎等一系列的话题。面对这些话题的讨论，在不同文化中逐渐形成了纯洁型性教育理念。纯洁型性教育又称为禁欲型性教育或人格型性教育，主张性教育应当强调性的传统美德，旨在预防青少年于结婚之前或婚姻外有性方面的接触。禁欲型性教育强调婚前性行为的危害性，提倡婚前禁欲。这种观点导致了"节欲主义"或"如何说不"的教育[②]。禁欲型性教育模式认为青少年的主流仍是"贞洁的"，在青少年一生和整个社会基础上讲青少年的利益和权利；认为在青少年时期禁止性交是唯一有效对抗意外怀孕、生育和性病的措施，以避孕和流产做后盾的"安全性交"是在欺骗青少年；强调一种道德信仰（婚前贞洁）对生物活动的影响，认为青少年婚前性交是被外界误导和内在缺乏自我满足的结果；尽量回避详细描述，尽量回避整体上对"性"的评价[③]。人格型性教育模式强调青春期的性教育要把性与品德教育结合起来，通过人格的健康发展达到性教育的目的，除了性生理知识的教育外还涉及性价值观和性伦理观教育：自尊、自我意识、尊重、责任、个性等[④]。当然，人格型性教育的前提仍然是保持禁欲。

纯洁型性教育主要讲授解决个体成长中遇到的性生理困惑和应对社会生活中产生的性生理相关问题所需要的知识。首次性行为发生的时间、少女怀孕的发生比例、少女堕

---

① 王曦影、王怡然：《新世纪中国青少年性教育研究回顾与展望》，《青年研究》，2012年第2期，第48～57页。

② Personal Responsibility and Work Opportunity Reconciliation Act: Help Us Expose the Secret Influence of the "State Policy Network", https://aspe.hhs.gov/reports/personal－responsibility－work－opportunity－reconciliation－act－1996.

③ 王友平、李建明、邓明昱：《美国关于学校性教育的争论（美国学校性教育现状简介之二）》，《国际中华神经精神医学杂志》，2005年第2期，第84～96页。

④ 石国亮、鲁慧：《国外青春期性教育模式及其启示》，《中国青年研究》，2008年第12期，第13～17页。

胎的发生比例等成为衡量一个国家性教育开展成效的主要指标。博雷奇卡等人指出，禁欲型性教育支持传统的性别角色，以至于无法有效地引导青少年为自己的行为负责[①]。禁欲型性教育对增长青少年性知识、保持禁欲态度有一定的积极作用，但没有充分科学研究证明其对青少年行为有积极影响[②]。性教育不应该是单纯性生理的教育，因为它的视野过于狭窄；也不应该仅仅是"性健康教育"，因为这种主张基于"让青少年健康"的目的才进行性教育，只是为了青少年"保护好自己""不得病"，这显然也是不够的[③]。"禁欲型性教育是被实践证明行之无效，甚至有害的性教育……禁欲观念本身是有压迫性的，是在对性采取敌视态度、对女性身体自主权剥夺的漫长历史中建构起来的。"[④]

（二）综合型性教育模式

在 sexuality 的含义上，美国发展出综合型性教育理念，强调性教育主要功能在于预防性传播感染疾病（如艾滋病等）以及意外怀孕和堕胎[⑤]，旨在为青少年提供适合一定年龄的同时在医学层面上准确和真实的有关性的信息，包括人类发展、人际关系、做决定、禁欲、避孕和预防疾病[⑥]。在20世纪60年代的"性自由""性解放"文化背景下，综合型性教育采取价值中立、客观与合乎科学的态度，通过教授系统的性科学（生理、避孕）知识来消除青少年对性的误解，通过性问题咨询控制与减少不正当性行为预防性病蔓延、少女早孕、不良性行为等一系列重要社会问题[⑦]。美国的《综合性学校教育指导纲要（第3版）》指出，性教育的基本目标是改善年轻人的性健康，为他们提供保护自身性健康所需要的信息，帮助年轻人树立积极的性观念，使他们能够掌握在当下和未来做决策的技能……并确立把禁欲作为预防怀孕和包括艾滋病在内的性传播疾病感染的首要和最佳选择，同时，宣传鼓励青少年使用安全套和其他保护措施[⑧]。综合型性教育强调，性是美好的、自主的、负责的。综合型性教育为学生提供全面的性信息（包括获得性信息的渠道）、了解多元价值观念的路径，帮助学生树立自己的价值观（包容和尊重与自己不同的价值观念）和学会负责任地做决定。综合型性教育不排斥禁欲，但也不要求学生禁欲；无论禁欲与否，都是学生自主的选择，教育者所要做的就是为青少年提供全面的性信息。

综合型性教育强调性行为是一个正常的、自然的、健康的生活的一部分，青春期出

---

① Boryczka J M：Privileging irresponsibility：care ethics and abstinence education policy，2007.
② 岳盼、刘文利：《美国两大性教育模式的效果比较与政策发展》，《比较教育研究》，2014年第1期，第75~80页.
③ 吴晓晶：《欧洲中学性教育的探索和特点》，《青年探索》，2014年第4期，第49~53页.
④ 方刚：《赋权型性教育：一种高校性教育的新模式》，《中国青年研究》，2013年第10期，第92~95页.
⑤ Alford S：What's wrong with federal abstinence－only－until－marriage requirements，http://www.advocatesforyouth.org/storage/advfy/documents/transitions1203.pdf.
⑥ National guidelines task force：Guidelines for comprehensive sexuality education：kindergarten－12th grade，3rd edition，SIECUS，2004.
⑦ 石国亮、鲁慧：《国外青春期性教育模式及其启示》，《中国青年研究》，2008年第12期，第13~17页.
⑧ National guidelines task force：Guidelines for comprehensive sexuality education：kindergarten－12th grade，3rd edition，SIECUS，2004.

现包括性交在内的性活动是非常普遍的，在本质上不应该受指责；讲社会和家庭利益，但更强调青少年个体的利益和权利；从心理、社会、生理各角度讲"性"，但更多地和更详细地从生物学角度介绍知识；介绍不同文化、宗教、族群对"性"的态度和认识，不主张有绝对道德准则，强调个人信仰选择的权利；认为"禁止性交"是理想的，但不应该也不可能是唯一的对抗预期外怀孕、生育和性病的措施；强调生物学规律的不可抗拒性，认为婚外性活动并非都有害；承认宗教信仰可以帮助个人做决定，但反对任何宗教信仰具体介入；认为异性恋家庭、同性恋结合、单亲家庭都是社会现象，不应该被"歧视"；妇女有权决定怀孕后是生育还是流产[①]。综合型性教育向学生呈现全面的性信息，包括被掩盖的性信息，进行性的安全教育，从而鼓励学生正视性，接受美好的性、负责任的性、自主的性[②]。

综合型性教育"可以增加青少年的性知识，改善他们与性相关的态度，并对性行为产生一定的积极影响"[③]。Douglas B. Kirby对相关研究的梳理也发现，三分之二的综合型性教育对青少年的性行为产生了积极影响，比如推迟了性行为的发生和促进避孕等[④]。综合型性教育有一定效果，但也不理想，它是一种妥协的性教育……至少它没有帮助青少年更好地行使自己的性人权[⑤]。薛亚利则试图在传统和现代中寻求一种平衡，提出了一种"安全性教育模式和ABC（A：Abstinence，表示禁欲。B：Be faithful，表示忠诚。C：Condom，表示避孕）性教育模式相结合的综合模式"，即一方面保持价值中立，着重于向青少年传授相关的性知识；另一方面也提倡婚前节欲、对伴侣忠贞和尽量使用避孕套等理念[⑥]。该模式尽管更有希望得到官方的认可，但由于它过多地吸纳了禁欲型性教育的核心理念，在应对青少年性行为和态度的变迁上仍存在许多不足之处[⑦]。

（三）全面型性教育模式

2010年，世界卫生组织欧洲区域办事处（World Health Drganization Regional Office for Europe）和德国联邦健康教育中心（Federal Centre for Health Education, FCHE））联合制定了《欧洲性教育标准》，该标准在sexuality的含义上倡导实施全面型性教育。《欧洲性教育标准》指出，全面型性教育包括综合型性教育的内容，但"把

---

① 王友平、李建明、邓明昱：《美国关于学校性教育的争论（美国学校性教育现状简介之二）》，《国际中华神经精神医学杂志》，2005年第2期，第84~96页。

② 方刚：《大学性教育模式的思考——禁欲型性教育与综合型性教育之辩》，《中国青年研究》，2008年第7期，第72~75页。

③ 岳盼、刘文利：《美国两大性教育模式的效果比较与政策发展》，《比较教育研究》，2014年第1期，第75~80页。

④ Douglas B Kirby: The impact of abstinence and comprehensive sex and STD/HIV education programs on adolescent sexual behavior, Sexuality research and social policy, 2008 (3): 18-27.

⑤ 方刚：《赋权型性教育：一种高校性教育的新模式》，《中国青年研究》，2013年第10期，第92~95页。

⑥ 薛亚利：《青少年成才、性认知与性教育模式问题》，《当代青年研究》，2009年第4期，第55~60页。

⑦ 陈亚亚：《论当代青少年性教育模式之转型》，《中国青年研究》，2011年第8期，第16~20页。

它们纳入个人的性发育和成长这一更宽的视野下"①。该模式在思想上把性看作"一种积极的人体潜力";在理念上倡导性教育是一种终身教育;在法律依据上,以性及生殖健康权为基础②。因此,性教育作为普通教育的一部分,不仅影响着儿童个性的发展,同时作为人性潜能的一部分,有助于儿童和青少年发展必需的技能,使其能在不同的年龄阶段做出关于两性关系问题的正确抉择③。全面型性教育理念强调,要以积极和全面的方式来看待性和性教育,性教育的目的是帮助青少年在性方面做出负责任的选择;建立性教育的权利视角,将社会性别平等的理念以及尊重多元和非歧视等原则有机纳入教育政策与实践;注重培养他们批判性思考的能力④。全面型性教育体现了对性人权的尊重,其在预防性病、艾滋病,避免意外怀孕等方面的效果也被公认是最好的⑤。

三、国内不同的性教育观念

(一) 抵制性教育——"淫秽教唆论""封闭保险论"

中国人抵制性教育的做法较为普遍,抵制性教育的动机主要是保护青少年的"性纯真",防止性实践——最好别知道人还有这档子事。"淫秽教唆论"的观点把性教育与"色情"混为一谈。"'色情'旨在挑逗人的生理欲望,使人丧失理性,而明确公开的性教育是富于科学而诉诸理性的,它会让人提高自我约束能力。"⑥"封闭保险论"的观点认为青少年就如同沉睡的狮子,不要去惊醒他们,害怕性教育会促使青少年过早地进行性思考,从而导致青少年过早地产生性实践的愿望,导致性罪错。因此,要采用禁、压、堵的手段进行性信息的封锁,不让他们接触到性知识才是最放心、保险的。上述两种观点都认为(担心)性教育(可能)会唤醒儿童的性觉醒,会增加学生性滥交的风险。然而,现实中的各种性信息是无处不在的,大街上、公园里、影视剧里随处可见。"处于性教育封闭下的青少年,一旦面对社会突如其来的性信息、性刺激时,会因缺乏辨别能力、承受能力和抵御能力而导致性罪错。"⑦

持抵制性教育观念的人,连"避孕教育""守贞教育""性道德教育"都不能容忍,将性视为寂灭之火,生怕一经点燃,便一发不可收拾。世界卫生组织发布的《欧洲版性教育指导纲要》的制定者之一、荷兰著名的儿童性教育学家桑德琳在回答我国学生家长的提问时指出,"即便你对性闭口不谈,即便你不想给孩子进行性教育,你仍然在给孩

---

① WHO regional office for Europe and Federal centre for health education: Standards for sexuality education in Europe, http://www.oif.ac.at/fileadmin/OEIF/andere_Publikationen/WHO_BZgA_Standards.pdf.
② 吴晓晶:《欧洲性教育的改革与创新——"全人性教育"之标准、特征分析》,《中国性科学》,2014年第23期,第85~87页。
③ WHO regional office for Europe and Federal centre for health education: Standards for sexuality education in Europe, http://www.oif.ac.at/fileadmin/OEIF/andere_Publikationen/WHO_BZgA_Standards.pdf.
④ 李红艳:《全面性教育的国际政策与实践》,《江苏教育》,2017年第12期,第7~17页。
⑤ 方刚:《赋权型性教育:一种高校性教育的新模式》,《中国青年研究》,2013年第10期,第92~95页。
⑥ 关青:《论我国性教育的价值取向》,《辽宁行政学院学报》,2010年第12期,第115~117页。
⑦ 关青:《论我国性教育的价值取向》,《辽宁行政学院学报》,2010年第12期,第115~117页。

子传递着信息，那种情况下你无声的语言会告诉孩子，不许提起这档事，待一边去，你说的这个让我很尴尬……即使你什么都不做，你也已经进行了性教育"①。桑德琳·范·德·多芙在《儿童与性：保护还是教育》中指出："我们真的能通过让孩子保持天真无邪，让孩子保持懵懂无知，通过对性闭口不谈来保护孩子吗？不，这不叫保护！"②

（二）忽视性教育——"无师自通论""简单无用论""弱需求论""救急论"

持"无师自通论"这一观点的人，仿佛站在了价值中立的立场，但其实是抵制性教育的另一种表达方式。基于性本能论的"无师自通论"的观点认为，性知识随着青少年年龄的增长和身体的发育会自然而然地无师自通，无须专门教育；性无非就是生孩子那点事，不用刻意进行性教育，随着生理发育和心理发展的成熟，自然而然就知道了。然而现实是，青少年的生理成熟远远超前于心理成熟，这种不平衡带来的生理和心理压力，迫切需要性教育的引导。人类的性行为，不仅有其自然属性，更重要的是有其社会属性，需要通过教育的引导，使其行为适应、符合社会的发展利益和道德规范要求，而不可能无师自通③。"受传统思想的束缚，在青少年性教育方面我们一直坚持'无师自通'的理念，由此造成广大青少年性实践与性教育的严重脱节。"④

"简单无用论"的观点认为，性教育就是性生理知识的教育，内容简单，无须过多了解，于青少年成长无碍。持这种观点的人看不到性教育的丰厚内涵。性教育不仅是性知识教育，而且是包括对生命、友谊、爱情、婚姻和两性关系的正确理解以及有关这方面道德规范、行为标准的一种全方位的人生教育。狭隘的性与性教育的理解是用孤立片面的观点看问题，必然使性教育的道路越变越窄，最终导致性教育难以深入开展⑤。

"弱需求论"的观点认为，学生对性教育的需求没有文化科学教育强烈。绝大多数学校都把与高考相关的学科安排得满满的，而与升学、考试无关的性教育课根本无法挤进来。不仅在中学，大学也是尽量多地设置有利于提高大学生就业率的学科，因而也就不得不减少、弱化一些"不重要"的科目，性教育课程首当其冲⑥。

"救急论"的观点认为，平时不必对学生进行性教育，等出了问题再解决也不迟，性教育是针对那些出了性相关问题的学生而进行的。这种回避问题的消极做法，最后常常是以青少年付出惨痛的甚至是血的代价而收场⑦。

---

① 《幼儿园里的性教育课》，https://tv.cctv.com/2017/12/16/VIDEXGFv54cALrt0vtl3ljac171216.shtml。
② 桑德琳·范·德·多芙：《儿童与性：保护还是教育》，http://k.sina.com.cn/article_6209134142_m17217de3e03300g7rl.html?sudaref=www.baidu.com&display=0&retcode=0。
③ 关青：《论我国性教育的价值取向》，《辽宁行政学院学报》，2010年第12期，第115~117页。
④ 孙红旗：《青少年性教育缺失问题浅析》，《预防青少年犯罪研究》，2015年第5期，第100~102页。
⑤ 关青：《论我国性教育的价值取向》，《辽宁行政学院学报》，2010年第12期，第115~117页。
⑥ 关青：《论我国性教育的价值取向》，《辽宁行政学院学报》，2010年第12期，第115~117页。
⑦ 关青：《论我国性教育的价值取向》，《辽宁行政学院学报》，2010年第12期，第115~117页。

（三）有限接受性教育——"性道德教育""性安全教育""性科学教育"

1. 性道德教育

性道德教育类似于国际视野中的人格教育，其本质是禁欲型性教育。其强调绝对的道德标准，杜绝青少年发生婚前性行为。性道德教育主张仅进行道德教育，其他的性知识可能会诱发青少年的性好奇和越轨行为，因此被拒绝在外。

2. 性安全保护教育

近年来暴露出来的性侵害事件，让社会各界开始关注儿童性安全保护教育，但"头痛医头"式仅仅停留在保护层面的性教育是远远不够的，应进行全面的性教育。但接纳的性安全保护教育也仅限于安全保护教育，更多的涉性话题因其可能会诱发青少年的性好奇和越轨行为，而被拒绝。

3. 性科学知识教育

这种观点认为，性观念和性行为应由学生自由选择，是学生自己的事情，性教育应持"价值中立"的原则，即向学生传授性知识和技能时，不用进行性道德方面的引导。然而大量事实证实，没有价值标准的性教育是没有价值的性教育，甚至会成为有负面影响的性教育[1]。所谓"科学的性教育"，一方面确实可以否定传统的"唯道德教育"；另一方面又确实在生产着新的神话与时尚，更加可能对广义的"新新人类"造成压抑与烦恼。这实际上是一个"知识与权利的关系"问题。

潘绥铭指出，我国社会建构sexuality的各种社会力量的不同价值取向之间发生了冲突。社会上形成了三大力量：党和政府以"精神文明建设"为旗帜的社会力量、民间社会以"性的自然主义"为纲领的自组织力量、公共知识分子以人权与自由主义为方向的舆论力量[2]。政府力量倾向于把sexuality视为影响社会稳定与社会秩序的消极因素，民间力量倾向于通过"性是本能"的述说来实现性的合理化，公共知识分子则试图把sexuality权利化[3]。

综上所述，我国社会大众对性教育所持的价值观念总体而言比较消极。首先，对性的认识仍停留在生理（sex）层面，将性视为人的生命繁衍的工具和一系列社会问题的根源。除了性行为规范的道德宣讲和案例恐吓，几乎拒绝任何涉性话题的讨论，甚至性科学知识最好不要传递。在主流社会看来，性教育的目标无疑是控制人们尤其是青少年的"性"，把性教育当作"灭火器"来用[4]。今天我们谈性教育的时候，主要是在sex（生理的性）意义上谈性教育，至多是在sexuality（社会的性）意义上谈性教育。而国际性教育的普遍趋势，是在sexuality和gender（性别）这两层意义上同时谈性教育[5]。性教育不应该局限于"性知识"，更不是某种既存的性道德，而是着重培养人们在性方

---

[1] 关青：《论我国性教育的价值取向》，《辽宁行政学院学报》，2010年第12期，第115~117。
[2] 潘绥铭：《性的人权道德》，《甘肃理论学刊》，2008年第4期，第86~89页。
[3] 潘绥铭：《性的人权道德》，《甘肃理论学刊》，2008年第4期，第86~89页。
[4] 潘绥铭：《性教育不适合"集中领导，统筹安排"》，《人口研究》，2002年第26期，第6页。
[5] 方刚：《将性别教育引入学校性教育的思考》，《中国性科学》，2007年第16期，第6~7页。

面的可持续发展的而且是自主发展的能力①。我们提倡的性价值观应该是使性能够表现个人性美、异性交往和谐美，进而成为推动社会文明进步的动力②。现在性教育需要的是，使人们学会对性美感的展望、感受，从而主动提升自己的性表达和体验方式③。性教育要教育的是人，是处于历史发展过程中的人，是处于具体的性文化情境（context）中的人。因此，只有搞清楚我们现在在哪里，才能讨论我们要去哪里。厘清我国性教育价值观念成为解决这一问题的根本出路。在全国范围内大规模推广基于社会性别的综合型性教育必将成为一种主流和趋势④。

本节对性教育的概念变迁、模式及发展方向进行了介绍，这对厘清不同性教育模式的基本假设和价值追求、建构自身的性教育价值观念大有裨益；同时对国内性教育的观念进行了分析，提出了几种典型的性教育观念，分析了各种观念的基本假设和价值追求，对我国性教育的发展前景进行了介绍。

第三节　关于性教育的争议

一、性教育的必要性

（一）需要性教育

支持者的思想来源于西方的"性自由""性解放"思想运动，其根本规范价值观念是性教育权，即性人权包括享有全面、开放的性教育的权利；坚称青少年性教育能够产生积极效果，如预防艾滋病、抵御不健康思想的干扰、减少少女怀孕或流产等；要求建立以家庭为主、学校和社会为辅的全方位的青少年性教育网络体系。其内容涉及性知识教育、性安全教育和性道德教育三个方面，提倡采用综合型性教育模式。其认为当前性教育的缺失比较严重，需要政府、社会和家庭通力合作，合理解决。

（二）不需要性教育

中国人（成年人和青少年）在性实践方面空前活跃且勇于尝试新花样，对性实践持积极的态度。然而，中国人（特别是成年人）对青少年性教育却报以消极的态度，教师和家长都表示难以开口。这一现象被性文化研究者形象地概括为"许做不许说"。大多

---

① 陈义平、甘慧娟：《中国青少年性教育研究进展：1995—2005》，《青年探索》，2007年第2期，第76~78页。
② 张玫玫、那毅：《浅谈性价值观——当前我国性教育的重要课题》，《中国性科学》，2004年第13期，第25~26页。
③ 张玫玫、那毅：《浅谈性价值观——当前我国性教育的重要课题》，《中国性科学》，2004年第13期，第25~26页。
④ 王曦影、王怡然：《新世纪中国青少年性教育研究回顾与展望》，《青年研究》，2012年第2期，第48~57页。

数人十分反感或敏感公开谈性，关于性的言说禁忌现象确实客观存在且具有深厚的历史文化烙印。但是言说禁忌的存在使当代中国人面对青少年性教育问题时陷入深深的困境之中。受传统封建伦理道德的性禁锢思想的影响，否定者认为性是本能，会随着年龄的增长会慢慢了解性的一切知识，不需要进行专门的性教育。而且，专门进行的性教育可能会产生负面效应，如性的知识可能引发青少年过早尝试和发生性行为、诱发心智不够成熟的青少年犯罪、影响工作和学习等。另外，还有一种观念认为，每个人的性属于私人领域，社会不必干预过多。

其实，我国传统文化并非完全对性持消极的态度，也有持积极态度的，主要代表就是道教文化。我国本土的道教对性持积极的看法，认为性行为（合阴阳）是保持宇宙气畅通的重要方式，对个体生存和社会的发展大有裨益。儒家被统治阶级作为工具后对国人的观念和行为产生了巨大的影响。儒家的创始人及初期代表人物把性视为客观存在、不容否定的本能，但应"发乎情而止乎礼"，强调行为规范的约束；直到后期南宋的程朱理学才提出"存天理，灭人欲"的政治主张，认为人欲是影响天理发扬的障碍，要消灭它。文化惯性这一概念的提出，有一个基本假设即传统文化（或一段时期内的传统文化）对性持回避的态度，所以现代中国人的观念中有着从传统文化继承而来的信仰、价值和行为方式，难以在较短的时期内通过学习发达国家的先进教育理念而改变。

二、性教育的功能

教育源于个体参与社会生活的需要，性教育也是如此。从促进个体发展的角度而言，性教育能够为个体的性成长提供指导；从维持社会发展的角度来说，性教育有利于促进与性紧密相关的社会问题的解决和良好互动关系的构建。

（一）解决孩子成长中遇到的困惑

在承认性的sexuality含义的基础上，我们能清楚地理解，每一个孩子都是"性存在"，其发展需要得到及时、适当的教育和指导。性教育只应该有一个"终极关怀"的目标：帮助所有的个体，尤其是下一代，都尽可能多地获得"性福"；在这个目标下，性教育"受众"的权利与利益才是第一位的[①]。孩子在成长中遇到与性相关的疑惑时，正是进行性教育的最佳时机。孩子成长中遇到的性困惑需要得到积极的、恰如其分的解答，因为成人对待孩子提出疑问的方式会对孩子产生深远的影响，不仅是回答疑问本身对孩子产生的影响，成人对待孩子提出性困惑的态度也在无声地传递着自己（甚至社会）对于性的价值观，会对他们性价值观的形成产生显著的作用。正是基于以上原因，持"性教育的需要产生于解决孩子成长中遇到的困惑"观点的人们（以家长和与孩子成长密切相关的人员为主）会站在个体发展的角度上表达自身的价值诉求，着眼于当下孩子们遇到的实际困惑的解答或者问题的解决，为孩子的健康成长"守护花开""保驾护航"。由于不同个体在成长中遇到的困惑或者问题的差异性很大，特别是涉及态度和价

[①] 潘绥铭：《中国性教育的特有问题》，《生命世界》，2007年第3期，第38~41页。

值观念方面的议题，需要青少年充分地表达自己的见解并澄清自己的价值观的合理性及其依据；因此需要全面了解不同的价值观念及其依据并做辩证性交流，以确立自己信服并坚守的价值观念。那么对于现代中国人而言，"性福"是什么？我们最应该关注的并不是我们想告诉青少年什么，而是青少年自己想知道什么；不是如何讲授，而是如何讨论。因此，"参与式教学方法"也被视为最佳的方法。

（二）解决与性相关的社会问题

站在维持社会发展的角度，性教育对于预防和解决与性相关的社会问题如儿童性侵害、性传播疾病、性犯罪等大有裨益。与性生理学认为人的性行为主要由生理基础和性本能决定不同的是，性脚本理论认为，青少年性行为的模式主要是在特定社会文化中学习构建起来的①。性脚本理论提出了"5W"的性行为脚本框架，即 When（在什么时间）、Where（在什么地点）、Who（和什么人）、Why（因为什么原因）、What（发生什么具体行为）。特定文化中的具体性脚本的内化是性教育的重要内容。该论点强调，社会大众性行为失范是滋生社会问题的源头，因此性行为规范教育是预防和解决社会问题的最直接、最有效的策略和途径。正是基于以上原因，持"性教育的需要产生于预防和解决社会发展中遇到的问题"观点的人们（以社会专业机构工作人员为主）会站在社会发展的角度上表达自身的价值诉求。社会本位的性教育需求论着眼于性的 sex 含义，以普遍存在的社会问题的预防与缓解为切入点，以内在道德修养的提升和外在的性行为的规范为主导路径，强调青少年性行为社会化过程中的社会规范教育。规范教育的特点是统一性，即采用统一的教育形式（主要是讲授式）、对所有青少年采用同一要求和标准（社会主流道德标准）进行规训，一般不容许多样性行为规范和多元化观点的呈现和讨论。

以上两种观点的划分是从理论上而言的，在实践中难免存在交织与重叠，但与此对应的两种倾向却是客观存在的。虽然两种观点都片面地根据自身的价值取向对性教育的内容和方式进行筛选和过滤，或者有所侧重，但实际上个体和社会两个角度是统一的，社会功能的发挥以个体功能的有效发挥为基础，个体功能的发挥也受处于特定社会文化情景下社会功能发挥的制约。两者缺一不可，对其中任何一个方面的过度偏重会造成严重的后果。因此，性教育工作要兼顾个体和社会两个方面的诉求，找到一个可靠的平衡点。国内的性教育，无论是个体本位需求论还是社会本位需求论，都较为追求眼前看得到的、直接的教育效果，对于远期的、潜在的一些性教育主题则较为忽视，如亲密关系的构建、性认同和性角色等。

三、性教育的开始年龄

对于"性教育应该从何时开始"这一问题，不同的人基于不同的认知基础和价值取向做出了不同的回答，主要有以下三种观点。

---

① 约翰·盖格农：《性社会学：人类性行为》，李银河译，内蒙古大学出版社，2009 年。

（一）从青春期开始

这种观点认为，性教育应该从青春期开始。理由主要有以下几个：第一，男孩和女孩进入青春期才出现性生理现象并产生性意识和性心理现象，这个时候才是进行性教育的最好时机。第二，解答青春期身体变化和卫生保健常识、悦纳青春期身心变化并进行心理疏导、指导青春期两性交往的行为规范等都是性教育的主要内容。第三，过早地进行性教育可能会点燃和诱发孩子的性意识，对孩子的身心发展造成不利影响，因此反对在青春期以前对孩子进行性教育。从几条支持理由来看，持该观点的人主要是从 sex 含义上理解"性"的，青春期生理变化的出现被视为孩子具有了"性"属性的标志。虽然该观点有性心理发展的考量，但将性心理发展视为性生理发育完成后相伴出现的现象和过程。该观点也将性行为规范纳入视野，但主要还是在生理变化后的异性交往规范。

（二）从幼儿园开始

这种观点认为，性教育应该从进入幼儿园就开始。理由主要有以下几个：第一，3~5 岁是孩子性心理发育的关键时期。第二，3~5 岁是孩子对世界也对自身充满好奇的年纪，强烈的求知欲是进行性教育的重要时机。我从哪里来、依恋情感与亲密关系的构建、性别自认与性别角色教育等都是从这一时期开始的。第三，进入幼儿园也为专业人员针对孩子进行集中教育提供了时机。从几条支持理由来看，持该观点的人更多的是从 sexuality 含义上看待性的，即孩子的性不仅是表现出来的外在可观测的生理反应，而且是更为内在和深入的"性存在"系统及其发展过程。持这种观点的人认为，只有孩子达到进入幼儿园的年龄，才能与其进行更好的沟通，对其进行性教育。

（三）越早越好

这种观点认为，性教育开始得越早越好。理由主要有以下几个：第一，孩子的性是与生俱来的（有研究显示 28 周的胎儿就有性的反应），毕其一生不断发展且因其社会属性不断变化而需要提供及时的引导和教育。第二，孩子心理发展遵循着科学的规律，每项心理特质的形成都具有关键期，错失孩子发展的关键期可能因无法补偿而造成不可挽回的损失。第三，性教育不应仅仅是"言传"，更重要的是成长过程中"重要他人"的"身教"，以及在生活交往中行为方式的规训和观念的熏染。该观点立足于性的 sexuality 含义指出，性的内涵尤为丰富，性教育所涉及的内容也更为广泛，其中的不少内容都是从孩子一出生就开始发育、发展或建构的，因此也就需要得到及时的关注和指导。例如，亲密关系的构建、性别自认与认同、身体界限和隐私意识、身体保健和生活习惯的培养等都是如此。

因此，面对"性教育该从何时开始"这一争论呈现出的不同观念，其分歧根源还是在于对"性"这一概念认识上的不一致，进而导致了对人与性之间关系定位的不一致、人们对性教育价值观念认同的不一致，以及人们在教育行为上的不同选择。放眼国际，人们在讨论性教育这一概念的内涵时多从 sexuality 的含义上讨论性教育应包括的内容，因此会更多地接纳"性教育开始得越早越好"这一国际共识。

四、性教育的专门化

在承认青少年确实需要性教育的基础上，性教育应该专门化还是渗透在其他学科的教育中这一争论受到了人们的普遍关注。"性教育应该/需要专门化"的观点持有者认为，正是文化观念等因素导致了我国现有的教育中人为排除了与性相关的内容，因此需要通过专门化的方式予以补足。"性教育不应该/不需要专门化"的观点可以分为"隐性课程论"和"渗透课程论"两种。"隐性课程论"观点持有者认为，虽然没有专门的课程教授性教育的知识，但是课外的校园文化、师生交往、同伴交往等都是性教育的重要来源。"渗透课程论"观点持有者认为，性与人类社会活动是紧密联系在一起的，性教育不应该与其他教育活动隔绝开来。此外，"渗透课程论"实际上也是政策、课时、师资等教育资源方面妥协的结果。

实际上，关于性教育的这一争论的关键点在于，性教育应该适应"本土文化"还是改造"本土文化"以创造新的文化。适应"本土文化"的选择延续原有的传统文化观念，虽然在全球化的背景下也会有所改变，但总体上呈现出渐进的特点；改造"本土文化"的选择在引进西方先进经验的基础上进行实践方面的改革，并希冀改变人们的文化观念，创造一个新的性教育文化环境。因此，两种选择有一个平衡点，即"本土文化"如何与外来文化进行交流并得到发展。在青少年性教育开展过程中应把握好这个平衡点，充分考虑到我国传统观念、西方性教育理念、教育政策和教育资源等方面，在肯定性教育应该/需要专门化的基础上，采用多种形式开展性教育，而不应局限于开设性教育专题课的形式。

五、性教育的价值预设

如果将性视为危害个人成长和社会治理的潜在威胁，性教育就是一种保护教育，目前国内普遍开展的性安全教育、青春期教育、艾滋病防治教育都属此类。2021年6月1日，修订版《中华人民共和国未成年人保护法》正式施行，其中"学校保护"一章中第四十条明确规定："学校、幼儿园应当对未成年人开展适合其年龄的性教育，提高未成年人防范性侵害、性骚扰的自我保护意识和能力。"2021年9月1日，教育部颁布施行的《未成年人学校保护规定》提出，除了要对教职工进行未成年人保护的专项培训外，还要求学校对学生开展青春期教育、性教育，提高学生防范性侵害、性骚扰的自我意识和保护能力。

如果把性视为存在于个体身上并随着身心发展而不断成长的过程，性教育就是一种引导教育，这种类型的性教育也讲性安全、青春期、性传播疾病及其防治，但是其基本假设、出发点和教育路径与前者大相径庭，不再片面分散地进行问题规避教育，而是将各种问题的解决贯通在个体发展的大背景之下。视角的不同可能带来处理性教育相关问题时截然不同的态度。

六、性教育与性价值观的关系

（一）引导孩子接受某种固有的性价值观

较为传统的观念认为，性教育，特别是性道德教育，要引导孩子接受某种固有的（通常是单一的）性教育价值观，此类价值观多为保守型性价值观。持这种观点的强硬派认为，教育作为一项价值活动，应该引导青少年接受既定的社会主流价值观念，并按照社会主流价值观念选择信息和传授知识；而温和派认为，虽然应该向青少年介绍来自多元文化的不同价值观念，但往往需要强调文化传统的差异性和现实国情的特殊性，最终引导青少年接受"最适宜的"那一种价值观念。

（二）给予孩子全面的信息，让他们自主建构价值观念

较为前沿的理念认为，性教育应给予孩子的应该是全面的信息，而非价值观的表态和强加。该观点认为，所有的价值观念都是基于"偏见"（片面的信息）构建起来的，即使是社会主流文化也存在很多偏见；学校、家庭和社会应该为青少年提供尽量全面的、科学的信息和知识，让他们在此基础上建构自己的价值观。教育教学过程中应尽量避免教育者价值观的摄入，不可避免时应谨慎地介绍自己的价值观并明确告知青少年这仅仅是我自己的价值观，你可以有不同的观点。孩子在了解了全面的信息后自主建构自身的价值观才是青少年性教育的开放形式，如此建构的性价值观完全基于全面的信息也是自主选择的结果，才能让孩子真正信服并按此行事。国际上几种主要的性教育模式的冲突主要表现在价值观教育这一议题上，即是否应对或者如何对青少年进行价值观的引导和建构。两者的核心冲突在于，青少年对于性的价值观的建构是否需要主动引导。对这一问题的讨论涉及教育的本性问题。教育是一种社会活动，是一种价值活动，价值涉入是教育的根本属性。

本节对性教育存在的争议进行了介绍，并试图厘清各种不同观点的立足点、基本假设和价值追求，这为进一步理解性与性教育的概念和含义、性与性教育的关系、性与个人及其成长的关系、性与社会发展的关系等有所帮助。

第二章 我国学校性教育的发展及政策支持、现状和存在的问题

本章学习要求：
1. 了解我国学校性教育的发展。
2. 分析我国学校性教育的现状。
3. 掌握我国性教育的政策法规。

第一节 我国学校性教育的发展

在我国，由于人们长期在礼教思想的引导下、在"三纲五常"的约束下，受几千年来性禁锢的封闭意识束缚，较难接受有益的科学的性信息，部分中国人对性的科学知识知之甚少，对于谈论性始终持有一种鄙夷、敌视的态度。我国历史上并不缺乏性教育，但那是一种封建的、有害的性教育——靠性封锁、性压抑式的各种观念和规范来限制人们的欲望。

一、中国古代性教育的发展

中国古代的性文化以宋明为分界线，宋明以前的性文化相对比较开放，人们认为性是生物界的普遍现象，是一切生物繁衍的基础。受道教及中国医学的影响，中国古代性教育注重养生，提倡房中术，注重"采阴补阳""还精补脑"。汉代开始有对性教育的正式记载，班固整理编辑成《白虎通德论》，作为贵族子弟学校的必修课。但在宋明以后，性文化相对比较禁锢，特别是明代程朱理学的兴起，禁欲主义和性神秘思潮在中国崛起并延续至清朝，性禁锢处于支配地位，性教育得不到重视和发展，散见于一些小说抄本，研究也仅在如何提高生育能力上。同时在民间，性教育的模式不系统、不全面，多用"形象化教具"，进行"暗示引导"的教育方式。有少部分性学古籍以及山歌带有性启蒙的作用。

二、中国近现代性教育的发展

20世纪初叶，受到西方思想的影响，作为交流的、科学的性教育在中国社会才初

露端倪。1924 年，中国性学先驱、北京大学博士张竟生竭力强调性教育的重要性，认为性教育问题关系于人生比什么科学与艺术更大。新文化运动的旗手鲁迅，对封建性道德的批判也是毫不留情，他强调必须破除性神秘论和性罪恶感。他针对社会上的不良风气，提出要风化好，是在解放人性，普及教育，这是教育者所当之事。1946 年，我国著名学者潘光旦译著的霭理士的《性心理学》出版，影响很大。1946 年社会学家费孝通写成《生育制度》一书，指出人的两性行为对社会延续和稳定具有一定的促进作用，同时，也存在着破坏社会结构的潜在力量。他们为性教育摇旗呐喊，不仅给封建的旧中国以震撼，对今天的性教育而言依然功不可没。在我国，由于封建意识的长期束缚，性问题的社会影响极其复杂、深刻、广泛。五四运动以后，直到 20 世纪 70 年代，虽有不少有识之士不断提倡性教育，但始终未能蓬勃开展起来。

三、新中国学校性教育的发展

新中国刚刚成立的时候，中国北京地区便展开了浩大的禁娼运动。与禁娼运动几乎同时发生的是，不少知识分子已经开始提倡并且重视性教育的问题。1951 年上海家出版社出版了妇幼丛书，这是包括性教育的一套丛书；主编黄嘉音在此书中明确指出了性教育的重要性与严肃性。上海家出版社还将妇幼丛书推荐给病人、产妇和儿童的父母。这些知识分子为性教育做出的贡献，为新中国成立初期开展性教育提供了很好的契机，有利于新中国性教育的发展。

"文化大革命"时期，我国性教育遭受了巨大的打击。

改革开放后，新中国性教育进入了萌芽期。改革开放为性教育的发展创造了良好的环境，以吴阶平和叶恭绍为代表的一些医务工作者有力地推动了性教育的发展。其中 1982 年由吴阶平教授主持编译的《性医学》一书出版，标志着现代性学和性医学作为一个专门的学术领域在我国建立，有力地促进了性学禁区的打破和性教育的开展。1987 年，吴阶平发表了题为《开展青春期性知识和性道德教育刻不容缓》的文章，指出了性教育的重要意义，推动了新中国性教育的发展。他还在《健康报》和《父母必读》等报刊上发表文章，强调了开展性健康知识教育的重要性，并实际指导了性医学、性生理、性心理、性教育等方面的工作，对开展性教育起到了巨大的作用。

这一时期出版了许多关于性教育的书，比如谢柏樟的《青春期卫生》、阮芳赋的《我们的身体》、胡延溢的《性知识漫谈》。在国家教委和国家计划生育委员会的大力倡导和支持下，1987 年出版了由上海社会科学院青少年研究所研究员姚佩宽主编的青少年学生普及读物《青春期常识读本》，再版了潘光旦教授译作《性心理学》。1988 年出版了由上海大学文学院刘达临教授主编的《性社会学》，由朱维炳主编的《中学生青春期问题 100 例》。1989 年出版了由上海中医学院洪嘉禾教授等著的《性的教育》。性教育开创者中的江西宜春医学专科学校性医学教研室主任、南方性学研究所所长卢盛波和宋书功也主编了《性医学教程》一书。这些书籍和读物的出版，对开展性教育起了推动和促进作用。

自 1985 年起，一些省市先后成立了一批群众性的性学学术团体和性学研究机构，

第二章　我国学校性教育的发展及政策支持、现状和存在的问题

如上海性教育研究会、上海性社会学研究中心、新疆石河子性教育研究会、广东计划生育与性教育研究会。一些高等医学院校也开始设立性学研究机构，如江西宜春医学专科学校的南方性学研究所、青岛医学院的性科学研究中心。黑龙江、安徽、甘肃、浙江、天津等省市也成立了性学会或筹备组织。我国的性教育工作进入全面发展时期，性教育迅速发展到有关领域和部门中。上海率先开展了青春期、婚育期的性教育试点。1985年7月22日到8月8日，上海大学文学院刘达临教授、上海中医学院樊民胜副教授和上海计划生育宣传教育中心蒋蕴芬主任共同发起的全国第一届性教育讲习班，通过有组织地培训性教育人才，引起广泛关注。

中国计划生育协会于1986年10月在江苏省太仓市召开了"全国首次性教育研讨会"，为推动和开展性教育工作进行研讨。在师资培养、性健康教育宣传，以及卫生防疫站部门的青春期性教育的调查研究方面均做了大量的工作；在包括儿童性教育、青春期性教育、婚恋期教育、计划生育与性知识、性科学与社会、性教育与性病、艾滋病的防治，以及性功能障碍的治疗等领域都有探索、发展和补充。会议介绍了上海市近100所中学开展青春期性教育所取得的成绩，北京、衡阳、锦州等地的参会者也介绍了他们在学校和农村开展性教育的经验。相隔五年多时间，中国计划生育协会和上海计划生育协会、上海市性教育研究会又于1992年1月15日到18日在上海联合举办了全国第二次性教育研究会。研究性教育的内容较广泛，包括健康宣教、计划生育宣教、卫生防疫、医疗和教育等方面。

1988年6月8日，国家教育委员会和国家计划生育委员会在上海召开了中学青春期教育现场会，8月24日发出了《关于在中学开展青春期教育的通知》，指出"要经过试点，取得经验，再逐步地、稳妥地推开"。1990年，由上海文汇报社主办，上海市教育局和上海市性教育研究会协办，在上海创办了"文汇青春期教育刊授学院"，著名医学专家吴阶平教授担任名誉院长，聘请了教育、科研、计划生育、医疗卫生等一批专家学者参加教学活动。他们立足上海，面向全国，培养青春期教育师资，正确、科学地开展青春期教育。该学院组织编写了《青春期教育》教材（共六册）。这套教材出版后，获得了各界一致好评。在全国各地性学与性健康教育工作者的协作下，自1987年起，该学院分别在重庆等地召开了七次全国性学学术会议，并举办了每一届的性健康教育、性咨询与性治疗学习班，培养了性教育和性医学的技术人才，并于1992年开始组织承办《中国性学》杂志。

以性健康教育为中心的各类型展览也在各大城市出现，1988年上海市性教育研究会与有关单位联合举办了"上海市青春期教育指导展览会"，为学校教师、家长、青少年工作者开展青春期健康教育提供了学习条件和机会，参观人数达4万余人次，后又分别在北京、天津、新疆等地展出，累计30万人参观学习。[①] 1990年5月，北京市健康教育所在北京举办了"性病、性生理、性道德"展览。1990年在上海举办了"人类与性"展览会，展出时间达5个月。到1994年一些省市的有关部门也相继举办了性教育

[①] 雷良忻、漆书青、席殊：《中国大陆性教育的发展（1979~1995年）》，《江西教育科研》，1997年第4期，第19~21页。

展览会，普及了性健康教育的科学知识，使群众获得了教育和收益。

中国人民大学在1988年开办了性科学讲习班，把性教育和性研究引进了大学校园；以性教育内容为博士论文的也出现在华东师范大学、北京医科大学等高校。首都师范大学健康教育中心自1994年起为该校三年级学生开设了"性健康教育"公共选修课。浙江大学开设的"青年心理健康"全校选修课中有性教育方面内容。

国家教委发出通知，要求中等学校开设青春期常识的健康教育课程，并编写出版了适合中学生阅读的教材。例如，河北大学出版社出版的《健康教育》试用课本，共分三册，初中一、二、三年级各一册。上海人民出版社出版的中学生教育教材《青春期常识读本》，介绍了青春期的性生理、性心理及性伦理道德的基本知识。这些教材在实际应用中受到中学生、教师和家长的普遍欢迎和好评。广东省性心理卫生委员会于1994年12月8日召开广东省第五次计划生育与性教育研讨会。中国性学会首届会议于1995年5月23日到27日在青岛召开，其中对大中学校的性健康教育进行了经验介绍和讨论，指出加强在这一领域开展研究工作的重要性。

在性健康教育和性学研究不断发展，性学学术团体逐渐增加，相互交流日趋活跃的基础上，在卫生部、国家科协和民政部的关怀支持下，在全国性学工作者的努力下，中国性学会于1994年12月24日在北京正式成立。中国性学会的成立，对推动性学与性教育的学术研讨和交流有着积极作用，对许多地区的性学与性教育的学术研讨和交流有着积极作用。许多地区的性学与性教育科研机构也随后成立，如天津市性科学协会于1995年1月6日成立，海南省性学会于1995年3月28日成立。2001年，《中华人民共和国人口与计划生育法》第十三条规定："学校应当在学生中，以符合受教育者特征的适当方式，有计划地开展生理卫生教育、青春期教育或者性健康教育。"

2003年全国"两会"上，多位代表提议重视青少年的性教育问题，建议将性教育开设为学校必修课。2006年，由国务院发布的《艾滋病防治条例》第十三条规定："县级以上人民政府教育主管部门应当指导、督促高等院校、中等职业学校和普通中学将艾滋病防治知识纳入有关课程，开展有关课外教育活动。高等院校、中等职业学校和普通中学应当组织学生学习艾滋病防治知识。"2008年12月1日，教育部发布的《中小学健康教育指导纲要》对从小学各年级到高中应实现的目标进行了规定，其中特别提到了性健康教育的内容。

2011年5月，教育部发布了《普通高等学校学生心理健康教育课程教学基本要求》，包括性心理和恋爱心理等心理健康课成为大学生的必修课。其中特别强调：在大学生性心理及恋爱心理方面，要求通过教学使学生了解自身性生理和心理的发展，认识大学生恋爱心理的特点，了解大学生在性心理和恋爱心理方面存在的问题，形成对性心理和恋爱心理的正确认识。2011年发布的小学教师专业标准和中学教师专业标准征求意见稿均规定了教师要有进行性教育的知识和能力。自此，我国的性教育进入一个蓬勃发展时期。在全国，性学和性教育工作者积极开展性教育、科研、咨询、宣传活动，旨在普及性教育，预防性传播疾病。

第二章　我国学校性教育的发展及政策支持、现状和存在的问题

第二节　我国学校性教育发展的政策支持

一、学校性教育在我国具有法律地位

在我国，学校开展性教育具有法律地位。这一法律地位在《中华人民共和国母婴保健法》《中华人民共和国人口与计划生育法》和《中华人民共和国未成年人保护法》中都得到了充分确立。1994年10月，第八届全国人民代表大会常务委员会第十次会议通过了《中华人民共和国母婴保健法》。其中第二章"婚前保健"指出，医疗保健机构应当为公民提供婚前保健服务，其中包括性卫生知识、生育知识和遗传病知识的教育。《中华人民共和国母婴保健法》是根据《中华人民共和国宪法》所制定的法规，是我国第一部保护妇女和儿童健康的法律。广大中小学生是这一受益人群的重要组成部分。如果学校能够提供相关保健、生育知识，那么可以有效地保障未来母亲及其婴儿的健康，提高国家出生人口素质。

2001年12月，第九届全国人民代表大会常务委员会第二十五次会议通过了《中华人民共和国人口与计划生育法》。其中第十三条规定教育、卫生等相关部门应当组织开展人口与计划生育宣传教育，"学校应当在学生中，以符合受教育者特征的适当方式，有计划地开展生理卫生教育、青春期教育或者性健康教育"。2012年10月，第十一届全国人民代表大会常务委员会第二十九次会议通过了修改后的《中华人民共和国未成年人保护法》。其中第十九条规定："学校应当根据未成年学生身心发展的特点，对他们进行社会生活指导、心理健康辅导和青春期教育。"

《中华人民共和国母婴保健法》《中华人民共和国人口与计划生育法》和《中华人民共和国未成年人保护法》从法律的角度，关注中小学生的性健康和性教育需求，并要求学校以适当方式开展性教育。这三部法律确立了我国学校性教育的法律地位。

二、学校性教育受到国家高度重视

1988年12月，中共中央发布了《中共中央关于改革和加强中小学德育工作的通知》，明确中学阶段是学生身体逐渐发育成熟的时期，要结合生理、心理卫生教育，适时地进行青春期教育。此后，中共中央、国务院相继颁布了《中华人民共和国艾滋病预防和控制中期规划（1990—1992年）》《中国儿童发展纲要（2011—2020年）》《中共中央　国务院关于全面加强人口和计划生育工作统筹解决人口问题的决定》《"健康中国2030"规划纲要》等一系列重要政策。特别是《中国儿童发展纲要（2011—2020年）》明确提出"将性与生殖健康教育纳入义务教育课程体系"，为在中小学开展性教育提供了制度保障。国家颁发的相关政策详见表2-1。

表2-1 国家颁布相关政策一览表（按时间顺序排列）

文件名称	主要内容	颁布时间和机构
1. 中共中央关于改革和加强中小学德育工作的通知	中学阶段是学生身体逐渐发育成熟的时期，要结合生理、心理卫生教育，适时地进行青春期教育	1988年12月，中共中央
2. 中华人民共和国艾滋病预防和控制中期规划（1990—1992年）	开展预防教育工作是这个规划的基础，并强调针对中学、大学教师的培训，加强学校内的宣传教育	1990年8月，国务院
3. 中共中央 国务院关于加强人口与计划生育工作稳定低生育水平的决定	进一步落实教育宣传为主、避孕为主、经常性工作为主的"三为主"方针，推动不同地区人口与计划生育教育工作，中等以上学校普遍开设人口及青春期、性保健讲座或课程	2000年3月，中共中央、国务院
4. 中华人民共和国国民经济和社会发展第十个五年计划纲要	特别要加强青少年的思想政治、道德品质、心理健康和法制教育	2001年3月，第九届全国人民代表大会
5. 中国儿童发展纲要（2001—2010年）	改善儿童卫生保健服务，提高儿童健康水平。重视儿童心理卫生知识的普及。在学校开设心理健康课程，逐步在大中城市和其他有条件的地方建立儿童心理咨询和矫正服务机构	2001年5月，国务院
6. 中国妇女发展纲要（2001—2010年）	以生殖健康教育为中心，普及生殖保健、优生优育、避孕节育知识，使生殖保健知识普及率和育龄人口计划生育知识普及率达到80%以上	2001年5月，国务院
7. 中国遏制与防治艾滋病行动计划（2001—2005年）	要特别注重在青少年中开展青春期和性健康知识、艾滋病性病知识和无偿献血知识、禁毒知识的普及教育，对入学新生发放预防艾滋病性病健康教育处方、宣传材料（品），开设专题讲座	2001年5月，国务院公办厅
8. 国务院关于切实加强艾滋病防治工作的通知	要将艾滋病防治和无偿献血知识纳入普通中学、中等职业学校和高等学校教学计划，落实教学课时。普通中学、中等职业学校和高等学校要深入持久地开展艾滋病防治和无偿献血知识宣传教育活动	2004年3月，国务院
9. 艾滋病防治条例	县级以上人民政府教育主管部门应当指导、督促高等院校、中等职业学校和普通中学将艾滋病防治知识纳入有关课程，开展有关课外教育活动。高等院校、中等职业学校和普通中学应当组织学生学习艾滋病防治知识	2006年1月，国务院
10. 中国遏制与防治艾滋病行动计划（2006—2010年）	各类学校要开展预防艾滋病健康教育。共青团等团体要组织青年学生参加社会关爱艾滋病病毒感染者及艾滋病病人的活动	2006年2月，国务院办公厅

第二章 我国学校性教育的发展及政策支持、现状和存在的问题

续表

文件名称	主要内容	颁布时间和机构
11. 中共中央 国务院关于全面加强人口和计划生育工作统筹解决人口问题的决定	中等以上学校要将人口和计划生育、生殖健康纳入相关课程教学内容或开设专题讲座等；依托高等学校和重点科研机构，建设具有国际先进水平的计划生育生殖健康科研基地和学科体系，组建若干多学科交叉的国家重点实验室和工程技术研究中心	2006年12月，中共中央、国务院
12. 国家中长期教育改革和发展规划纲要（2010—2020年）	加强心理健康教育，促进学生身心健康、体魄强健、意志坚强，提高学生综合素质，使学生成为德智体美全面发展的社会主义建设者和接班人	2010年6月，中共中央、国务院
13. 国务院关于进一步加强艾滋病防治工作的通知	教育、卫生部门要建立预防艾滋病宣传教育工作机制，切实落实初中及以上学生学习艾滋病防治知识的规定	2010年12月，国务院
14. 中国儿童发展纲要（2011—2020年）	加强对儿童的健康指导和干预。加强托幼机构和中小学校卫生保健管理，对儿童开展疾病预防、心理健康、生长发育与青春期保健等方面的教育和指导，提高儿童身心健康素养水平。将性与生殖健康教育纳入义务教育课程体系	2011年7月，国务院
15. 中国妇女发展纲要（2011—2020年）	进一步加大避孕知识宣传力度，提高妇女自我保护意识和选择科学合理避孕方式的能力，预防和控制非意愿妊娠和人工流产	2011年7月，国务院
16. 中国遏制与防治艾滋病"十二五"行动计划	所有普通中学、中等职业学校、普通高等学校每学年按照规定要求开展艾滋病综合防治知识专题教育或宣传教育活动	2012年1月，国务院办公厅
17. 国务院防治艾滋病工作委员会办公室关于做好2014年"世界艾滋病日"宣传活动的通知	组织学校广泛开展预防艾滋病宣传教育活动，通过主题班会、读书活动、知识竞赛、图片展览等多种形式，全面普及艾滋病综合防治知识，树立正确的人生观、价值观，养成健康的生活方式，提高自我防范能力。充分调动学生参与艾滋病防治工作的积极性，鼓励他们作为青年志愿者，参与社区预防艾滋病宣传教育活动	2014年11月，国务院防治艾滋病工作委员会办公室
18. 国务院关于进一步加强新时期爱国卫生工作的意见	将健康教育纳入国民教育体系，结合各类健康主题日，组织开展经常性宣传教育活动。创新健康教育的方式和载体，充分利用互联网、移动客户端等新媒体传播健康知识，提高健康教育的针对性、精准性和实效性。加强健康教育的内容建设，组织发布科学防病知识，及时监测纠正虚假错误信息，坚决取缔虚假药品等广告、打击不实和牟利性误导宣传行为	2014年12月，国务院

续表

文件名称	主要内容	颁布时间和机构
19. 国务院关于加强农村留守儿童关爱保护工作的意见	教育行政部门要支持和指导中小学校加强心理健康教育，促进学生心理、人格积极健康发展，及早发现并纠正心理问题和不良行为；会同公安机关指导和协助中小学校完善人防、物防、技防措施，加强校园安全管理，做好法治宣传和安全教育，帮助儿童增强防范不法侵害的意识、掌握预防意外伤害的安全常识	2016年2月，国务院
20. 国务院教育督导委员会办公室关于开展校园欺凌专项治理的通知	各校要集中对学生开展以校园欺凌治理为主题的专题教育，开展品德、心理健康和安全教育，邀请公安、司法等相关部门到校开展法制教育，组织教职工集中学习对校园欺凌事件预防和处理的相关政策、措施和方法等	2016年4月，国务院教育督导委员会办公室
21. 国务院关于统筹推进县域内城乡义务教育一体化改革发展的若干意见	深入实施农村义务教育学生营养改善计划，提高营养膳食质量，改善学生营养状况。加强留守儿童关爱保护。中小学校要加强法治教育、安全教育和心理健康教育，积极开展心理辅导	2016年7月，国务院
22. 国家残疾预防行动计划（2016—2020年）	积极开展心理健康促进工作，加强对精神分裂症、阿尔茨海默症、抑郁症、孤独症等主要致残性精神疾病的筛查识别和治疗康复，重点做好妇女、儿童、青少年、老年人、残疾人等群体的心理健康服务	2016年8月，国务院办公厅
23. "健康中国2030"规划纲要	建立健全健康促进与教育体系，提高健康教育服务能力，从小抓起，普及健康科学知识。将健康教育纳入国民教育体系，把健康教育作为所有教育阶段素质教育的重要内容。以中小学为重点，建立学校健康教育推进机制。构建相关学科教学与教育活动相结合、课堂教育与课外实践相结合、经常性宣传教育与集中式宣传教育相结合的健康教育模式。培养健康教育师资，将健康教育纳入体育教师职前教育和职后培训内容。 强化社会综合治理，以青少年、育龄妇女及流动人群为重点，开展性道德、性健康和性安全宣传教育和干预，加强对性传播高危行为人群的综合干预，减少意外妊娠和性相关疾病传播	2016年10月，中共中央、国务院
24. 健康中国行动（2019—2030年）	把提升健康素养作为增进全民健康的前提，根据不同人群特点有针对性地加强健康教育，开展心理健康、中小学健康、妇幼健康促进行动和传染病及地方病防控行动，从而提高心理健康、预防传染病、青春期保健和自我防范等意识	2019年7月，国务院

第二章 我国学校性教育的发展及政策支持、现状和存在的问题

续表

文件名称	主要内容	颁布时间和机构
25. 中华人民共和国未成年人保护法（2020年修订）	学校、幼儿园应当建立预防性侵害、性骚扰未成年人工作制度，对未成年人开展适合其年龄的性教育，提高未成年人防范性侵害、性骚扰的自我保护意识和能力，同时对其采取相关的保护措施	2020年10月，全国人民代表大会常务委员会
26. 中共中央 国务院关于优化生育政策促进人口长期均衡发展的决定	进一步优化生育政策，提高优生优育服务水平，要保障孕产妇和儿童健康，积极发挥计划生育协会作用，加强基层能力建设，做好宣传教育、生殖健康咨询服务、优生优育指导、计划生育家庭帮扶、权益维护、家庭健康促进等工作	2021年6月，中共中央、国务院
27. 中国儿童发展纲要（2021—2030年）	为儿童提供性教育和性健康服务。引导儿童树立正确的性别观念和道德观念，正确认识两性关系。将性教育纳入基础教育体系和质量监测体系，增强教育效果。引导父母或其他监护人根据儿童年龄阶段和发展特点开展性教育，加强防范性侵害教育，提高儿童自我保护意识和能力。促进学校与医疗机构密切协作，提供适宜儿童的性健康服务，保护就诊儿童隐私。设立儿童性健康保护热线，加强未成年人保护	2021年9月，国务院
28. 中国妇女发展纲要（2021—2030年）	建立完善妇女全生命周期健康管理模式。针对青春期、育龄期、孕产期、更年期和老年期妇女的健康需求，提供全方位健康管理服务。进一步保障妇女健康生命安全以及提高妇女的防范意识和能力	2021年9月，国务院
29. 中华人民共和国家庭教育促进法	未成年人的父母或者其他监护人应当针对不同年龄段未成年人的身心发展特点，以关注未成年人心理健康，教导其珍爱生命，对其进行交通出行、健康上网和防欺凌、防溺水、防诈骗、防拐卖、防性侵等方面的安全知识教育，帮助其掌握安全知识和技能，增强其自我保护的意识和能力等内容为指引，开展家庭教育	2021年10月，全国人民代表大会常务委员会

1984年3月，教育部、卫生部和国家计划生育委员会联合颁布了《关于改进和加强中学生理卫生知识教育的通知》。通知指出，生理卫生课的内容应包括人体解剖、生理和卫生三方面的基础知识；生理卫生课中"生殖和发育"一章内容，对帮助学生正确对待恋爱、婚姻、生育问题和将来自觉做到晚婚和计划生育，以及对德、智、体全面发展都有重要意义。

1988年8月，国家教育委员会、国家计划生育委员会发布《关于在中学开展青春期教育的通知》，明确提出在中学开展性教育的要求。2008年12月，教育部发布《中小学健康教育指导纲要》，内容包括五个领域：健康行为与生活方式、疾病预防、心理健康、生长发育与青春期保健、安全应急与避险。每个领域都有与性教育相关的内容。教育部和其他政府职能部门发布的一系列具有里程碑意义的有关中小学性教育纲要、标

准和条例，对性教育的要求更为具体，使性教育的内容也逐渐丰富。教育部等政府部门相关政策详见表2-2。

表2-2 教育部等政府部门颁布相关政策一览表（按时间顺序排列）

文件名称	主要内容	颁布时间和部门
1. 关于改进和加强中学生理卫生知识教育的通知	要求在中学进行青春期卫生知识的教育。生理卫生课的内容包括人体解剖、生理和卫生三方面的基础知识；生理卫生课中"生殖和发育"一章内容，对帮助学生正确对待恋爱、婚姻、生育问题和将来自觉做到晚婚和计划生育，以及对德、智、体全面发展都有重要意义。必须端正思想，消除顾虑，认真讲好这一章。这章内容，除在初三安排学习外，各学校还可以根据实际情况，在大部分女学生月经到来之前先安排一两次讲座	1984年3月，教育部、卫生部和国家计划生育委员会
2. 关于在中学开展青春期教育的通知	青春期教育包括性生理、性心理、性道德教育等三个方面，以社会主义道德教育为核心。通过教育，学生正确认识自身生理的发育变化，注意保护健康，养成卫生习惯；培养学生具有良好的心理素质和道德修养，懂得自尊、自爱、自重、自强，具有自我控制能力，能正确对待男女同学之间的友谊，珍惜青春年华	1988年8月，国家教育委员会、国家计划生育委员会
3. 学校卫生工作条例	培养学生良好的卫生习惯，改善学校卫生环境和教学卫生条件，加强对传染病、学生常见疾病的预防和治疗。应当开展学生健康咨询活动	1990年6月，国家教育委员会、卫生部
4. 九年义务教育全日制小学、初级中学课程计划（试行）	青春期教育，初中主要结合体育（卫生保健部分）和生物（生理卫生部分）进行，其任课教师由学校根据实际情况确定。小学高年级根据需要，可以安排青春期教育的短期课程或进行个别指导	1992年8月，国家教育委员会
5. 中小学生健康教育基本要求（试行）	使儿童青少年掌握一定的卫生知识，认识个人卫生习惯、营养、体育锻炼、防病保健、环境卫生、心理卫生、安全措施等诸因素与个体健康的相互关系及影响作用。逐步自觉地形成对自己健康负责的卫生观念	1992年9月，卫生部、国家教育委员会、全国爱国卫生运动委员会
6. 中国计划生育工作纲要（1995—2000年）	在中学（农村在小学高年级）的有关课程中，要进行人口国情与青春期教育。各级党校、干校、团校与农村成人学校以及各类高、中等学校都要把人口与计划生育的知识作为一项教学内容。大力发展教育事业，提高国民的科学文化素质和思想道德素质，特别要注意提高妇女的文化水平，以利于婚育观念的转变	1995年1月，国家计划生育委员会
7. 小学管理规程	小学的环境、校舍、设施、图书、设备等应有利于学生身心健康，教育、教学活动安排要符合学生的生理、心理特点。要不断改善学校环境卫生和教学卫生条件，开展健康教育，培养学生的卫生习惯，预防传染病、常见病及食物中毒	1996年3月，国家教育委员会

第二章 我国学校性教育的发展及政策支持、现状和存在的问题

续表

文件名称	主要内容	颁布时间和部门
8. 中国预防与控制艾滋病中长期规划（1998—2010年）	各类高等和中等学校将预防艾滋病、性传播疾病知识列为学校健康教育或青春期教育的重要内容。向新生发放预防艾滋病、性传播疾病健康教育处方	1998年11月，卫生部、国家计划委员会、科技部、财政部
9. 特殊教育学校暂行规程	特殊教育学校要重视学生的身心健康教育，培养学生良好的心理素质和卫生习惯，提高学生保护和合理使用自身残存功能的能力；适时、适度地进行青春期教育	1998年12月，教育部
10. 教育部关于加强中小学心理健康教育的若干意见	除与原有思想品德课、思想政治课及青春期教育等相关教学内容有机结合外，还可利用活动课、班团队活动，举办心理健康教育的专题讲座。对小学生也可通过组织有关促进心理健康教育内容的游戏、娱乐等活动，帮助学生掌握一般的心理保健知识和方法，培养良好的心理素质	1999年8月，教育部
11. 幼儿园教育指导纲要（试行）	幼儿园应为幼儿提供健康、丰富的生活和活动环境，在活动开展中密切结合幼儿的生活进行安全、营养和保健教育，提高幼儿的自我保护意识和能力	2001年7月，教育部
12. 关于加强学校预防艾滋病健康教育工作的通知	要从今年秋季起，逐步在所有普通中学、中等职业学校、高等学校全面开展预防艾滋病健康教育。各地教育行政部门和学校应按照《学校预防艾滋病健康教育基本要求》，将预防艾滋病健康教育纳入学校教学计划，落实初中、高中、大学学段预防艾滋病健康教育的教学内容和时间，通过课堂教学、专题讲座、播放多媒体教学片等多种形式开展预防艾滋病健康教育，学生了解预防艾滋病相关知识、增强学生自我保护意识和抵御艾滋病侵袭的能力，培养其健康的生活方式	2002年5月，教育部、卫生部
13. 学校预防艾滋病健康教育基本要求	中学阶段：与相关学科教育结合，将有关预防艾滋病健康教育知识渗透到思想品德、生物课、体育与健康、综合实践活动等课程中。利用专题讲座、主题班会、同伴教育、校园广播、墙报板报、知识竞赛等多种形式开展预防艾滋病教育	2002年5月，教育部、卫生部
14. 中小学心理健康教育指导纲要	心理健康教育是提高中小学生心理素质的教育，是实施素质教育的重要内容。在中小学开展心理健康教育，是学生健康成长的需要，是推进素质教育的必然要求	2002年8月，教育部
15. 中小学生预防艾滋病专题教育大纲	通过专题教育形式，学生了解预防艾滋病相关知识、培养其健康的生活方式，增强自我保护意识和抵御艾滋病侵袭的能力。课时从地方课程中安排（初中6课时、高中4课时），建议理论教学与讨论活动的课时比例为1∶1。根据学生身心发育的特点及当地实际情况，在保证教学目标完成的前提下，鼓励拓展与艾滋病预防相关的青春期教育等教学内容	2003年2月，教育部

续表

文件名称	主要内容	颁布时间和部门
16. 全国健康教育与健康促进工作规划纲要（2005—2010年）	城乡各类学校应开设健康教育课，开展多种形式的健康教育活动，加强健康行为养成教育，重点做好防治性传播疾病、艾滋病等重大传染病健康教育与健康促进工作	2005年1月，卫生部
17. 教育部关于在全国中小学开展创建和谐校园的意见	强化安全与健康教育，提高师生安全卫生防护能力。学校要加强对师生的法制教育、安全教育、健康教育，切实提高教育的实效性和有效性	2006年11月，教育部
18. 全国"十一五"人口和计划生育事业发展规划	加强宣传教育，包括与教育部门配合，在小学高年级和中学以上学校普遍开设人口和计划生育、青春期性与生殖健康的课程	2006年12月，国家人口和计划生育委员会
19. 中小学公共安全教育指导纲要	明确要求高中学生应了解应对心理危机的方法和救助渠道，促进个体身心健康发展	2007年2月，教育部
20. 中小学法制教育指导纲要	鼓励法制专题教育要与道德教育、心理教育、青春期教育、生命教育紧密结合，与安全、禁毒、预防艾滋病、环境、国防、交通安全、知识产权等专项教育有机整合，使之融为一体	2007年7月，宣传部、教育部、司法部等
21. 教育部2008年工作要点	全面实施国家学生体质健康标准，激励学生达标争优、强身健体。加强和改进心理健康教育与卫生防病教育，健全学校突发公共卫生事件报告与预警机制	2008年2月，教育部
22. 中小学健康教育指导纲要	进一步加强学校健康教育工作，培养学生的健康意识与公共卫生意识，掌握健康知识和技能，促进学生养成健康的行为和生活方式。中小学健康教育内容包括五个领域：健康行为与生活方式、疾病预防、心理健康、生长发育与青春期保健、安全应急与避险。指导中小学生进一步了解常见传染病预防知识，增强卫生防病能力；了解艾滋病基本知识和预防方法，熟悉毒品预防基本知识，增强抵御毒品和艾滋病的能力	2008年12月，教育部
23. 全国家庭教育指导大纲	学校应指导家长进行青春期生理卫生知识指导，帮助儿童认识并适应自己的生理变化	2010年2月，全国妇联、教育部等
24. 义务教育体育与健康课程标准	课程强调充分发挥体育的育人功能，强调以体育与健康学习为主，渗透德育教育，同时融合部分健康行为与生活方式、生长发育与青春期保健、心理健康与社会适应、疾病预防、安全应急与避险等方面的知识和技能，整合并体现课程目标、课程内容、过程与方法等多种价值	2011年1月，教育部

第二章 我国学校性教育的发展及政策支持、现状和存在的问题

续表

文件名称	主要内容	颁布时间和部门
25. 教育部、卫生部关于进一步加强学校预防艾滋病教育工作的意见	学校是开展预防艾滋病教育的重要场所，是向青少年传授预防艾滋病知识和技能的有效途径。加强学校预防艾滋病教育的意义重大。将艾滋病综合防治知识、无偿献血知识纳入学校教育教学计划，确保到 2015 年，100% 的普通中学、中等职业学校、高等学校每学年按照规定要求开展艾滋病综合防治知识专题教育或宣传教育活动，90% 以上的学生掌握艾滋病综合防治知识。充分发挥课堂教学的主渠道作用。采取切实措施，确保落实初中学段 6 课时、高中学段 4 课时的预防艾滋病专题教育时间，确保落实高等学校每学年不少于 1 课时的专题讲座时间，通过专题教育和专题讲座向学生传授预防艾滋病知识和技能	2011 年 5 月，教育部、卫生部
26. 中小学健康教育规范	中小学健康教育内容包括五个领域：健康行为与生活方式、疾病预防、心理健康、生长发育与青春期保健、安全应急与避险。根据儿童青少年生长发育的不同阶段，依照小学低年级、小学中年级、小学高年级、初中年级、高中年级五级水平，把五个领域的内容合理分配到五级水平中。五个不同水平互相衔接，完成中小学校健康教育的总体目标	2011 年 12 月，卫生部、中国国家标准化管理委员会
27. 小学教师专业标准（试行）	小学教师要了解对小学生进行青春期和性健康教育的知识和方法	2012 年 2 月，教育部
28. 3～6 岁儿童学习与发展指南	从健康、语言、社会、科学、艺术五大领域指导幼儿园和家庭实施科学的保育和教育，促进幼儿身心全面和谐发展，该指南指出健康是指人在身体、心理和社会适应方面的良好状态。幼儿阶段是儿童身体发育和机能发展极为迅速的时期，也是形成安全感和乐观态度的重要阶段，因此要帮助幼儿养成良好的生活与卫生习惯，提高自我保护能力，形成使其终身受益的生活能力和文明生活方式	2012 年 10 月，教育部
29. 学生心理健康教育指南	按照学生心理发展特点和身心发育的规律，制定教育内容，体现各年级学生心理健康教育的层次性和阶段性。包括"性心理教育、青春期性心理健康教育、恋爱心理教育"等内容	2012 年 12 月，卫生部、中国国家标准化管理委员会
30. 中小学心理健康教育指导纲要（2012 年修订）	要普及、巩固和深化中小学心理健康教育，加快制度建设、课程建设、心理辅导室建设和师资队伍建设，积极拓展心理健康教育渠道，建立学校、家庭和社区心理健康教育网络和协作机制，全面推进中小学心理健康教育科学发展，在学校普通建立起规范的心理健康教育服务体系，全面提高全体学生的心理素质	2012 年 12 月，教育部

续表

文件名称	主要内容	颁布时间和部门
31. 教育部等五部门关于加强义务教育阶段农村留守儿童关爱和教育工作的意见	加强留守儿童心理健康教育。学校要重视留守儿童心理健康教育，将其作为重要内容纳入教育教学计划	2013年1月，教育部等
32. 教育部办公厅关于做好当前传染病防控工作的通知	各级各类学校要把流感等春季传染病防控知识作为当前学校卫生防病宣传教育重点，通过健康教育课及其他多种宣传形式向师生、家长普及科学防控知识，重点教育并督促学生保持良好个人卫生习惯	2013年4月，教育部办公厅
33. 关于做好预防少年儿童遭受性侵工作的意见	要通过课堂教学、讲座、班队会、主题活动、编发手册等多种形式开展性知识教育、预防性侵犯教育，提高师生、家长对性侵犯犯罪的认识	2013年9月，教育部、公安部、共青团中央、全国妇联
34. 关于依法惩治性侵害未成年人犯罪的意见	为依法惩治性侵害未成年人犯罪，保护未成年人合法权益，根据刑法、刑事诉讼法和未成年人保护法等法律和司法解释的规定，结合司法实践经验，制定本意见	2013年10月，最高人民法院、最高人民检察院、公安部、司法部
35. 教育部办公厅关于进一步加强职业院校关心下一代工作委员会建设的若干意见	要加强心理健康教育，做好学生关爱和心理疏导工作，培养学生健全人格	2013年12月，教育部办公厅
36. 教育部2014年工作要点	实施中小学心理健康教育特色学校争创计划。切实加强学校体育工作。实施国家青少年体质健康促进计划，广泛深入推进阳光体育运动	2014年1月，教育部
37. 教育部办公厅关于实施中小学心理健康教育特色学校争创计划的通知	推动广大中小学全面普及心理健康教育，落实心理健康教育指导纲要的各项要求，明确学校在促进学生身心健康发展方面的义务和责任，规范学校心理健康教育工作，保证心理健康教育时间和必要的活动场地，丰富课程内容，建立稳定的专业化教师队伍，形成全体教师关心、关爱每一个学生心灵成长的良好氛围，切实提高中小学生的心理素质和健康水平	2014年3月，教育部办公厅

第二章 我国学校性教育的发展及政策支持、现状和存在的问题

续表

文件名称	主要内容	颁布时间和部门
38. 教育部关于培育和践行社会主义核心价值观，进一步加强中小学德育工作的意见	加强心理健康教育。各级教育部门和中小学校要认真落实《中小学心理健康教育指导纲要（2012年修订）》，全面推进心理健康教育。加强生命教育和青春期教育，促进学生身心和谐发展	2014年4月，教育部
39. 教育部关于印发《义务教育学校管理标准（试行）》的通知	开展以生活技能为基础的安全健康教育。有计划地开展生命教育、防灾减灾教育、禁毒和预防艾滋病教育。普及疾病预防、饮食卫生常识以及生长发育和青春期保健知识	2014年8月，教育部
40. 国家卫生计生委办公厅关于全面开展预防艾滋病、梅毒和乙肝母婴传播工作的通知	各级卫生计生行政部门要积极协调妇儿工委、教育、民政、妇联等相关部门和组织，广泛开展社会动员。充分利用新婚学校、孕妇学校、人口学校等平台，以及广播、电视、网络等大众媒体，采取多种形式开展预防艾滋病、梅毒和乙肝母婴传播相关的健康教育和政策宣传，特别关注流动人口和青少年群体	2015年4月，国家卫生和计划生育委员会办公厅
41. 全国精神卫生工作规划（2015—2020年）	各级各类学校应当设置心理健康教育机构并配备专业人员，建立学生心理健康教育工作机制，制定校园突发危机事件处理预防	2015年6月，国家卫生和计划生育委员会、发展改革委、教育部等
42. 建立疫情通报制度进一步加强学校艾滋病防控工作	切实落实各项学校预防艾滋病教育措施，特别要认真落实初中学段6课时、高中学段4课时预防艾滋病专题教育时间，认真落实高校和中等职业学校在新生入学时发放预防艾滋病教育处方、在入学教育中开展不少于1课时的艾滋病综合防治知识教育等任务，确保高校每学年每个在校学生不少于1课时预防艾滋病专题讲座时间。各地要将预防艾滋病教育与性健康教育有机结合，积极探索适合不同学段学生身心发育、认知能力的性健康教育内容和方式，将性道德、性责任、预防和拒绝不安全性行为作为教育重点，提高教育的针对性和效果	2015年7月，国家卫生和计划生育委员会办公厅、教育部办公厅
43. 教育部、财政部关于改革实施中小学幼儿园教师国家级培训计划的通知	依据国家制定的中小学幼儿园教师培训课程标准，科学诊断教师培训需求，分类、分科、分层设计递进式培训课程，开展主题鲜明的培训。将师德教育、法治教育、心理健康教育和信息技术应用等作为培训必修内容	2015年8月，教育部、财政部

续表

文件名称	主要内容	颁布时间和部门
44. 关于加强健康促进与教育的指导意见	将健康教育纳入国民教育体系，把健康教育作为所有教育阶段素质教育的重要内容。以中小学为重点，建立学校健康教育推进机制。加强学校健康教育师资队伍建设。构建相关学科教学与教育活动相结合、课堂教育与课外实践相结合、经常性宣传教育与集中式宣传教育相结合的健康教育模式	2016年11月，国家卫生和计划生育委员会、教育部等
45. 教育部等九部门关于防治中小学生欺凌和暴力的指导意见	切实加强中小学生思想道德教育、法治教育和心理健康教育。落实《中小学心理健康教育指导纲要（2012年修订）》，培养学生健全人格和积极心理品质，对有心理困扰或心理问题的学生开展科学有效的心理辅导，提高其心理健康水平。认真开展预防欺凌和暴力专题教育	2016年11月，教育部、中央综治办等
46. 中国青少年健康教育核心信息及释义（2018版）	该文件就肥胖、近视、网络成瘾等青少年主要健康问题和影响因素进行了梳理和总结，其中指出青少年要掌握正确的生殖与性健康知识，避免过早发生性行为，预防艾滋病等性传播疾病	2018年9月，国家卫生健康委员会
47. 全国家庭教育指导大纲（修订）	分别对不同年龄阶段儿童的家庭教育做出指导。对儿童进行性教育。指导家长充分了解青春期生理卫生知识，对儿童开展适时、适度的性教育，让儿童了解必要的青春期知识，认识并适应身体的生理变化；开展科学的性心理辅导，对儿童进行与异性交往的指导；加强对儿童的性道德教育，帮助儿童认识到对性健康和生殖健康应当采取负责任的态度和行为。提高儿童交往合作能力。指导家长根据该年龄段儿童个性特点，引导儿童积极开展社交活动和正常的异性交往；以性道德、性责任、性健康、预防和拒绝不安全性行为为重点，开展性教育等	2019年5月，全国妇联、教育部、中央文明办、民政部、文化和旅游部、国家卫生健康委员会、国家广播电视总局、中国科学技术协会、中国关心下一代工作委员会
48. 未成年人学校保护规定	学校应当落实法律规定建立学生欺凌防控和预防性侵害、性骚扰等专项制度，建立对学生欺凌、性侵害、性骚扰行为的零容忍处理机制和受伤害学生的关爱、帮扶机制。学校要树立以生命关怀为核心的教育理念，利用安全教育、心理健康教育、环境保护教育、健康教育、禁毒和预防艾滋病教育等专题教育，引导学生热爱生命、尊重生命；要有针对性地开展青春期教育、性教育，使学生了解生理健康知识，提高防范性侵害、性骚扰的自我保护意识和能力	2021年6月，教育部
49. 教育部等五部门关于全面加强和改进新时代学校卫生与健康教育工作的意见	崇尚科学、尊重生命，引导学生主动学习掌握日常锻炼、传染病预防、食品卫生安全、合理膳食、体格检查、心理健康、生长发育、性与生殖健康、心肺复苏、安全避险与应急救护等方面知识和技能。把预防新型毒品等毒品教育纳入健康教育课程。落实预防艾滋病专题教育任务，加强青春期、性道德和性责任教育。开发健康教育教学资源。开展全国学校健康教育示范课与教研交流	2021年8月，教育部、国家发展改革委、财政部、国家卫生健康委、市场监管总局

第二章 我国学校性教育的发展及政策支持、现状和存在的问题

续表

文件名称	主要内容	颁布时间和部门
50. 生命安全与健康教育进中小学课程教材指南	根据不同领域以及不同年龄阶段的儿童应采取不同的教育方式,针对其身心发展规律特点开展合适的教育,使其了解健康的生活方式,如何面对不同心理产生的状况以及生长发育和青春期保健的基本知识与技能,学会自我保护等基本常识	2021年10月,教育部

1991年通过的《中华人民共和国未成年人保护法》提出:"国家、社会、学校和家庭应当教育和帮助未成年人运用法律手段,维护自己的合法权益。"这一规定将国家、社会、学校与家庭作为未成年人维权教育的责任主体。2006年12月第一次修订时,此条表述修改为:"国家、社会、学校和家庭应当教育和帮助未成年人维护自己的合法权益,增强自我保护的意识和能力,增强社会责任感。"并在"社会保护"部分新增第四十一条并明确提出"禁止对未成年人实施性侵害"。2012年10月第二次修订中这两条没有任何修改。

2007年,由教育部制定、国务院颁布的《中小学公共安全教育指导纲要》,对中小学各阶段安全教育的目标、内容、实施途径和保障机制均有详细规定。根据不同年级学生的实际接受能力和需要,提出了小学4~6年级的学生应该"了解应对敲诈、恐吓、性侵害的一般方法,提高自我保护能力",初中生则要求"学会应对敲诈、恐吓、性侵害等突发事件的基本技能",高中生"学习健康的异性交往方式,学会用恰当的方法保护自己,预防性侵害。当遭到性骚扰时,要用法律保护自己"。2008年,教育部印发的《中小学健康教育指导纲要》在初中阶段的"安全应急与避险"中提出了关于"识别容易发生性侵害的危险因素,保护自己不受性侵害"等内容。两个"纲要"是针对中小学制定和颁布的,实质上是直接将中小学校作为预防性侵害教育的主体,从安全与健康两个角度分别规定了学校的教育责任,并明确规定了具体的、递进式的教育内容与目标。这也是迄今为止我国法规中针对未成年人性侵害防范教育的最系统、最具体的规定。

《教育部 公安部 共青团中央 全国妇联关于做好预防少年儿童遭受性侵工作的意见》(以下简称《预防意见》)是一项直接针对防范未成年人性侵害的法规,并明确了教育责任主体。如果说在前面所述各法规中仅有个别条款提到未成年人性侵害防范教育,那么《预防意见》则是专门针对未成年人性侵害的预防和防范教育而制定的法规。《预防意见》提出了多条预防未成年人性侵害的措施,其中第一条便是"科学做好预防性侵犯教育",责成"各地教育部门、共青团、妇联组织要通过课堂教学、讲座、班队会、主题活动、编发手册等多种形式开展性知识教育、预防性侵犯教育,提高师生、家长对性侵犯犯罪的认识","教育学生特别是女学生提高自我保护意识和能力,了解预防性侵犯的知识,知晓什么是性侵犯,遭遇性侵犯后如何寻求他人帮助",要求"要运用各类媒体普及有关知识,有条件的地方可设立学生保护热线和网站"。《预防意见》把"各地教育部门、共青团、妇联组织"作为教育责

任主体，而从所提出的教育途径看，"课堂教学""班队会""主题活动"等教育形式基本只能由学校完成；而其他主体则只能通过"讲座""编发手册"的形式来实现教育职能，即使这样，也离不开学校的协助与配合。所以，《预防意见》实际上是将教育部门置于最大的性侵害防范教育责任主体地位；从其余的防范意见看，多数也只能由未成年人集中的学校来执行。

第三节 我国学校性教育现状和存在的问题

一、我国学校性教育现状

改革开放以来，伴随着思想大解放，我国的学校性教育冲破长久以来的禁锢，开始获得长足的发展。1978年《生理卫生教学大纲（试行草案）》颁布。大纲指出，必须重视青春期生理卫生和晚婚、计划生育的教育；教育部、卫生部在1979年底联合印发了《中小学生卫生工作的暂行规定》，明确指出要加强青春期卫生教育；教育部在1981年开始尝试在高中设置"人口教育"课程，以此为途径对学生进行性生理知识和人口学知识的教育。

1984—1993年，学校性教育从倡导、兴起进入较大规模实验和迅速发展阶段，突出表现在三个方面：一是性科学研究兴起。在性医学、性心理学、性社会学等学科范围内开始了有组织的研究。医学界的吴阶平、叶恭绍、阮芳赋等著名专家学者大力呼吁推动学校性教育的开展。二是各地大规模地开展学校性教育试点工作。1985年，上海市将98所中学纳入第一步扩大试点计划。三是与学校性教育相关的论著和教材大量涌现。1986年，上海社会科学院青少年研究所的姚佩宽、陈树恒、郭贞编写出版了我国第一本青春期性教育的教学参考书《中学生青春期教育》，1987年又编写出版了我国第一本青春期性教育的学生用书《青春期常识读本》，结束了我国学校开展青春期性教育"教师无教本，学生无课本"的局面。

从1994年起，学校性教育进入推广阶段，在这一阶段，许多国际事件特别是1994年在开罗召开的国际人口与发展大会推动了性教育的发展。该大会后，越来越多的政府把生殖健康作为国家议事日程的重要组成部分，并掀起了全球范围内的青少年身心健康保护运动。我国把"以人的全面发展为中心"作为社会发展的重要目标，并在保护青少年性权利、推进学校性教育方面采取了一系列重要措施，完善和丰富了性教育政策，进一步明确了性教育的目的并在教学计划中加以落实。教育试验、教材建设及师资培训得到加强，大规模调查研究也开展起来。

国家在学校性教育方面的政策法规越来越完善，青少年的性教育、性权力、性安全越来越多地得到保护。从1988年国家教育委员会和国家计划生育委员会联合发文《关于在中学开展青春期教育的通知》，到1990年国家教育委员会和卫生部联合发文《普通高校要开展健康教育选修课或者讲座》，再到2001年《中华人民共和国人口与计划生育法》的出台，其中都有鼓励学校开展性教育的内容。2008年，教育部印发的《中小学健康教育指导纲要》等文件的出台，显示了国家逐步将青少年性教育纳入学校完整教育体系，落实到教学计划中的行动方向。2017年4月，中共中央、国务院印发《中长期青年发展规划（2016—2025）》，其中明确提出针对青年群体加强性和生殖健康的宣传教育，推广有效的干预措施，切实降低艾滋病和性病发生率，开展青年的性健康教育和优生优育宣传教育。加大对性知识的普及力度，在有条件的学校推广性健康课程，加强专兼职的性健康教育师资队伍的建设，预防和减少不当性行为对青年造成的伤害，大幅度降低意外妊娠的发生率。2017年6月，教育部印发《普通高等学校健康教育指导纲要》，指出"加大学校健康教育力度。将健康教育纳入国民教育体系，把健康教育作为所有教育阶段素质教育的重要内容"。"健康教育内容主要包括健康生活方式、疾病预防、心理健康、性与生殖健康、安全应急与避险。"从国家层面来讲，我国正在积极推动和支持性教育的发展。

将性教育以课程形式纳入现有学校教育体系是我国目前进行性教育的主要途径，具体实施形式各有不同。有些学校将性教育作为一门独立的课程开设；有些学校将性教育纳入学校已有的一门课程中，比如卫生课或生物课；还有些学校将性教育同时融入几门相关课程中进行，如科学课、卫生课和生物课。为配合学校性教育的实施，一系列性教育教材依次出版。随着性教育教材——《初中生性健康教育》《高中生性健康教育》《大学生性健康教育》在黑龙江教育出版社的出版，各地纷纷出版了一系列性教育教材，以配合学校性教育的开展，如江苏省的青春期系列性教材《青少年性健康教育与预防艾滋病读本》、广西地区的中小学性教育教材《青少年性教育》、深圳市的性教育读本《深圳市中小学生性健康教育读本》、北京市的小学生性教育校本课程试点教材《成长的脚步》等。

二、我国学校性教育存在的问题

（一）正规的性教育开始较晚，性教育内容不完善

在我国，正规的性教育是从中学阶段开始的，在中学以前，性教育几乎是一片空白。城市中学性教育的形式主要是在初中开设生理卫生课，上课的方式以教师教授和看录像为主，但在实地调研后发现，有些中学教师并没有讲授这一部分内容，而是让同学自学，甚至有些教师把课程中仅有的关于性教育的内容略过，根本没有讲这一部分内容。目前上课的内容主要为生理方面的一些知识，关于性心理、性道德、性传播疾病的预防，以及异性交往等内容很少涉及。

（二）开设性教育课程的学校较少

开设性教育课程的学校较少，即使有些学校开设了性教育课程，也形同虚设。虽然国家支持性教育课程的开设，但从学校层面来讲，因为性教育属于非学科教育，所以很多学校对其重视不足。2019年《新京报》记者曾在北京市内选择东城、西城、朝阳、

丰台、石景山、海淀、大兴、通州、昌平9个辖区，并抽取辖区内从幼儿园到高中共27所学校，咨询其性教育课程开展情况。调查显示，专门开设性教育课程的学校仅有2所。在大学同样如此，以四川省内的高校为例，包括职业技术学院在内的省内高校共有七八十所，但开设性教育课的并不多。即使有些大学有时在开设，也多是以选修课的形式。大多数高校只把性教育作为生理学、大学生心理健康教育等课程的一个章节，而且在内容上偏重于生理卫生方面知识，往往穿插在其他学科之中，并没有系统全面地进行讲授。

（三）学校性教育内容较为单一

学校性教育内容落后于现实需要，形式单一，学生接受度不高。虽然有些省市已经出版了性教育教材，但普遍使用率不高，调查目前使用性教育教材的学校发现，学生对于教材内容兴趣不大，教师授课感觉到操作性不强，课堂教学局限于告诉学生"是什么"，而不是激发学生去探究"为什么"。学生广泛批评的一个方面是学校性教育主要侧重于性的生物学知识的传授，学生缺少对性教育课程的参与度，而他们对实际应用的知识更感兴趣。同时，在中学开设的涉及学生健康的课程有"健康教育""生物""心理健康"和"思想品德"等，这些科目中也有涉及性健康方面的内容，重复性内容也会降低学生的学习兴趣。可想而知，当学生缺乏获得知识的兴趣时，很难获得良好的教育效果。

（四）性教育教师严重缺乏

根据相关调查[①]，目前学校中绝大多数的性教育教师都是兼职，主要由班主任、心理健康、体育、生物教师和校医组成。他们将性教育融入其他学科的教学中，如心理健康教师会讲授涉及性心理学的知识，生物教师会讲授有关青春期生殖健康的知识。然而，这些兼职教师在积极开展性教育方面缺乏足够的意愿和动力。一方面，他们原本的教学任务已经很繁重，时间和精力有限；另一方面，由于缺乏专业知识和技能，教师不确定如何进行性教育。他们还会担心因谈论性问题可能带来的社会压力和潜在的反对意见，导致他们要么完全回避这个话题，要么采取恐吓和管理来替代适当的教育。此外，教师还应该具备开明积极的性态度，具备与青少年讨论性问题的能力，并需要接受专业培训。目前，全国开设有性教育专业的大学很少，并且都不是本科专业的主修科目，而是辅修科目。自2010年以来，成都大学已经招收了十多个批次的性教育专业学生，但每个批次的学生人数并不多，仅占师范生新生总数的约十分之一。

我国性教育目前存在一个极为有趣的现象：一方面，青春期性教育仍步履维艰；另一方面，以互联网流传为主的性信息却出现大爆炸的趋势，性技巧成为其中的主要涉及内容，甚至于色情影片也成为性信息传播的一支主力军。我国儿童及青少年缺乏健康、

---

① 《"消失"的青少年性教育》，https://baijiahao.baidu.com/s?id=17816006253911250458-wfr=spider&for=pc。

第二章　我国学校性教育的发展及政策支持、现状和存在的问题

及时、科学的性教育已经是不争的事实。学校虽然承担了性教育重要职责，但缺乏科学、实用的教学方法，导致其多陷入了性教育的困境。一部分学校将性教育简单粗糙化，一部分学校采取了规避的态度。所以要想建立科学、系统的学校性教育，我国还有很长的路需要走。

第三章　学校性教育教师的专业化发展

本章学习要求：
1. 了解性教育教师教育素养的构成内容。
2. 了解性教育与德育教育的关系。
3. 理解性教育教师的育人职能。

第一节　性教育教师应具备的教育素养

全面性教育（Comprehensive Sexuality Education）提出的"科学准确、循序渐进、适应年龄和发展水平、基于课程、全面综合、基于人权原则、基于社会性别平等、文化相关性和环境适宜性、促进根本性变化、培养出健康选择所需的生活技能"[①]等理念已在国际范围内取得了重大共识。"性教育素养是教师进行性教育活动应该具有的专门素养……具体地说，中小学教师的性教育素养就是中小学教师从事性教育活动在思想道德、知识能力、心理品质等方面所应具备的一种专门素养……是对教师从事性教育活动的内在规范和要求……是中小学教师教育素养的特殊表现。"[②] 教育工作者可能是原来的授课教师（尤其是健康教育或者生活技能教育教师），或者是接受过专门训练的性教育教师，他们通常需要辗转于各个班级之间，教授各个年级的性教育课程。研究表明，这两种教师都可以胜任性教育的教授工作[③]。中小学教师的性教育素养集中表现在性教育理念、性教育知识、性教育能力、性法律意识四个方面。

一、性教育理念

全面性教育是一种基于课程，探讨性的认知、情感、身体和社会层面的意义的教学过程，其目的是使儿童或年轻人具备一定的知识、技能、态度和价值观，从而确保其健

[①] 联合国教科文组织：《国际性教育技术指导纲要（修订版）》，http://unesdoc.unesco.org/images/0026/002607/260770c.pdf.

[②] 曹红梅、胡珍：《中小学教师性教育素养存在的问题及提升策略》，《中国性科学》，2011年第2期，第18~22，30页。

[③] Kirby D, Obasi A, Laris B: Preventing HIV/AIDS in young people: a systematic review of the evidence from developing countries, WHO Technical Report Series, 2006: 103—150.

康、福祉和尊严①。中小学生性教育包括性生理、性心理、性的社会文化内涵、维护性健康、预防性疾病、性别意识、性别社会化、性别平等及家庭生活等诸多方面。教师应坚持性健康科学的态度，树立科学的性教育理念，充分关注学生的性成长，认识到学生性成长的特点与需求，并加以适时、适当、适度的引导和解答。

全面性教育旨在培养相互尊重的社会关系和性关系，帮助儿童和年轻人学会思考自己的选择如何影响到自身和他人的福祉，并终其一生懂得保护自身权益②。因此，中小学性教育教师要打破"无须教育论"和"无师自通论"的观点，坚持"以人为本"的学生观，承认性知识对于学生发展的重要性，充分认识到性教育是促使学生人格完善的重要途径；形成共同参与、全程互动的课程教学观，在教学中赋予学生自由表达想法和提出疑问的机会，通过交流和分享等途径构建动态教学过程。

教授性教育课程通常会涉及新的概念和教学方法，因此提升教师意识、澄清价值观和开展培训就很重要。通过培训，教师应掌握并实践参与式教学法，平衡好知识学习和技能学习的关系，以将要实际开展的课程为基础，提供关键课程内容的模拟教学机会，有清晰的教学目标和远期目标，并接受教学效果的反馈。此外，培训还有助于教师区分个人价值观和学生对健康的需求，提升能力和信心，能够完整地而不是有选择性地教授课程，应对推行全面性教育时可能会出现的挑战（比如班级规模太大等）。教师接受个性化的培训有助于他们提出自己的问题和想法。

二、性教育知识

（一）广博的性保健与性文化知识

从事性教育工作的中小学教师应具备广博的性保健与性文化知识，其内容应涉及动植物的性现象、性文学与性艺术作品赏析、性审美与性美学、性生理卫生保健等。这些知识不仅可以为师生交流创造更多共同语言，把性教育渗透到课堂教学、班级活动、校园文化建设等多项活动之中，使性教育过程丰富多彩、生动活泼，与学生拉近交往距离，也有助于教师及时准确地发现并解决学生遇到的更多性问题。

（二）系统而全面的性教育专业知识

性教育专业知识包括性生理系统与功能、性心理发展特点与规律、性现象的社会存在特征、性教育的原则与方法、性教育课程设计的依据与过程、性法律与性道德规范等方面。性教育学科初步形成了一套理论体系，为性教育教师进行教育教学提供了基本的理论知识。但一些教师缺乏讲授敏感或有争议话题的专业知识和经验，也没有机会接受有针对性的、专业的全面性教育培训。而高质量的专业学习能帮助教师脱敏，并提升教

---

① 联合国教科文组织：《国际性教育技术指导纲要（修订版）》，http://unesdoc.unesco.org/images/0026/002607/260770c.pdf。

② 联合国教科文组织：《国际性教育技术指导纲要（修订版）》，http://unesdoc.unesco.org/images/0026/002607/260770c.pdf。

授全面性教育各相关主题的能力，为教师准确且高质量地开展旨在提升健康与福祉的教育活动提供了可能，从而对健康行为产生积极的影响。教师应对社会性别、人权以及健康等方面有充足的知识，包括年轻人在不同年龄会发生的风险行为；什么样的环境和认知因素会影响这些风险行为，以及如何有针对性地通过参与式教学方法来更好地加以处理。教师应具备关于艾滋病、其他性传播感染、避孕、早孕以及非意愿怀孕的科学、准确信息，以及基于证据的、科学准确且客观公正的信息。尽管强有力的证据表明禁欲型性教育是无效的，但仍然有很多国家推行这样的性教育。禁欲型性教育在一些话题上更可能包含不完整或不准确的信息，比如有关性交、同性恋、自慰、人工流产、社会性别角色和社会性别期待、安全套以及艾滋病病毒的话题[1]。

（三）性教育教学方法选择的知识

性教育方法有知识讲授法、参与教学法、个别指导法、咨询辅导法等，每种方法适用于不同的教育内容和不同的教育对象。就教育内容方面来说，知识讲授法主要针对有严谨科学性的教学内容，参与教学法主要针对学生中有争议的问题和观点，个别指导法主要针对个别学生提出的不具普遍性的问题，咨询辅导法主要针对学生感到困惑且具隐私性的问题。就教育对象方面来说，中小学生主要采用讲授法。另外，在进行性教育教学方法选择和运用时，应协调、有序地在性教育教学中综合运用多种方法以形成教育合力，产生综合效果；应吸收和运用现代教育科学研究的成果，不断运用这些相关学科取得的最新成果，丰富和发展性教育的方法体系。青年人的系统性参与有助于提升全面性教育的质量。学习者不应该是性教育的被动接受者，而应该在性教育的组织、实验、实施以及改善过程中发挥主动作用。这样做能保证性教育以需求为导向，并紧紧围绕当代年轻人探索"性"的现实生活，而不是简单遵循由教育工作者自行制定的性教育方案[2]。年轻人的参与可以帮助决定不同类型的教育工作者（包括同伴教育者）如何运用全面性教育课程，以及如何根据不同的情境进行灵活调整，包括在正规和非正规的场合。父母和社区负责人也扮演着重要的角色。如果有父母的高度参与并且社区成员充分脱敏，如能够布置有关的家庭作业、开展课后亲子活动并鼓励父母了解性教育项目等，这类干预行动对于促进孩子的性健康能够产生重要影响[3]。

（四）性教育教学情境构建的知识

考虑到性教育是一门可能会引起强烈情感、反应和焦虑感、尴尬、脆弱等感受的学科，确保儿童和年轻人能在符合保密原则、提供隐私保护的安全环境内分享问题、共同

---

[1] UNFPA：Operational guidance for comprehensive sexuality education：a focus on human rights and gender，http://www.unfpa.org/sites/default/files/pub-pdf/UNFPA%20Operational%20Guidance%20for%20CSE%20-Final%20WEB%20Version.pdf.

[2] WHO regional office for Europe and Federal centre for health education：Standards for sexuality education in Europe，http://www.oif.ac.at/fileadmin/OEIF/andere_Publikationen/WHO_BZgA_Standards.pdf.

[3] Wight D：The effectiveness of school-based sex education：what do rigorous evaluations in Britain tell us，Education and health，2011，29（4）：72—78.

学习和参与而不感觉到被孤立是很重要的。这种安全感的获得可以通过确保教师均训练有素，能够应对棘手的问题和个人感言，并通过鼓励小班授课或小组讨论实现。有效的性教育必须在安全的环境中开展。在这样的环境中，年轻人可以安心参与而不会感到难堪，他们也不会受到骚扰，隐私得到尊重。学生可能来自不同的社会经济背景，他们的年龄、社会性别、性倾向、社会性别认同、家庭和社区价值观、宗教信仰和其他特征也会有所区别。性教育教学需要照顾到学生的不同背景，促进学生对当下个人和社区价值观的理解和批判性思考，帮助学生了解家庭、社区和同龄人如何看待性和人际关系等问题。

与学校教育教学中的其他教育内容相比，有效性教育教学的进行更多地依赖师生双方的参与，"参与式教学"成为性教育教学中推崇备至的一种方法。该方法要求课程教学通过师生双方主动参与、互动生成，因此学生的主动参与成为影响性教育教学效果的重要因素。运用参与式教学方法，让儿童和年轻人积极参与教学过程，能够帮助他们内化和整合信息，教育工作者可以运用各种互动式、参与式、以学生为中心的教学方式，让学习的几个关键维度（知识、态度、技能）在整个学习过程中得到全面提升。教师作为性教育教学过程的引领者，创建一个开放的活动开展环境成为推动性教育教学过程的重要保障。越来越多的证据表明，全面性教育的开展方式与其所包含的具体内容同等重要。高质量的试点实验结果表明，最有效的学校性教育项目除了教授知识和技能以外，还包含丰富的互动过程和多样的活动，这使学生有机会反思自己的价值观和态度[①]。

三、性教育能力

（一）解读性教育课程纲要的能力

联合国教科文组织于2010年6月发布了《国际性教育技术指导纲要》，并于2018年1月对其进行了修订。该纲要基于全面性教育理念而设计开发，分主题、分阶段地明确提出了中小学性教育的目标。我国教育部也于2007年2月和2008年12月相继出台了《中小学公共安全教育指导纲要》和《中小学健康教育指导纲要》，对中小学性安全教育、性健康教育的具体内容进行了相应的规定。中小学性教育教师应当仔细研读这些性教育课程纲要的指导原则、主要内容并进行分析与总结，找准核心目标，充分了解应达到的标准。

（二）性教育课程资源的开发和利用能力

我国学校推行性教育仍处在探索阶段，目前仍未形成系统的课程标准和教材体系，教学内容的选择主要依赖性教育教师课程资源的开发与利用的能力。教师可以通过调查学生的兴趣和活动，确定学生的现有发展基础和差异，安排学生从事课外实践活动，制定参考性的技能清单，总结和反思教学活动等途径来确定性教育的知识与技能、过程与

---

① UNESCO：Review of the Evidence on Sexuality Education，2016.

方法、情感态度和价值观各层面的教学内容，借鉴生活经验与先进性教育研究成果来开发和利用课程资源①。教育部门和学校制定的清晰明确的政策与课程标准可以给教师提供支持，制度化的职前和在职教师培训以及学校管理层的支持也非常重要。应该通过加强全面性教育在课程中的正规化程度，以及增强职业发展和支持的力度来鼓励教师发展自身的技能和信心。

教师应组织学生发挥主观能动性，支持全面性教育的开展。在全面性教育的设计、监测和评估过程中，学校应该鼓励学生会、其他学生团体和青年领袖提出自己的想法，收集同学们的需求信息来证明开展全面性教育的必要性和合理性，或鼓励学生主动与父母或社区内的其他成员讨论全面性教育在生活中的重要性。卫生保健人员也是开展性教育工作的重要支持资源。研究证明，将全面性教育和其他相关服务结合起来，是促进年轻人性与生殖健康的有效手段②。充分发挥社区领袖的示范引领作用，促进社区对全面性教育的接纳和支持，消除社区成员对全面性教育持有的错误信息、错误观念和误解。社区领袖也可以为全面性教育内容的本土化、情境化提供支持。

（三）组织性教育教学内容的能力

在我国现阶段，性教育内容包括性生理性发育、性心理及性心理调适、性道德和性法律等多方面的内容。《国际性教育技术指导纲要（修订版）》（以下简称《纲要》）鼓励在开展全面性教育时使用以学习者为中心的教学方式。以学习者为中心的学习策略能够使学生积极参与到学习过程中。学习者也被鼓励进行更多的反思，批判性地思考自身的生活。中小学教师在组织教学内容时应充分考虑到性教育的综合性，全面把握教育的内容，既要为学生提供科学的性知识和适用的技能，也要进行性道德和性法律规范教育；灵活使用按知识体系组织教学内容和按问题解决组织教学内容两种方法。尽管全面性教育是一个动态且快速变化的领域，但使用《纲要》可以提供一个评估和提高课程标准、加强教学实践和相关证据的机会。这些内容可能分散在不同学科中，使用《纲要》也可以确保学校能完全覆盖全面性教育中的不同主题和学习目标。此外，有效的全面性教育包括了大量关于态度和生活技能的学习内容，这些可能并没有包含在其他学科中。

确定采用独立课程或融入式课程的形式，需要提前决定以什么样的方式开展性教育。是作为单独的一门课程，还是融入现有的主流课程（如健康课或生物课）或者两种形式兼具，或者包含在生活技能课程里③。做这样的决定需要考虑到整体教育政策、资源的可利用状况、学校课程的优先级、学生的需求、社区对于全面性教育的支持和时间规划问题。尽管将性教育作为一门单独的课，或将全面性教育内容融入已有的课程中（比如生活技能课程）是最理想的做法，但从实际层面出发，或许更可行的做法是在已有的教学内容基础上进行提升，将全面性教育课程内容纳入现有的课程比如社会科学、

---

① 吴刚平：《课程资源的开发与利用》，《全球教育展望》，2001年第8期，第24～30页。
② UNESCO: Emerging evidence, lessons and practice in global comprehensive sexuality education: a global review, http://www.unfpa.org/sites/default/files/pub-pdf/CSE_Global_Review_2015.pdf.
③ UNESCO: Emerging evidence, lessons and practice in global comprehensive sexuality education: a global review, http://www.unfpa.org/sites/default/files/pub-pdf/CSE_Global_Review_2015.pdf.

生物学或学校心理咨询与辅导中。在这样的情况下，要谨防对于性教育课程内容的遗漏和删减，此外，教学材料也需要结合载体课程进行相应调整。

能支持年轻人安全地使用网络和社交媒体，帮助他们辨认正确的、基于事实的信息。网络和社交媒体可以成为年轻人获取有关性的信息和与性有关的问题的答案的手段。年轻人常常因为无法从其他渠道快速方便地获取信息而使用线上媒体（包括社交媒体）。然而，线上媒体往往不能提供适龄的、基于实证的信息，甚至可能提供一些带有偏见的、歪曲事实的信息。对于年轻人来说，区分正确和错误的信息非常困难。尽管线上媒体可以提供大量的信息，但并没有为年轻人提供空间来就一些话题进行讨论、反思或辩论，或发展相关的技能。全面性教育教学则为年轻人提供了一个平台，使得年轻人可以对其在社交媒体中接触到的性图片、性实践、性规范和性脚本进行讨论和交流，了解关于性的多种方面的知识，包括情感上的亲密、协商许可和对现代避孕措施的讨论。

聚焦于树立积极态度和培养技能，以促进安全、健康积极的人际关系，尊重人权以及社会性别平等和多元化。此外，性教育教学还应重点关注对不同年龄、性别和特征（比如受到艾滋病病毒、基于社会性别的暴力和非意愿怀孕的影响）的年轻人造成影响的关键问题。课程活动需要把重点放在扭转社会性别不平等、社会性别刻板印象上。性教育的积极效果主要源自教师讲授的积极性、态度、技巧以及运用参与式教学方法的能力。教学方法应与特定的学习目标相匹配，比如角色扮演、在作业中运用通信技术、匿名问题箱、讲授和信息分享课、小组讨论等[1]。

（四）语言表达能力

性教育教学内容需要科学讲解各种性器官名称并探讨相关敏感话题。因此，教师能自然地运用科学术语传递性教育内容的语言表达能力是实施中小学生性教育的必备能力。在我国，受传统观念中"谈性色变"文化禁忌的制约，"性"通常被认为是隐晦的、难以言传的，直接导致了教学中不能自然地、流畅地讲解性器官名称和分析敏感话题，造成"老师挑着讲、家长羞于说、学生偷着看"的尴尬困境，甚至无法正常完成性教育教学工作。虽然经受专业培训能让教师在一定程度上进行脱敏，但分析、讲解、总结等语言表达能力的提高只有在实践中不断地积累与反思才能练就。

四、性法律意识

性教育教师要有基本的性法律意识。性法律意识主要有：懂得性违法与性犯罪的基本知识，禁止用不规范的语言对学生进行私生活的单独交谈，避免对学生进行言语及行为上的性骚扰、性侮辱与性侵害，能清楚淫秽色情与健康科学性知识的关系等[2]。性违法活动主要包括卖淫嫖娼、性侮辱、性骚扰、制作贩卖传播淫秽色情影像制品和书籍画

---

[1] Amaugo L G, Papadopoulos C, Ochieng B, et al: The effectiveness of HIV/AIDS school－basedsexual health education programmes in Nigeria: a systematic review, Health education research, 2014 (29): 633－648.

[2] 方德静:《对性教育教师应具备法律意识的思考》,《中国性科学》, 2009 年第 7 期, 第 46~48 页。

册等，性犯罪主要有强奸妇女、猥亵侮辱妇女等。中小学教师所具有的性法律意识能够保证其在性教育教学过程中避免对学生造成侵权行为；能够在中小学性教育教学中对学生进行有效的性规范和性法制教育，抵制和避免学生的性违法行为和性犯罪行为，从而最大限度地降低学生发生性罪错行为的发生比例。

本节对性教育教师应具备的基本素养进行了介绍。教师是开展全面性教育的核心。他们需要有足够的自信心、责任感和资源，才能游刃有余地针对性以及性与生殖健康等复杂问题进行教学。受到良好训练和支持并对性教育有很高积极性的教师，在提供高质量的全面性教育中扮演着重要角色。要有效地开展全面性教育课程，教师需要感受到来自法律、学校管理层和当地政府的支持，也需要接受培训，获得相关资源。全面性教育不仅仅是依靠某一个特定教师的努力或责任，而应该是所有教育工作者的共同努力，互相支持并彼此分享开展全面性教育的经验。负责开展全面性教育的教师也需要接受特定的技能培训，从而学会准确、清晰地处理与性有关的问题，并且能积极地运用参与式教学方法开展教学。

第二节　性教育教师的学科德育职能

教师和学生是学校教育中最为活跃的因素，只有深刻地认识教师和学生本身的特点、地位和作用，明确教师应具备的教育素养和职能，才能树立正确的"学生观"，才能发挥教育的积极意义，从而提高教育质量。

什么是教师？教师是受一定社会的委托，以学校为工作场所，以对学生的身心施加一定影响为其专门职责的教育工作者。教师是人类文明的传递者，自从有了学校教育，就有了教师。同时教师是一种具有特殊社会意义的职业角色。教师劳动虽不直接创造物质财富，但在人类文化的传播与个体的成长过程中起着特殊的作用，教师正是通过传播、发展人类文化以及培养各种人才来推动社会发展的。一个国家的文明，一个社会的进步，直接依赖于全民素质的提高，全民素质的提高又直接依赖于教育质量的提高，而教育质量的优劣关键取决于教师素质的高低。教育内容以及对象的特殊性，要求教师至少具备两方面的素养：一是良好的职业道德素养，二是深厚的业务能力素养。一名好的教师不仅要完成教书的职责，还要在教书的同时取得良好的育人效果。所以教书育人是指教师关心爱护学生，在传授专业知识的同时，以自身的道德行为和魅力，言传身教，引导学生寻找自己生命的意义，实现人生应有的价值追求，塑造自身完美的人格。

性教育教师和所有的教师一样，他们不仅要完成传授知识、答疑解惑这些工作，同时还要履行立德树人、诲人不倦的职责。这也是我们常说的学科德育，学科德育是指在课堂上与某一门学科的知识、技能传授相结合而进行的思想品德教育。它是以教学大纲所规定的，以某门学科的知识、技能传授为主，结合进行的思想品德教育。它的教育者主要是科任教师，而不是专职的德育教师。

一、性教育与德育的关系

性教育是关于人的性生理、性心理和性潜力开发的教育，不仅仅向受教育者讲授性的生理知识，而且要传播适合于中国社会文化的性价值观念和道德意识、法律规范。性教育还包括各种良好的卫生习惯和保健方法的教育。德育是教育者按照一定社会或阶级的要求，有目的、有计划、有组织地对受教育者施加系统的影响，把一定的社会思想和道德转化为个体的思想意识和道德品质的教育。两者从内容上看各有不同，但性教育和德育都是人生教育的重要组成部分，是家庭教育、学校教育和社会教育的重要内容，它们之间有着密切的联系。

（一）性教育和德育同属于社会主义精神文明的重要组成部分

精神文明是指人类精神生活的进步状态，是人类在改造自然和社会的过程中获得的思想、理论、观念和知识等精神成果。它表现为教育、科学、文化的发达以及人们的思想意识和道德水平的提高。性教育和德育在社会主义精神文明建设中扮演着至关重要的角色，共同构成了精神文明建设的关键支柱。性教育旨在引导青少年树立正确的性观念、道德和行为，使他们能够在生理、心理和社会层面上获得健康和谐的发展。德育则注重培养学生的道德品质、价值观和人生观，帮助他们成为具有良好道德品行的负责任公民。这两个方面互为补充，为社会主义精神文明建设提供了有力支持。在当前的社会环境下，性教育和德育的重要性日益凸显。随着信息传播的便利和年轻人广泛使用互联网，他们能接触到更加复杂多样的性信息和价值观。因此，加强性教育和德育，引导青少年树立正确的世界观、人生观和价值观，对于培养一代又一代道德高尚、文化丰富、纪律严明的社会主义事业的建设者和接班人具有重要意义。

（二）性教育和德育均是育人工程的重要组成部分

十年树木，百年树人；性教育是育人工程的重要组成部分，其把身心作为统一体来开展教育，目的是达到德、智、体、美、劳的全面发展。

德育对一个人的成长起着动力、导向和保证作用。素质教育培养的人才就是要德才兼备。性教育对人的身心健康发展起着十分重要的作用。很难想象，一个性无知、缺乏性科学知识的人，能有健康的性心理。只有用性科学有关知识构建自己的性心理、指导自己的性行为，才能成为一个知识结构不残缺、道德情操不低下、身心健康不畸形的完整的人。

（三）性教育和德育的一致性

性教育的目的是让人们养成科学的、文明的、健康的生活方式，使其行为符合性道德的要求。性道德本身就是社会道德的组成部分。性道德的发扬会促进社会道德的进一步完善，社会道德的普及和完善也同时会使性道德水平提高。反之，性道德的缺失必然会导致社会道德的滑坡。随着社会的变化和发展，性教育和德育都面临着新的挑战，只有不断适应新的形势,才能发挥性教育和德育的作用。

二、教师发挥性教育德育职能的重要意义

(一)性教育有利于培养学生的性道德

青少年是成长变化中的个体,随着青春期的到来,性意识的发展,性生理的逐渐成熟,加之与青少年相对薄弱的道德伦理观念和道德意志之间的矛盾,使得青少年的性教育愈来愈受到社会、学校和家庭的重视。从我国实际情况看,社会正经历着从"传统"向"现代"的转型,各种思想观念交织在一起,社会文化中的不良现象,严重地影响着青少年的健康成长。而且在以往的教育中,性教育一直未受到足够的重视,青少年从正规途径获得的性知识相对较少,引发了一些青少年的性困惑、性犯罪,以及婚前性行为、性歧视等不健康的社会问题。性教育有利于培养良好的性道德,对青少年的德育起着重要的作用。

在性教育的内容上,介绍性器官的解剖生理结构与功能,以及有关生理变化和身体发育卫生常识,使青少年对自己的生理现象有一定的准备,不至于产生顾虑,陷入迷惑、恐惧、焦躁不安的不良情绪之中,从而影响个体的身心健康。在性心理方面通过学习适当的性别角色,良好的生活习惯,与异性交往的礼节、态度和观念,让其明白性既是自然的也是社会的,性不是为一时之乐,而是为永久幸福。性应与高尚的人格联系起来。性教育是使青少年在认识世界之前,首先要认识自己,对自己的身心变化有所了解,才能为进一步的学习和成长打好基础。没有一个健康的身心基础,任何教育都是无本之木。学生通过性教育了解生命的诞生,学会珍惜自己的生命,也珍惜别人的生命,珍惜父母之爱。对别人友爱,对世界关注,这本身就是道德品质发展的一种标志。

(二)性教育使青少年德育更加完善

一个性无知的人很难有正确的性辨别能力,也不会有很高的性道德和性自制力。因为道德的认同离不开知识。无论社会道德的进步,还是个人道德品质的升华,都同科学文化知识联系在一起。知识不仅是征服自然、改变自然的巨大力量,也是陶冶人的心灵、推动道德进步的重要力量。人的知识越丰富,对道德的理解越深刻、辨别善恶的能力就越强。

在我国,一方面由于封建意识的影响,往往把性科学误认为是腐朽的意识形态,一提性就讳莫如深,造成很多人的性无知;另一方面由于受西方自由思潮的影响,许多人不顾性道德,结果造成婚姻不稳定、性对象混乱、性病流行等问题,扰乱社会秩序,性道德滑坡。这就更需要普及科学的性知识,提倡性文明,提高人们的道德自律性,使其选择良好的生活习惯。

性教育关注的是学生的整个人,包括身体、心理和精神各方面的发展,尝试从生理、心理、社会、历史、文化、道德和哲学等不同角度来引导学生学习科学的性知识,培养对性的正确态度,建立健康的性价值观。健康的性价值观的普遍建立,必然使社会

生活更科学、更文明、更愉悦，也必将使整个社会的道德得以净化和提高。

性教育不仅仅是性生理的教育，还包括生理、心理、社会等层面。其主要内容包含生理学知识、性别认同的心理发展，以及两性及其他亲密关系的相关知识、态度与行为等。它需要探讨性的认知、情感、身体和社会层面的意义。大量证据表明，性教育能够使儿童和年轻人获得准确且适龄的知识、态度和技能，建立积极的价值观。这就意味着性教育教师不仅需要具备精深的专业知识，还应该有积极的人生观和价值观，有对"性"科学和民主的态度，这样才能教育出健康和自信的学生，才能积极推动我国教育的发展。

附：
女老师被学生气哭，性话题为何成了学生"挑衅"老师的利器？

一、遇"性"必败，性话题成了学生"挑衅"老师的常胜领域

当老师的，估计都有和熊孩子斗智斗勇的时候；当这种猫鼠游戏主题与性有关的时候，不少老师就像被击中"死穴"，常常在懵然无措中败下阵来。

一位年轻的男老师，在操场上给五年级的学生上体育课；下课后，几个男生追逐嬉闹，没有及时回教室，当他过去干预时，一个男孩带着颇有意味的笑，说捡到东西要交给老师，请老师帮忙找失主，然后将东西塞到他手上，与同伴笑着跑了，边跑边回头看他的反应。他低头一看，是一只没拆封的安全套，霎时"石化"；回过神来，才想起操场的围墙外有一个安全套售卖机，手上这个东西大概率是从那里来的。第二天碰到那个男生，他还嬉皮笑脸地问老师那个东西是什么，有没有找到失主，一看就是故意给老师难堪。"最可恨的是，我果然难堪了。"男老师无奈地说。

初中的孩子，已经不需要道具，随时能找到机会，自动切入性主题，然后开始自嗨。

初中老师普遍反映，给初一、二的孩子上课时，根本不知道自己说出的哪个普通得不能再普通的词汇会击中学生们的"性敏感"，使他们产生性联想，引来一阵哄堂大笑和挤眉弄眼，井然有序的课堂瞬间便失去控制；就算在老师声色俱厉之下艰难回归安静，但不管老师还是学生都很难再专注于教学内容了。有的老师甚至因此有了"心理障碍"，讲课时不断进行词汇自我检查，再也不能愉快地上课了。

在高中生那里，这些表现已经是段位比较低的了，他们开始在关系上"做文章"。

一位高中年轻女老师，听了中学性教育讲座后提了一个问题："老师您好，我曾经在高一年级上课时设置了一个情景，让学生设想如果自己买彩票中了一百万元，最想做什么事。班上有个男生说：'老师，想娶你。'当时场面有些尴尬，像这种情况，我们应该怎么处理呢？"真是应了那句话：只要自己不尴尬，尴尬的就是别人。说这话的学生不尴尬，现场的学生只是吃瓜估计也不尴尬，倒把老师给尴尬住了。

二、"性"为何成了学生"挑衅"老师的利器？

中小学老师常年与孩子打交道，教育学生是最拿手的事，为啥与性有关就"失能"，以至于见"性"封喉，在学生的"挑衅"面前不战而退呢？

关于性的耻感文化我不用多说，但是几乎每个人会有切身感受：三五好友在一起聚

会，私下拿性话题打趣一下是娱乐，虽说上不了台面但也无伤大雅；但在公开场合提到与性有关的话题，瞬间便会让人尴尬症上身。尤其是为人师表的老师，乍被学生挑起这个话题，脑子一蒙，浑身教育人的本事迅速被封印，直接给整不会了。可气的是，那些调皮鬼贼精贼精的，发现老师面对性话题的"失能"，尤其是年轻老师脸皮薄，还能看到他们脸红无语的状态，便似发现了"杀伤性武器"，时不时拿出来，小小作弄一把，然后开心地欣赏自己的杰作。

如果说性话题让老师"羞"于接招，那孩子们看笑话的小小恶作剧心态便让老师"愤怒"不已。于是这类事件之下，羞愤交加是老师们常见的情绪反应，瞬间的神经短路之后，回过神来立马怒气冲冲斥责学生，以教师之威弹压挑衅者，是多数老师的常规动作；但是这些反应落在学生眼里，有恼羞成怒所以泄愤之嫌，实在算不得教育。

老师会对学生与性有关的行为反应过激，与性耻感也不无关系：因为性耻感，与性有关的表现常常受到负面评价。我们习惯用道德评判的眼光去审视别人与性有关的言行甚至心理活动，学生在别的事情上犯错，我们会单纯觉得就是淘气顽皮；但是与性有关的言行，比如说有性意味的词，接触小黄书、小黄片，以及递小纸条表白等，在很多老师眼中，就是品行败坏的表现，可以直接判为"不良少年"或"不良少女"。所以，拿安全套为难老师的小学生，课堂上对普通词汇用联想赋予性意味的中学生，在老师看来正游走在性犯罪的边缘，似乎下一刻就有可能一失足成千古恨，所以是又羞又恼又急又气；越是道德感强、责任心重的老师，情绪反应越强烈。

三、学生们以性话题实施的"挑衅"行为里有多少恶意成分？

在羞愤交加的情绪之下，老师自然会夸大学生这类行为中的恶意成分，觉得是故意挑衅，低调示威；或是哗众取宠，扰乱课堂秩序；抑或是觉得被羞辱，因此格外生气。曾有一位年轻的高中女教师，被班上男生当面说她那天穿得很"性感"，当时真是又羞又恼，偏偏又无言以对，事后越想越气，委屈得哭了一场；学校领导知道后也很生气，觉得这个男生品行不端，居然敢"调戏"女老师，差点就要开除他。时隔多年，那位男生大学毕业，回到当地工作，表现出色，也算是年轻有为。校长提起这事既庆幸又困惑，庆幸的是没有因过度惩罚毁掉一个英才，困惑的是这名男生的后续发展并不是当初老师领导们想象的混混之路，而是和大多数孩子那样，犯点儿小错但仍是走在正道上。

事实上，当我们抛开性耻感带来的过于强烈的道德评判，客观地来审视学生的这些所谓"挑衅"，会发现背后更多的是青春期身心发育中荷尔蒙的作用。小学高年级学生渐渐启动青春期发育程序，他们对性充满了好奇，到处卖弄听来或看来的性词汇，在小伙伴面前"装老练"；初中生的生殖系统发育成熟，性好奇只增不减，加上荷尔蒙带来的性冲动很强烈却无处释放，普通得再不能普通的词汇也会让他们联想到性，然后引爆内心积压的性能量，在哄笑中借机释放；高中男生让人尴尬的话语，很有可能是一份爱慕的真情流露，只不过囿于有限的交往技能和淡薄的尊重意识，这些表达不但没达到拉近距离的效果，反倒让爱慕对象觉得被冒犯了。

所以，这些表现更多的是荷尔蒙捣乱，而不是学生故意跟老师对着干，顶多是他们用这些方式自嗨的同时，顺便看个老师的笑话而已。这样一想，老师是不是没那么生气了？

第三章　学校性教育教师的专业化发展

四、怎么回应这令人尴尬的"挑衅"？这是学生送上门来的绝佳性教育机会

首先，老师们需要在情绪上做到面对"挑衅"不尴尬，也不生气，让理智回归，解锁性教育能力。

因为这些负面情绪一产生，人就很难保持理智，不光是情绪失控，更难以采取得当的教育措施。那如何才能让自己面对"挑衅"不仅心如止水，甚至"还有点想笑"呢？

要做到不尴尬，老师就需要挑战自己头脑中的"性耻感"，树立积极的性观念。

这样的"挑衅"，也需要被挑衅的人会因此而尴尬，挑衅者才会有成就感，否则就没意思了。而尴尬的来源，就是潜意识里关于性的羞耻感和对性的消极态度。

性原本是美好的，人们会在性吸引的基础上，体验情感的美好、关系的美好，甚至体验身体感受的美好。如果我们能以积极的态度去对待性，因其隐私性可以"羞"但不以为耻，便不会因此而尴尬；不尴尬，学生调皮的"挑衅"就不会成功。

要做到不生气，老师需要理解学生行为背后的动因源于性发育带来的性好奇和性需要。

性是客观存在的，进入青春期的学生在性发育过程中必然会有性好奇，也会有性需要，能感受来自他人的性魅力，这一切都是不可否认的，也并不可耻。当我们把这一切看成是自然且美好的事，对学生与性有关的表现就不会是排斥而是接纳，也不会将其看成是故意让老师难堪的恶劣行径。

不尴尬也不生气，自然理智在线，教育能力在线；性教育，毕竟也是教育，性教育能力自然解锁。

其次，把学生的"挑衅"作为开展性教育的契机。

尽管我国未成年人保护法和教育部发布的《未成年人学校保护规定》都要求学校开展性教育，但目前真正把性教育作为日常工作来开展的学校仍然较少，多数学校对于性教育仍然是处于"没人做、没时间做和不知道如何做"的状态。但是学生已经将问题摆到明面上了，老师仍然视而不见，或者只会发脾气打压，就太失职了。解锁性教育能力的老师，完全可以将这些情境变为性教育机会，履行开展性教育的职责。

上文提到的体育老师，最终将安全套交给男生的班主任来处理。班主任是一位四十多岁的女老师，她并没有盲目批评一通了事，而是在接下来一周的班会课上，公开回应了这个问题。班主任老师先是认真表扬了男生捡到东西后为找到失主所做的努力，然后反馈没有找到失主，于是将这枚无人认领的安全套作为教具，在班会课上进行了一次安全性教育讲授，让学生了解安全套的用途和用法、获取途径，还讲解了避孕和预防性病、艾滋病感染的重要性，还跟学生讨论了对待艾滋病人应有的态度。学生也从之前的哄笑、好奇到后面认真参与、郑重承诺。

对于初中学生在课堂上对一些词汇产生性联想并哄笑，有一位班主任的做法也值得借鉴。他请来校医上了一堂性生理课，针对男生和女生在性生理方面的困扰做了详细的解答。最后他现身说法，自曝自己在初中时期也有过类似的表现，常常在课堂上嗨到不行，多次被老师警告，但就是听到有关词汇头脑中就产生画面感，忍不住要释放一下那种兴奋的感觉。现在他在课堂上遇到同学们这些行为表现，才理解当初给老师找了多大麻烦，因为自己的不克制，让全班同学没法好好上课，耽误大家的学习时间。最后，他提出，如果还有感兴趣的词汇或问题，可以私下找他继续"深入探讨"，但是课堂上请克制，不要影响正常的课堂秩序。事后也没人找他"探讨"，但课堂上这类现象果然很少发生了。

　　至于那位高中女老师的问题，我的建议是：虽然在课堂上提及这样的话题不太合适，但还是感谢那位男生对自己的欣赏。另外可对那位学生也提三点忠告：一是自己对婚姻的考虑重点不在于金钱数额，也建议他不要把一段关系的安全感建立在金钱上；二是告白需要考虑场合也需顾及他人感受；三是告白要有被拒绝的心理准备，不把表白对象的拒绝看作是对自己的否定，因为这只是否定了建立关系的提议。最后祝他未来遇上相爱的人，收获爱情的幸福。

　　所以，把学生的"挑衅"视为渴望指导的信号，就有希望给到他们性教育的帮助，而不是师生情绪上的对立。

　　（资料来源：荀萍：《女老师被学生气哭，性话题为何成了学生"挑衅"老师的利器？》，https://www.toutiao.com/article/7134889985723073055/?app=news_article&timestamp=1662114613&use_new_style=1&req_id=202209021830120101330441550F035497&group_id=7134889985723073055&share_token=2DC5C16E-1EB9-404A-902A-E37E973B8EA7&tt_from=weixin&utm_source=weixin&utm_medium=toutiao_ios&utm_campaign=client_share&wxshare_count=1&source=m_redirect&wid=1662973839339）

第四章 学校性教育的基本原则、途径和方法

本章学习要求：
1. 能理解学校性教育的基本原则，并能在工作中灵活应用。
2. 了解学校性教育的途径，懂得如何结合学校实际多渠道开展性教育。
3. 掌握学校性教育的方法，并能结合性教育基本原则正确应用。

第一节 学校性教育的基本原则

性教育是一种教育，是育人工作的一个方面，而不仅仅是关于某个内容的教学活动，最终目的是让学生发生积极的变化。因其内容具有特殊性，所以需要遵守一些基本原则。这些基本原则可分为两个方面：一是班主任工作中的性教育原则，二是性教育课堂教学原则。

一、班主任工作中的性教育基本原则

班主任比一般任课教师对学生品德教育负有更多责任。为了进一步加强中小学班主任工作，发挥班主任在中小学教育中的重要作用，保障班主任的合法权益，全面推进素质教育，教育部于2009年制定并颁布了《中小学班主任工作规定》，其中对班主任的准确定位"是中小学日常思想道德教育和学生管理工作的主要实施者，是中小学生健康成长的引领者，班主任要努力成为中小学生的人生导师"。要求班主任做到"全面了解班级内每一个学生，深入分析学生思想、心理、学习、生活状况。关心爱护全体学生，平等对待每一个学生，尊重学生人格。采取多种方式与学生沟通，有针对性地进行思想道德教育，促进学生德智体美全面发展"。这些要求恰恰也是开展性教育所必需的。性的成长是学生健康成长的重要组成部分，班主任在工作中不可避免会面临与性教育直接相关的内容，而这个时候，除了一般的教育原则，还需要遵守以下性教育基本原则。

（一）正确区分学生的性好奇与品行不良

由于对性的污名化，学生在学校里表现出的性好奇及相关行为，很容易被贴上品行不良的标签，被教师视为道德意识败坏的表现。事实上，学生的这些表现，与其说是品德问题，不如说是以不适宜的方式寻求性好奇的满足。教师如果对此没有认识，容易对

学生的这类问题和表现反应过度，对学生实施不恰当的教育和处罚措施，这不但不能取得良好的教育效果，还可能因此伤害学生的自尊，破坏学生在集体中的人际关系。这类行为的发生可能是因缺乏良好的性际交往技能而冒犯了他人，也可能本来就是性发育的正常表现。比如青春期恋爱，原本是学生身心发育的必然行为趋向，却被当成是问题行为来处理，并认为这是品行不良的表现之一。若我们不能正确区分学生的性好奇与品行不良，就无法帮助到青少年的成长，还会因为教师过激的处理方式而使学生形成对于性的消极观念。

1. 学生在任何年龄段表现出对性的好奇以及探索都是可能的，也是正常的

青少年对事物的强烈好奇心，是求知欲的发展基础，是青少年重要的学习动力；对性的好奇仅仅是诸多好奇中的一种。不同年龄段的学生，因为认识能力和身体发育的差异，性好奇的表现和内容、探索的形式和深度都存在较大差异。幼儿发现两性性器官的不同，以及对身体探索时的感受和好奇，对成人世界两性关系的兴趣与模仿，都是他们了解这个世界的方式；到了儿童期，以性好奇为基础的性游戏、对生命诞生的好奇、对成年人色情笑话的探究都反映出他们认识能力的发展；而青春期前后，则开始对身体发生的变化和身体发育的现象产生好奇，性激素所带来的性冲动也促使他们对性行为的好奇，有建立以性吸引为基础关系的需求等，这些好奇与获得满足的要求原本是合理的，也是应当得到满足的，但因为性的污名化，这些好奇容易被看作是危险的，是导致品德败坏的诱因，因此容易受到教师和家长的打压。

2. 成年人的性禁忌态度是学生以不当方式满足性好奇的主要原因

幼儿阶段，对成人社会的性禁忌不了解，性好奇和性探索表现得很直接，毫不掩饰；随着年龄的增长，从成年人对性问题的回避态度上，孩子们敏感地觉察到性问题不被接纳，不再向成年人寻求解答。由于整个社会对性的恐惧与禁忌，孩子们的性好奇很难通过正当途径获得满足，于是以不当的游戏、无礼的调侃、不当的身体接触、私下扩散的小黄片小黄文来满足性好奇就不足为奇了。"不给开门，就会去翻窗。"某种意义上讲，这些不当的性好奇满足方式所带来的不良行为，也是被回避谈性的教师和家长逼出来的。

3. 对学生因为性好奇而产生的问题行为在予以制止的同时，还需要提供其满足性好奇的合适途径

一些教师对于学生因性好奇而产生的问题行为仅仅给予批评教育，严厉禁止类似行为再次发生，但往往是禁而不止，原因就是没有看到学生这些行为背后的需求，更没有提供合适的途径满足其性好奇，所以禁止了一个行为，又会产生另一个替代性问题行为。

【案例解析】
案例：
课间，操场一角。一年级（2）班的一个小男生拉开裤腰，展示自己的"小鸡鸡"。七八个同班小女生挤在一起，好奇地围观，一边围观一边议论。班主任老师发现了，火

冒三丈，一声断喝，女生们惊慌之中作鸟兽散，留下小男生被一顿斥责，还被提溜到办公室批评，批评的核心词汇就是"不要脸""小流氓"。小男生最终痛哭流涕地承认错误之后，才垂头丧气地回到教室上课。

解析：

教师的反应非常强烈，因为在她看来，这是地道的流氓行为，不批评教育发展下去会很严重。事实上，几个小朋友极可能只是好奇心的满足与配合。教师这样的批评会让本无恶意的孩子受到惊吓，感到委屈，给其带来极大的羞耻感。这样的教育行为，伤害远大于教育效果。

如果能看到行为背后的需求，教师就不会有这么强烈的情绪反应，也更容易平静理智地实施教育。首先询问孩子在做什么，想了解什么；然后指出在公共场合暴露自己的隐私部位是不文明的，要求小男生以后不要再有类似的行为；最后告诉大家，如果想了解男生女生身体的不同，可以来向老师请教。

如果有条件，可以为全班同学上一堂性教育课，借用一些绘本（如《小鸡鸡的故事》）帮助学生了解男女性器官的差异，满足学生的好奇心，同时强调身体隐私意识，强化隐私保护和隐私尊重观念。

（二）规范教育与行为指导相结合

作为班主任常常不得不做"法官"，受理学生之中发生的冲突事件，但需要对学生"告状"的内容进行调查核实，然后给事件定性，对"肇事者"进行批评教育甚至处罚，对"受害者"进行安抚。这些冲突事件有些是与性有关的，并且是学生违反道德准则和行为规范而导致的，针对这些事件而言，规范教育是首要的，但同时要结合行为指导。

1. 人类社会与性有关的行为一直是受到规范制约的领域

多数性行为是基于人与人之间的关系而发生的，也与需要的满足有关；为保护个体的权益，人类发展出一系列性规范，需要社会成员共同遵守。这些规范之中，有些是强制性的，如性法律，必须遵守，一旦违法则会受到惩罚；有些则是弹性的，如性道德，尽管不是必须遵守，但往往也是社会的普遍要求，如有违背则会承受舆论压力。我们在教育中理应让青少年了解并自觉遵守必要的性规范，用以约束自己的言行。

2. 针对青少年不良性行为的教育，既要指出错误之处，更要指明"出路"

许多时候，学生的错误行为背后并没有恶意动机，往往也认识不到这些行为给人带来的伤害。批评教育只能让学生知道这是不允许的，会对他人造成不利影响，但该如何合理地达成自己的愿望，则仍然是不明就里。如小学四年级的男生，开始对女生感兴趣并希望与她们接触，但却以冒犯、激怒她们的方式去发起互动，常常引起女生的反感，并因此发生冲突。这时候指出他们行为的不当很容易，但类似的行为可能还会继续发生。如果对他们的交往技能进行实质性的指导，为男女生的接触创造一些机会，问题便可迎刃而解，也能引导学生举止文明，健康交往。

(三) 集体教育与个别教育相结合

由于性的隐私性和性问题的个性化，开展个别的性教育是必不可少的，它能解决青少年学生个性化的性问题。但是，对于某些普遍存在的现象和问题，以集体教育的方式进行，更容易取得成效。

对于因为性困惑而求助的学生，由于涉及个人隐私，宜进行个别指导，且要注意保密，如青春期学生对性问题的咨询、有关性侵害可能的求助等。但如果学生求助的问题或处理的个别冲突折射出来的问题在班级中普遍存在，就有必要开展一次集体教育。集体教育的独特优势在于发挥学生的自我教育作用，且受益面广，效果显著而稳定。青少年了解自己的现状和需要，也更能创造性地解决自身的问题。当教师将对学生单方面的教育要求改由教师主导下学生自由对问题展开讨论，提出行动建议，效果往往出乎意料的好。因为行动建议或规范都是由他们自主决策的，而不是教师强加给他们的，所以执行上的自觉性会高很多。这样的集体教育，不光使学生在性教育方面受益，更是让学生思考和处理问题更成熟，更有自信和主见。

【案例解析】
案例：

初一年级的班上，一名男生在座位下面捡到一片从女生书包里掉出来的卫生巾，于是与其他男生一起把卫生巾互相抛着玩。卫生巾的主人发现后又羞又恼，追逐夺回未果，哭着跑出了教室。班主任得知后，批评了该男生拿别人隐私物品玩闹的不当行为，要求该男生向女生道歉，事态平息。

班上一半以上的男生都参与了这次事件，且过程中无一人出面制止。班主任在第二周，利用班会课，别开生面地组织了一次关于卫生巾的认识活动。首先要求全班同学无论男女，每人带一片未拆封的独立包装卫生巾。班会课第一个环节是在教师的提示下复习关于女性月经的常识，讲解卫生巾的用途；要求大家把卫生巾拆开，滴一些水在纸面观察吸收情况；拆开研究里面所用的材料；最后还请一位女生示范了如何使用卫生巾。第二个环节是男女生分组，男生讨论如果捡到女生的私人卫生物品，可以如何处理；女生则讨论如果自己的隐私物品被男生捡到，希望他们如何处理。第三个环节是分享。先是男生分享；然后由女生评判哪些方式是她们比较乐意接受的，并提出女生的讨论结果，以提供给男生参考。最后教师总结，引申到隐私尊重问题，并提供几种情境，让学生建议处理方式。

解析：

这位班主任对这一偶发事件处理得非常到位，将这一事件变成一个性教育契机，不仅进行了个别教育，还开展了集体教育；不仅做了规范教育（隐私尊重），也对行为进行了指导（学生自己讨论出的处理方式）。

班会课的开展非常精彩。第一个环节充分满足了学生尤其是男生对卫生巾的好奇心；第二个环节充分发挥了学生的自我教育作用，通过讨论，让学生找到不良行为的替代反应方式；第三个环节的分享也很棒，让女生给男生的分享进行评判和补充，帮助男女生有效实现换位思考，提高共情能力，女生感受到了充分的尊重，男生也明白了什么样的行为是受欢迎的。最后班主任用情境训练的方式，举一反三，帮助学生有效实现教育效果的迁移。整个过程班主任并没有任何说教，仅仅是起到主持人的作用，就收到了远比说教好得多的教育效果。

二、性教育课堂教学的基本原则

有条件的情况下，定期为学生开设性教育课是最好不过的。性教育课堂有其有别于学科教学课堂的特殊性，因此需要遵守特定的课堂教学基本原则。

（一）营造安全舒适的课堂氛围

由于"性"是一个很隐私的话题，也很敏感，如果性教育课堂缺乏足够的安全感，学生便很难参与进去，影响课堂教学效果。营造一个安全舒适的教学氛围，对于性教育课堂教学至关重要。

教师需要通过多种方法，以及自己坦然的谈性态度，营造一个开明而不放肆、认真而不压抑的教学心理环境，让学生在安全舒适的课堂氛围下学习，这样学生才可能踊跃参与，乐于分享，积极反馈。在这样的氛围下，教师也比较容易有良好的教学状态。

（二）对学生的分享与表现持非评判态度

性教育课堂上常常会有问题讨论、情境应对、角色扮演等，有的教师喜欢用点评的方式去回应；有的教师认为通过表扬能激发学生参与的积极性，使课堂更活跃，所以各种花式表扬充满课堂；也有的教师认为学生某些观念有偏颇，与自己所持的"三观"不合，于是随时在纠正，甚至是指责。然而这样的回应非常容易让课堂走向两个极端：要么学生各种求关注，争取回答出教师心目中的理想答案，获得教师的肯定；要么小心翼翼避免被挑错。前一种情况课堂表面上很活跃，但学生并没有真正进入思考状态，所给出的答案也是基于对教师喜好的猜测，并不是独立思考后的真正想法，这样的热闹并不是理想的性教育课堂状态。后者则让学生畏首畏尾，不敢轻易发言，更不敢说出真实想法，课堂氛围越来越压抑，最终以教师一言堂告终。

当我们要学生讨论并发表意见、分享感受时，教师的最好表现并不是随时进行反馈和点评，而是专注地倾听，以非评判的态度去接纳学生的观点，可以鼓励分享和参与，但对内容不要做任何评价。只有这样，学生在课堂上才会有真正的安全感，才会有真实的表达而不是迎合教师的表演，讨论也才能进入真正畅所欲言的境界。

有的教师会担心，如果学生发表了不当言论，教师的非评判态度会不会对学生产生误导？其实，这个问题完全可以在设计讨论话题时就有所控制，通常所讨论的话题应该是开放式的，并且一般并无对错之分，而是仁者见仁，智者见智。这个过程对学生的自我教育作用是不容忽视的。直接抛出一个符合主流价值观的规则，并强行要求学生遵守，对于青春期的青少年而言常常会引发反感情绪和逆反行为；而学生自己得出的结论更容易成为其行为的主导。即使学生陷入分歧或观念的迷局，教师除了引导学生进一步思考，也可以分享自己的观点，但要强调这仅是教师的个人观点，而不是唯一答案，并且不要求学生必须接受。这样充分尊重学生的做法，同样可以体现非评判原则，给足学生课堂上自由思考和表达的安全感。

（三）创造条件促进学生的积极参与

性教育课程与其他课程不一样，知识在其中的占比并不高，课程需要实现的是情感态度、价值观和技能方面的目标，学生的参与对于这些目标的有效实现是至关重要的。为了促进学生的积极参与，教师需要创造一些条件让学生动起来，如设计课堂活动环节、提前布置调查作业、组织讨论与分享等，充分发挥他们学习的主体作用，才能从内在实现改变，达到性教育目的。

瑞典的性教育强调以受教育者为主体。性教育要让每一个中学生都觉得自己在教育中被同等对待，无论自己与其他人相比有何特殊性。另外，性教育一定要贴近中学生的实际生活经验，让每一个学生都觉得性教育与自己息息相关，唯其如此，教师才有可能与学生真正展开对话。同时，为了让学生有更多的途径可以获得相关知识和帮助，瑞典提倡全方位多渠道开展性教育，课堂教学是瑞典开展性教育的主要途径。教师在性教育的教学方法上，采取了启发式、参与式和游戏式这些非常人性化的方法，通过讲解、组织学生自学、小组讨论、活动式对话等让学生感觉自己参与进了性教育课程之中。

走进性教育课堂的学生，对于"性"的印象并非一张白纸。在"性"的方面，他们是有认识、有体验、有判断、有价值观的；他们走进教室，就是为了等待印证已知、期待解惑和试图获得行为指导的。不能满足学生合理需求的性教育，一定不是成功的性教育。教师提倡的主流文化、倡导的价值理念，能不能被学生认可和接受，关键在于学生有一个"内化"的过程，命令是无效的。"内化"是教师的"文化传递"和学生自己的生活经验相结合，经过学生自己比较、选择、批判、整合，才能形成自己的"价值核心"，再"外化"为自律行动。

本节对学校性教育的基本原则进行了介绍。与"教什么"同样重要的是"怎么教"。学校要彻底改变"教师讲，学生听"的模式，积极研究和探索新型的为学生喜闻乐见的方式进行性教育，创造条件让学生在性教育课堂上有机会深度参与其中。贯彻这一原则，需要推广参与式教学，支持质疑和独特见解，在交流中产生碰撞；坚持在实践中学习和巩固，面向社会，理论联系实际；提倡教学过程的互动，人机、同伴、师生都可实现积极的互动；还要鼓励自我探索，通过测试、角色扮演、答疑等方式进行性教育。

第二节　学校性教育的途径

教育的途径是指教育者施加教育影响于受教育者所经渠道的总称。学校教育的途径主要有教学活动、课外活动、社会活动、劳动活动、学生群体活动、学生日常生活（包括宿舍）活动等；其中教学活动是主要途径。据此，学校性教育的途径指学校开展性教育的渠道；如果可能，以上渠道皆可成为性教育的途径。学校性教育必须进课堂才能真正有效，因此，教学活动同样是性教育的主要途径。但鉴于性教育的特殊性，以及过往开展学校性教育的经验，教学活动途径可按实施载体分为性教育专题课和性教育学科渗透课，再加上班级管理中的性教育，就构成了学校性教育最主要的三大途径。

一、性教育专题课

我国的学校教育体系里并没给性教育专门分配课时，但在学校性教育实践中，许多学校仍然会利用班会课等时间段，为学生开设性教育的专题课，主题完全是性教育的内容，形式以活动为主。有的学校开发了系统的性教育校本课程，性教育专题课也按年级形成系列进入学校常规工作序列，课程由班主任负责实施。有的学校并未将此纳入学校常规工作，但有性教育教研组，核心成员就是性教育骨干教师；他们会灵活地安排性教育专题课教学计划，各班班主任如果发现本班存在具有共性的性教育问题或现象，就会以"点菜"的方式请他们来授课。

二、性教育学科渗透课

由于"性"包含了生理、心理和社会三个层面，因而与性教育课程有关的核心学科涉及很广，如人类性学、人类学、人体解剖学、人体生理学、医学、法学、社会学等都包含在内。就基础教育阶段的性教育而言，学科课程非常丰富，且多数学科都有很好的性教育结合点，这就让性教育学科渗透课成为可能。

性教育学科渗透课，是指利用学校现有课程体系，在各个学科的教育内容中寻找性教育结合点作为教育时机，渗透性教育内容。在目前我国没有专门性教育课时的现状下，这是一个非常重要的性教育途径。例如，小学的科学课和健康课、中学的生物课都可以渗透性生理常识；小学的品德与社会、法制、中学的思想品德、信息技术等课程，可以渗透性法律、性道德等内容。只要教师用心，各个学科都能挖掘出性教育契机。例如，体育教师在体育课上讲运动中的自我保护，就可以讲到性器官的保护；音乐教师可以给进入青春期的学生提供变声期声带护理的知识；甚至有的数学教师在讲到"周长"概念的时候，可以通过指导学生互相量身体各部位的尺寸，进行隐私保护和尊重教育，还可以延伸到预防性侵犯的话题。

三、班级管理中的性教育

班级管理是班主任的常规工作之一，针对学生之间的冲突，以及班级普遍存在的不良现象进行教育，是班主任的日常工作。这些冲突和不良现象中有不少是与性有关的，这时班主任就需要对学生进行性教育。

根据学生年龄段的不同，与性有关的不良现象也有明显差异。小学低段的孩子可能会因好奇而背着成年人玩性游戏，中段可能会有男生女生的群体性对抗，高段和初中则可能发生青春期恋爱、与性有关的校园欺凌，高中则可能有因"争风吃醋"而发生的冲突、对性少数个体歧视性的校园欺凌等。班主任要对这些冲突与不良现象进行教育，首先需要具备良好的性教育意识和知识。

班级管理中的性教育可借助某些偶发事件作为教育契机，及时发现学生在性发育的过程中存在的问题，并随时提供必要的帮助。因此，这是一个非常重要的性教育途径，并从侧面说明了性教育实施能力应该是班主任应当具有的必要素养。

四、其他性教育途径

除以上所述三大性教育途径之外，在学校性教育实践中还探索出了一些其他的途径。

（一）学生社团活动

中小学均可以开展，在教师指导下学生自愿报名组成性教育主题性社团，以校园剧、校园广播主题栏目、墙报板报等形式开展性教育活动。通过学生社团开展性教育，学生参与度高，形式多样，可以作为学校性教育补充途径。

（二）重大节日宣传

每年的"12·1"世界艾滋病日、"5·25"心理健康日等，都是开展性教育主题宣传活动的良好时机，一般可以开展工校级层面的大型宣传活动，这些活动影响面大，学生参与度高，是必不可少的学校性教育途径。

（三）主题环境建设

通过性教育主题环境建设，也能开展别开生面的性教育。一些学校的厕所格间壁上常常被学生乱写乱画，成为性好奇和性冲动的发泄渠道，有一所小学别出心裁收集了学生感兴趣的性问题，将答案制成一张张漂亮的科普小纸贴，张贴在厕所格间的门背后。这一举措收到了非常好的效果，不仅使厕所干净了，学生带有性色彩的恶作剧也少了许多。有学校将性教育绘本中的经典部分绘制在教室外面的墙上，常常引来学生好奇的驻足；有的小学低年级在教室后面的板报上以简笔画的形式定期普及性知识；还有的幼儿园就以亲情、认识身体等为主题，将幼儿园各个空间进行环境美化，也深受小朋友喜爱。

（四）"问题盒子"及其使用

"问题盒子"并非必须有一个实体的"盒子"，它代表的是一个隐秘的求助途径，在不同条件的学校可以不同形式存在。在条件较差、教学手段比较原始的学校，可以是一个真的木质或其他材质的盒子，固定安装在校园较为僻静的一角；盒子设置狭窄的投入孔，开口则有锁扣封闭，确保学生可以往里面投入写有求助问题的纸条，但只有负责这项工作的教师才能打开盒子看到这些问题。在条件比较优越的学校，如果有使用网络进行教学的条件,"问题盒子"则可以是一个公开的邮箱账号,学生可以匿名发送求助和提问的邮件,而由负责此项工作的教师阅读和处理邮件。

1. 设置"问题盒子"是给学生提供匿名提问的机会

由于性的私密性质,以及人们对于性的各种禁忌,使得学生在成长过程中遇到性困惑时不敢向父母和教师求助。即使在开展性教育比较深入且持续的学校,仍然有学生不愿意面对面与教师讨论他们的困扰,面对有保密承诺的心理教师也如此。要让这些学生的困惑得到解决,需要给他们提供一个可以匿名提问和得到帮助的机会。因此,学校应当以适当的形式设立"问题盒子",让有需要的学生有机会提出他们的问题。

2. 通过公开答复"问题盒子"的方式让学生得到帮助

既然是匿名的提问,教师并不知道是谁的问题,如何帮到提问者呢?对问题的回复其实并不需要点对点送达。教师可以定期处理"问题盒子"里的提问,将其分类梳理,整理出具有共性的问题,尤其是被问得最多的问题可以优先回复处理。所有的回复都将在一个公开的场所发布。如在条件落后的学校,可以是一块放置在公共场所的宣传栏,或一面墙上的黑板报,甚至可以是张贴在公共场所的一张写有答案的大白纸;网络普及程度较高的学校则可以是学校网页中一个定期更新的专设栏目。这样的回复妙处在于,提问的学生在确保不暴露自己的情况下得到想要的帮助和答案,同时别的有着同样困扰的学生也因此得到了想要的信息。

第三节 学校性教育的方法

在性教育课程没有得到普及的学校,可以用非课程的性教育方法来帮助青少年获得一些帮助,如讲座、课外阅读、知识竞赛、科普图展、科教片、在线答疑、个别咨询等。当然,最理想的还是基于课程的性教育,其更为系统,效果也更好。基于课程的性教育有其独特的课堂教学方法。

一、非课程的性教育方法

非课程的性教育形式多样,易于实施,且效率较高;在性教育课程没能普及的情况下,也能在一定程度上为青少年提供最基本的帮助。但它的劣势在于系统性差,很难巩固;并且仅在传授知识方面比较有效,而对技能的形成帮助不大。学校以非课程的方法开展性教育,基本上采用的是"短""平""快"传递大量信息的方式。

(一)讲座

学校里开设的讲座通常是由本校教师或外请的专家不定期地为学生讲授某一主题的内容,以期扩大他们的知识范围、弥补其知识的不足,传授某一技能或提高某种能力与观念的公开、半公开的教学活动方式。学校为了扩大受益面,让资源效益最大化,常常会在场地允许的情况下安排尽可能多的学生听众，因此讲座的互动性要弱一些，以单向传递信息为主。

学校的性教育讲座也是如此，其举办通常是为了给学生传授性生理卫生保健知识，倡导主流性价值观，教导学生理性对待性与亲密关系的发展需求。主讲人可能是学校的校医或心理教师，更多的时候是外请一些知名的性教育专家。一方面这些专家经验丰富，有较高的演讲技能，有能力让讲座充满吸引力，深受学生欢迎，有更好的效果；一方面则是基于名人效应，外请专家对青少年学生更易产生影响力。

讲座的效果比较依赖于主讲人的个人素质。主讲人如果状态好且富有感染力，其传递的观点比较容易让人接受，所传递的知识学生也易于吸收；但若主讲人语言感染力逊色或状态不好，其倡导的理念可能引起反感，所传授的知识也可能因为表现形式枯燥而让学生注意力不集中。讲座的效果也与主讲人的风格与受众的偏好之间的适配度有关，不同风格的主讲人会有其特定的适宜受众，换一种类型的受众可能效果就会大打折扣。

讲座毕竟时间和容量有限，且多以单向传播为主，互动有限，所以不宜作为学校性教育的主要开展方式。

（二）性教育课外阅读

课外阅读是学生课内学习的必要补充，也是青少年获得知识的重要来源。不同年龄段的青少年都需要通过课外阅读培养阅读习惯，满足好奇心和求知欲，发现自己的学习兴趣，寻找将来的发展方向。

为不同年龄的青少年准备适龄的性教育读物，让他们在阅读中获得比较准确的性信息，是一个非常好的性教育形式。低龄段的孩子可以由教师带领阅读，或者亲子阅读；高年级的孩子由于阅读能力在不断提升，自主性增强，可以增加性教育课外读物的种类供其选择。

目前市场上面向各年龄段的青少年性教育读物种类还不够丰富，形式为青少年喜闻乐见的更是不多见；多数出版物是国外的儿童性教育读物翻译过来的，与国内儿童生活环境存在一定差距。随着本土优秀青少年儿童性教育课外读物的开发，这种情况会逐步改善。

（三）其他性教育方法

1. 性教育科普图展

将性教育的基础常识以图示加文字的方式，印制成大尺寸适合展出的宣传板，在宽敞的场地摆开，学生依次观看，教师可在旁配合答疑和讲解。性教育宣传板的内容编排要有系统性和逻辑性，应涵盖有关性生理、性心理、性安全等基本知识；学生通过观看，可以用很短的时间了解最基本的常识与技能，是便捷高效的非课程性教育形式。

以科普图展的方式宣传直观易懂，便捷高效，需要注意的是低年级的学生受成人世界的性价值观影响有限，通常能较坦然地去观看和了解。但小学高年级开始，学生受成人性耻感的影响，观展时会羞涩、尴尬，因此不敢大大方方了解，同学彼此还会以"想看"来互相攻击、打闹，有疑问也不会来咨询。因此，对于高年级的学生，需要在观展前有 5～10 分钟的动员和解释，消除性的神秘感和羞耻感，让他们能坦然地了解性知识，咨询性问题。

性教育宣传板内容要兼顾各个年龄段不太容易，且容量也非常有限，对于青少年来讲只是最基础的普及手段。

2. 性教育科教片

性教育科教片包括以动画或其他方式制作的普及性知识的视频、影片。这是比科普图展更为容易实施、效果更好、容量更大、更为直观便捷的方式。在现今互联网时代，这些形式有着极强的传播优势，易于借助网络获得更多受众；但是局限于视频形式的容量，容易造成内容的碎片化，尤其是通过一些短视频平台如"快手""抖音"等进行传播，更难以保证内容的质量与完整性。

二、基于课程的性教育方法

将性教育作为一门课程纳入现行学校教育教学体系，是多年来性教育推动者的共同愿望。新中国成立以来，性教育作为国家课程在我国尚未有先例，但作为地方课程、校本课程在一些地区和学校有了许多有益的尝试。既然作为课程，就会和学校其他现有课程一样，有相对完整的内容体系和一定的课时保障；但与其他课程相比，性教育课程在教学方法上有比较特殊的要求。

与学校其他学科课程不一样的是，性教育更多的是基于生活技能的。学科课程虽也有三维教学目标——知识、技能、情感态度和价值观，但其中知识的比重更大，各学科自有一套完整而难度随年级递增的知识体系，掌握这些知识并能将其应用于各项智力活动中，是这些课程的主要教学目标；而性教育内容体系中，知识所占比重并不高，也并不会构成完整的学科知识体系，内容多与技能及情感态度和价值观有关，所学知识也是需要应用于生活之中的。正因为如此，性教育课程更重视"教育性"而非"知识性"，学习成果更多体现在受教育者行为态度价值观上的变化，而非知识水平的提升。与此相适应的教学方法并不会以学习掌握和巩固知识为主，而是提倡使用更能达成教育目标的教学方法。

自20世纪60年代以来，西方各国已发展出一些形式多样、针对性强、科学高效的性教育课堂教学方法。比如瑞典在对青少年进行性教育时，尽可能采取启发式、参与式和游戏式等生动活泼的教学方法；美国更集中体现于"问题情境法"，从而引导学生掌握正确的性知识和性道德；加拿大的中学则采用"让你三思的小宝宝"来劝止青少年妊娠，预防单身母亲的出现。

然而目前我国在中小学校对学生所开展的性教育，不仅内容范围较窄，且教学形式和方法也多是与学科教学类似的讲授，很少考虑到学生能进行的自我教育；而在讲授过程中，由于受到传统观念的影响，相当一部分教师对比较敏感或会引起争议的性话题避而不谈，更不会鼓励学生提出心中存在的问题。在性教育过程中忽视学生的自主参与，忽视学生对性教育的自我认识、自我体验、自我反思及自我调控，导致学生觉得枯燥无味，无法激起学习热情。

为了更好地实现性教育的目标，提高性教育课堂教学的实效性，需要更为灵活多样的教学方法。例如，基于性的隐私性和性话题的敏感性，为了营造安全的课堂氛围和维护课堂秩序，需要采用制定规则的方式与学生达成共同维护课堂的共识。为实现丰富学生性知识的教学目标，可以采用性知识讲座、提供书面阅读材料、进行性知识小测验等；为了提高学生的学习积极性，可以采用让学生参与角色扮演、模仿、小组讨论等方法；而为了提高学生做出与性有关的正确决策的技能，可以采用的方法有角色扮演、体验互动、游戏活动等。下面就这些性教育课堂常用的特殊方法及使用要点依次分述。

（一）制定规则

在课堂教学之初，用一点时间与学生共同制定课堂教学规则，是性教育课堂教学非常重要的一环。它的作用在于建设安全而舒适的教学氛围，帮助学生处理因为性的信息而产生的羞涩和尴尬，也避免他们因掩饰不安而做出破坏课堂纪律和氛围的行为。

1. 制定课堂规则的必要性

（1）制定课堂规则能更好地维护课堂教学秩序。

有的教师在性教育课堂教学中最大的挫败感就是很难掌控课堂秩序与氛围。一个与性沾边的词汇就可能让学生兴奋、躁动不已，有人羞得伏于桌上不敢抬头，红脸窃笑；有人用夸张的笑声释放好奇与兴奋，化解尴尬；更混乱的是学生拿这些词互相调侃戏谑，一时间课堂失控……而当教师给机会发言的时候却没有一个人愿意分享，让教学过程无法推进。这种现象常常出现在小学中高段以上的年级，小学低段的学生反倒没有什么反应。

出现这样的情况，是环境中"性耻感"文化加上青少年被压抑的强烈性好奇造成的。青少年从成人那里潜移默化获得关于性的价值观，就是谈性是一件羞耻的事情。然而对性的好奇又那么强烈地存在着，所以当教师提到有关性的话题，课堂上就会产生一种奇怪的氛围，每个人都努力抑制自己的好奇，拼命表现出对所讲的话题并不那么有兴趣，实际上这个话题令他们情绪非常兴奋，嬉笑玩闹只是他们释放情绪、化解尴尬的方式而已。小学低段的学生，关于性的禁忌观念和性耻感还不明显，讨论性话题反倒坦然得多。

（2）课堂规则的制定和执行，也有利于建设安全的课堂氛围，让学生在学习、分享、讨论中更放松，更有安全感。

谈论关于性的话题，毕竟是敏感而隐私的；但在性教育课堂上分享与讨论往往又是必不可少的环节，这就需要有高度开明而安全的课堂氛围。不然的话，个别学生的分享可能会引来其他学生不太友善的起哄取笑，这种取笑甚至会延续到课外。有的时候学生会因为不同的观点而发生争执，处理不好甚至会以敌对的姿态演变为冲突，这些都是必须避免的。通过制定课堂规则，指导学生以正确的态度和方式参与课堂讨论与分享，课堂上才能有真实的分享、安全的表达、友善的讨论。

通过制定课堂规则，能在很大程度上帮助学生做好课堂上讨论性话题的心理准备，起到一定的预防作用；课堂教学进行当中，当学生释放情绪的时候教师用课堂规则进行提醒，也能起到帮助学生自我克制、维护课堂秩序的作用。要顺利完成性教育课堂教学，这个环节一定不能少。

2. 制定课堂规则的方法

目前将国内性教育引进课堂，进行系统开课的学校较少，不少学校是根据自己对性教育内容重要性的评估，零散开设一些课程，或是邀请校外专业人士为学生授课或讲座。不管是哪一种情况，制定课堂规则这个环节都必不可少。但是，二者的制定规则环节可有不同的处理。

对于零散开课的情况而言，不管是为哪个年级的孩子授课，都可能是孩子第一次接受专题的性教育课。这种情况下低年级的孩子对于性这个话题还没有特别的感觉；但中高年级的孩子性意识已经开始萌发，尤其是开启了青春期发育之旅的孩子，对有关性话题的兴奋程度和敏感程度特别突出，因此制定课堂规则的环节尤为重要。

但是，限于零散开课比较有限的教学时间，不宜在这个环节花费太多时间。通常的做法是由教师在课程开始前，简单提出建立课堂规则的必要性，再用一页PPT或者板书写上几条常规的规则进行展示，然后征求一下现场学生的意见有无补充或不同意见，如果没有的话就用一定的形式进行表决，比如鼓掌通过。为了提高课堂的亲和力，让学生在课堂上更放松，展示的规则可以用更亲和的表达方式，比如"我们的约定"，这样就不是教师给学生制定"学生守则"，而是师生在课堂上共同遵守的"约定"。

以下是一些不同学段的性教育课堂约定，供参考。

课堂约定示例1
主题：男孩女孩一样棒（小学一、二年级）
我们的约定：
大声发言有礼貌
个人隐私要尊重
所学知识记心间
公开场所不谈论

课堂约定示例2
主题：我的身体我做主（小学三、四年级）
我们的约定：
科学，不嬉笑
尊重，不对号
分享，要积极
大方，要保密

课堂约定示例3
主题：迈向青春，走向成熟（小学五、六年级）
我们的约定：
表达清楚讲观点
彼此尊重守秘密
所学知识记心间
公开场所不谈论

课堂约定示例 4

主题：你好，青春期（小学五、六年级）

我们的约定：

积极参与

认真倾听

自愿分享

尊重隐私

课堂约定示例 5

主题：美好生活，有爱才"性"（初一、二年级）

我们的约定：

我愿意真诚参与！

我愿意尊重每位伙伴！

我可以做到只针对事情进行讨论！

我可以做到不批评不指责不嘲笑！

课堂约定示例 6

主题：青春前行，有你有我（初一、二年级）

我们的约定：

1. 积极参与
2. 认真倾听
3. 自愿分享
4. 尊重隐私
5. 其他约定

课堂约定示例 7

主题：青春前行，知性懂"艾"（高一、二年级）

我们的约定：

学习与思考，不以自己和他人的平安幸福为儿戏

沟通与共鸣，不以爱和性作为调侃他人的话题

分享与交流，不去窥探与传播他人的隐私和秘密

（二）适宜知识传授的教学方法

在性教育课堂上，传授性知识是相对容易的环节。知识传授最重要的，一是信息要准确；二是在传授知识的同时，需要传递相关的价值观。具体方法上，可以根据对象的年龄特点灵活选用：低龄幼童识字不多，可辅以音像材料传递信息；年龄稍大具备阅读能力的孩子，可以使用书面材料自行阅读；再大一些如初中孩子，可以让他们自行搜索相关材料，在课堂上展示和互相补充、互相勘误。

1. 音像材料的使用

对于低龄孩子来讲，由于其思维的形象性特点，图片、绘本、动画等方式更易帮助

第四章　学校性教育的基本原则、途径和方法

他们理解和接收知识信息；加之孩子识字不多，文字阅读材料的学习难度大，所以使用音像材料是比较适合的方式。

目前市面上儿童性教育绘本比较丰富，教师选取与教学内容相适应的绘本在课件中呈现，并结合绘本故事进行讲解，是比较受欢迎的教学方式。

2. 书面阅读材料

对具有一定阅读能力的小学高年级以上的学生，可以采用编写发放文字阅读材料的高效率传递知识信息的方法。图文并茂、可读性强的读本更易被学生接受。这种情况下，教师在课堂上可以将时间更多地用在容易产生误区或者非常重要却容易被忽略的部分，提高课堂教学效率。

3. 文献检索与分享

中学生已具备一定的学习能力，教会他们获取知识信息的方法远比为他们提供知识更重要。布置课外作业让学生搜集相关主题的资料，这本身就是一种学习过程，而且是学生主动学习，比被动听讲效果会好很多；搜集资料过程中的检索、比较、鉴别，还能锻炼学生主动获取知识、独立思考和分析判断的能力；在课堂上的分享汇报可以再次丰富相关知识，也有助于形成学生互相尊重、平等交流的学习氛围。

除此以外，组织知识竞赛、现场抢答、有奖问答等活动，也是寓教于乐的知识传授方式，可以用于激发兴趣、巩固所学、查漏补缺。

（三）适宜技能训练的教学方法

对于很多教师和家长而言，教育过程太过依赖语言，以至于"苦口婆心"到受教育者"耳朵起茧"的程度，仍然收效甚微。语言是传递信息的重要工具，尤其是传递知识时其重要性不容忽视。但是，性教育本质仍在"教育"，而非简单的"教学"，当我们需要帮助学生提高应对策略时，可能需要训练其某些行为反应，形成相应的技能，比如安全性行为、规避风险等，这时仅靠说教注定难以取得好的效果，因此需要更为灵活、具有情境性的教育方式。

1. 角色扮演

角色扮演是一种综合性、创造性的互动活动，人们进行角色扮演活动，可以分享和感知经验与心得。在性教育技能训练中，角色扮演是经常使用的一种方式，是指在设定情景下给予学生角色实践的机会，使他们在真实的模拟情景中，体验某种行为的具体实践，帮助他们了解自己，改进提高知识技能。

比如，训练学生防范性侵的意识和技能，可以设定年长的邻居或成年男性邀请小女孩去自己家里玩游戏，或是拿了新衣服作为礼物，要帮儿童脱下身上衣服换上新衣等，通过这一情境训练儿童有礼貌且坚决拒绝的态度；角色扮演在训练中学生应对与青春期恋情有关的交往行为时也经常使用，如扮演表白者和拒绝者，扮演如何协商终止恋爱关系等。

2. 头脑风暴

头脑风暴通常用于群体决策以寻求非常规的问题解决方式。一般由群体人员在正常

融洽和不受任何限制的气氛中以会议形式进行讨论、座谈，打破常规，积极思考，畅所欲言，充分发表看法，从而产生有创造性的方案。在性教育课堂上，头脑风暴也会用于技能训练环节，让学生对某种情境的解决方式及结果尽可能多地提出设想，帮助学生全面地了解各种可能性，并对此有足够的心理准备。

比如可以让学生对安全性行为的协商技能进行头脑风暴。如果性伴侣拒绝安全性行为，可能会有哪些理由？如果另一方因此妥协，可能是基于哪些考虑？以这样的方式让学生充分想象情境中所有可能产生的情况，在日后遇到同类情境学生便不会茫然无措。

3. 集体讨论

集体讨论是更具有互动性的交流方式，对于某一困难情境，大家在思维碰撞中提出更多的解决方案；在讨论中不断对这些方案的优缺点进行评估，形成更为清晰的解决思路。

不管是角色扮演，还是头脑风暴，或者集体讨论，都需要建设良好的班级教学氛围，让学生在足够的安全感之下充分调动思维积极性，做到全身心的参与。

（四）适宜观念与态度转变的教学方法

在性教育的三维目标中，情感态度和价值观的观念性目标是最难达成的，但又是最为重要的；观念是行为的先导，促进受教育者观念的改变，是非常重要的课程教学目标。因此，要达到观念性目标教学对教师来说也是很大的考验：要让学生通过一系列的教育活动真正实现观念转变，不能教师一言堂强行灌输。习惯在课堂上说一不二，强调标准答案和权威性的学科教师要做到这一点实属不易。与知识的准确性不一样，观念是抽象的且具有不确定性，比如关于性的道德观，每个人的标准可能都不太一样，也不能强求一致，要想改变其原有观念，只有受教育者真正发自内心地认同，才可能对其行为起到先导作用。如果教师强行灌输某种观点，结果可能毫无效果，对于处于青春期的孩子，甚至会带来抵触和反感。所以，通过合适的方法，激发青少年的思考，经深思熟虑之后做出的抉择，才能对青少年的观念形成与转变产生影响。只要能达到理想效果的方法，都是好方法。下面举几例，以供参考。

1. 站立场

这是一种对某一问题表明态度观点的直观方法，通常由教师出示一个观点，让学生选择"同意""不同意""不确定"，根据选择分别站在不同的区域。然后，教师可以分别采访不同立场的选择者，让他们表达自己这样选择的理由；即使是"不确定"的，也需要说明自己暂时未做决定的原因，或者是自己纠结的点在哪里。

站立场这种方式最大的优点在于，立刻可以直观地看出持何种态度的人居多；另一优点在于，不同观点持有者的分享会对其他立场持有者产生影响。这样一来，学生能理解面对同一问题时大家会有不同的看法很正常，每个人的选择都有其理由。这能有效减少青少年学生的偏激行为，让他们学会从不同的角度看待同一问题。这一方法结合良好的课堂规则，也很容易让学生学会倾听和尊重不同的观点。

有时候各方陈述了选择的理由之后，有人会因此被打动，从而改换自己的阵营。教师要允许学生随时变换自己的选择,这个表面上的空间移动,实际代表的是学生思想上的变化。

2. 分组讨论

分组讨论是指按一定的规则和需要进行分组,然后就某一议题展开讨论。讨论过程中需遵守一定规则,有专人记录和负责分享。讨论结果有展示的必要,一般就会选用大白纸来记录,分享之后贴在某处,供课程结束之时进行比较回顾之用;没有展示必要的,就可以用A4纸记录,然后各组口头分享。如果许多组讨论的是同一个议题,分享方式就会以第一组为基础,后续的各组只是补充。

讨论与分享均是学生表达真实看法并相互交流的机会,为了达到理想的效果,避免因为观点之争带来冲突,也需要在课堂开始之前的规则制定环节进行规范,并在讨论之前再次提醒。学生在讨论交流过程中要学会准确地表达自己的观点,在与别人的观点不一致时学会尊重和倾听,通过讨论来达到求同存异的结果。讨论过程就是思想碰撞的过程,不仅能产生新的观点,也会让学生对自己所持观点思考得更深入和全面。

3. 角色扮演

角色扮演用于训练技能时,重点在于训练情境中行为反应的熟练性和稳定性。用于转变观念或态度时,重点在于体会角色的内心感受,从而提高学生的共情能力。这个方法用于反歧视、反偏见,对某些弱势群体形成支持的时候效果比较好。

比如,需要树立反对歧视艾滋病患者的观念时,可通过角色扮演让学生体会被歧视和被排斥、攻击的感受,提高学生的共情能力,从而对歧视行为所造成的伤害感同身受,能有效地减少对这些群体的攻击行为。

同样,角色扮演用于纠正校园欺凌行为也是比较有效的。青少年的欺凌行为,有些的确恶意满满,但有些是因为不善于表达自己的感受或观点,而直接诉诸自己反感对象的伤害行为。因为共情能力发展不足,欺凌者实施欺凌行为时对被欺凌者受到的伤害和感受几乎没有关注,导致行为愈加过分。以角色扮演的方式,不仅能让欺凌者在扮演被欺凌对象时,深切体会到被欺凌时的恐惧、愤怒、耻辱等感受,还可以进行友善行为的训练,用友善行为和合理表达替代欺凌行为,快速取得转变效果。

第五章 幼儿园性教育指导

本章学习要求：
1. 了解幼儿的性发育特点，包括幼儿性感受的探索形式、情感能力的发展特点、性别认同发展。
2. 熟悉幼儿阶段开展性教育的必备条件（包括知识、态度、价值观、社会规范以及技能），在此基础上明确幼儿阶段性教育的主要内容。
3. 掌握幼儿性教育的教学原则，能够学以致用，应对幼儿阶段常见的学校性教育问题。

第一节 幼儿的性发育特点

孩子从出生就开始有了性发育和性探索，因此可以观察到孩子各种各样和性有关的行为，比如抚摸自己的生殖器，想看爸爸妈妈洗澡，想和关系好的小朋友结婚等。假如教师和家长不了解孩子性发育的特点，就会把孩子正常的发展行为解读为问题行为，从而影响到孩子正常的性心理发展。

健康性发育的先决条件包括以下几个方面：一是爱和情感的体验，二是有积极亲密关系和照料关系的经历，三是有关 sexuality 正面积极的信息。sexuality 不仅仅指生殖，还包括体象、自我意象、社会性别、人际关系、感觉、情感、技能（个人技能和生活技能）。引导孩子正确应对不同发育阶段出现的情况，用合理的方式探索和表达性，是幼儿园性教育的核心。

总而言之，幼儿性、情感和认知发育的特点如下：探索自己的身体，发现一些特殊的感觉（0~4岁）。与性有关的行为：生殖器刺激，性游戏（从1岁开始）。性别认同的发展（3~7岁）。情感的发展：关系的建立（从4岁开始）。认知的发展：具体思维（从2岁开始）。道德的发展：社会规范（从3岁开始）。

一、幼儿对于性感受的探索

（一）孩子的性发育和性探索从出生就开始

孩子对于身体的探索从出生就开始了，我们经常会看到小宝宝用小手抓抓这里，摸摸那里……这个时候，其实孩子正在体验来自自己身体不同部位的感觉。当他们摸到自己的生殖器的时候，会体验到一种特殊的感觉，这会让他们觉得很新奇和有意思。但在孩子1岁以前，他们还不能把触摸生殖器的行为和出现这种感觉的情况联系在一起，换言之，他们并不知道是因为自己触摸了生殖器才会出现这种感觉。

（二）幼儿的性探索形式

1. 体验特殊美好感觉的幼儿"自慰"

到了1岁以后，孩子开始能够把这两件事联系在一起了，所以我们会发现1岁以后，很多孩子会出现反复触摸生殖器的行为。当然，这只是因为他们觉得这个感觉很好，想反复体验而已。就像孩子吃糖觉得很甜很好吃，所以总是想吃糖一样。同时，我们会发现孩子刺激生殖器的方式不止用手摸一种，有的孩子会拿被子或椅子腿来刺激生殖器，还有的会夹腿……这种时候我们甚至可能会发现孩子有脸红、出汗等表现。

虽然孩子无论是刺激生殖器的方式还是表现类似于成年人的自慰，但这种行为与成年人的自慰还是有本质区别的。成年人是出现了性冲动后用自慰来释放，而对于青春期之前的孩子来说，他们体内没有大量的性激素分泌，还感受不到性冲动。他们的这种行为，更多的是希望体验那种特殊的、美好的感觉而已。孩子通常在3岁左右开始能够理解什么是社会规范，并且开始学着去遵守。所以，我们会发现3岁以后的孩子，这种"自慰"的行为会更多地转移到私密空间。

2. 与他人接触探索性感觉的幼儿性游戏

当孩子更大些以后，往往会出现一种新的性探索的方式，就是性游戏。比如，小男孩会比赛谁尿得更远，他们会扮演医生和病人来检查小伙伴的身体……这都是他们通过与他人的接触来探索性的过程。这种性游戏一开始会是非常公开的行为，但随着孩子社会规范和隐私感的建立，这些性游戏也会慢慢转移到私密空间。

对于幼儿之间的性游戏，家长和幼儿园教师显然会更担心幼儿在这样的互动过程中是否会受到伤害，还可能会焦虑该如何应对幼儿之间的性游戏。当然，的确有一些性游戏的形式有可能会给孩子带来不良影响甚至伤害，这部分内容我们会在后面的章节中详细讲解。

二、幼儿情感能力的发展：友谊和爱

在幼儿园会经常听到这个年龄段的孩子说"我要和我们班某某某结婚"。因为他们觉得，结婚是表达和一个人关系好或喜欢一个人的最好的方式。当然，遇到两个异性小朋友要"结婚"时，很多家长通常还能够冷静应对，觉得那只不过是孩子的童言无忌罢了。但如果遇到两个同性别的小朋友要"结婚"，很多家长可能要抓狂了："天哪，我的孩子不会是同性恋吧？！"但在解答这些问题之前，我们需要了解孩子的友谊和爱的关系的发展过程，了解他们情感能力的发育特点，这样才能有的放矢地应对相关的问题。

孩子在4岁左右时，由于情感能力的发展，开始体验到喜欢一个人的感觉，并开始建立友谊,在友谊关系的互动中进一步体验喜欢与被喜欢的感觉,从而学习如何同别人建立关系。对于这个年龄段的孩子来说,他们还不能区分什么是喜欢、什么是爱。

所以,当孩子表达说要和某某某结婚的时候,教师和家长千万不要从成年人的角度去看待孩子这种结婚的愿望,因为对于孩子来说,结婚究竟意味着什么,他们并不完全清楚。他们只知道,互相喜欢的人会结婚。其实,这个时候两个同性的小朋友要结婚也是表达喜欢的方式,和来自两个异性小朋友同样的表达没什么区别。这和是不是同性恋也没什么关系,所以家长不用过分焦虑。

三、幼儿性别认同的发展

（一）性别认同的概念

性别认同,这是个既简单又复杂的概念。简单在于,谁都知道性别是怎么回事；复杂在于,在理解孩子的性别发展的时候,要涉及很多的概念。在明确性别认同之前,要明确三个概念：生理性别、心理性别和社会性别。

生理性别很容易理解,其特征是由生物学上的遗传决定的,并且在出生时就已经是事实。最简单的区分方法就是有阴茎的就是男孩,没有阴茎的就是女孩。心理性别是指一个人对自己性别的一种主观感觉。对于大多数的孩子来说,他们的心理性别和生理性别是一致的。然而也有少数孩子的心理性别和生理性别是不一致的,甚至还会有一些孩子在长大成人后选择通过变性手术来改变自己的生理性别。但不是所有心理性别和生理性别不一致的人都会选择变性手术。当然,如果孩子真的遇到这种情况,是需要专业的心理医生来帮助他们进行梳理和决定的。社会性别是由社会建构出来的一个概念,是指分别适合于男性或女性的角色、行为、行动和其他属性（比如外表、衣着）。通过建构社会性别这个概念,社会创造出了许多对于男性和女性的期望,包括他们的思维和行为,以及在社会中的生存方式等。正因为社会性别是由社会、文化构建的,所以社会性别特征在不同的社会、文化背景下会有差异,并且会随着时间而改变。

（二）幼儿性别认同发展的特点

孩子的性别认同是随着年龄的增长而不断发展的。孩子出生时生理性别就已经确定了,但孩子自己对性别还没有任何概念。直到孩子 2 岁左右,他们开始了解这个世界上有男和女两种性别的人。之后他们才开始能够判断什么样的人是男人,什么样的人是女人。但在三四岁之前,他们判断的标准仅限于一个人的外在特征。比如,他们会觉得,长头发的是女孩,短头发的是男孩；穿裙子的是女孩,穿裤子的是男孩……正因为他们是靠外在特征来做的判断,所以他们也会认为,性别是可以改变的,自己今天可以当男孩,明天可以当女孩,换件衣服就可以了。我们会发现,这个年龄段的孩子可能会跟家长说,自己想穿异性的衣服,比如小男孩想穿裙子,小女孩想穿很酷的衣服。也正是在这个阶段,孩子逐渐开始接受社会和家庭对于自己的期待,对于自己作为一个小男孩或是小女孩的期待。他们开始通过接收来自家长和外界的信息不断习得自己作为一个小男孩或小女孩应该怎样或不应该怎样，并且在这样的信息作用下不断调整自己的行为。

如果教师试图塑造的个性特点和孩子本身的特质有着较大差异，就会让孩子陷入困惑和自卑中。比如，一个生性敏感的男孩，教师却告诉他要成为男子汉，要坚强，不能表露自己的感情，那么孩子就会觉得自己出现一些情绪是不对的，是该压抑的。这样的压抑对于孩子的心理健康显然是十分有害的。所以，性别教育在幼儿园教育中是必须引起教师注意的一个重要内容。

在三四岁后，孩子开始逐渐意识到，男孩和女孩有一个很显著的区别就是生殖器的不同。他们会去观察自己的生殖器长成什么样子，会对其他小朋友和成年人的生殖器很好奇。他们也会特别关注为什么男孩站着小便，女孩蹲着小便。这个时候，孩子受好奇心的驱使，甚至会在幼儿园观看异性小朋友上厕所，或者干脆直接观看对方的生殖器，这都是孩子性别认知发展过程中自然而然出现的探索行为。在这个发展阶段，孩子还没有能力意识到性别是恒常不变的。他们开始慢慢理解区分男女的特征是生殖器，但同时又混沌地觉得一个人的性别并非一成不变。

直到六七岁时，孩子才能够完全了解生理性别的恒常性，也就是一个人的生理性别不会随着年龄、衣着和所处场景而发生变化。他们开始非常明确地知道，男性和女性的主要的（或唯一的）区别就是生殖器，只要一个人有阴茎，他的生理性别就是男性；只要一个人没有阴茎，她的生理性别就是女性。

孩子在发育的过程中，有很多东西需要去学习和探索。教师对孩子进行的性别教育，也就是社会性别的塑造，会给孩子的人生带来深远的影响。所以，作为教师，学习如何对孩子进行性别教育十分重要。

教师要为每种性格的孩子提供更多样的发展可能，让他们展露出自己本来的样子，让细腻的男孩和大大咧咧的女孩按照本来的样子去生活。例如，可以在幼儿园班级活动让孩子选择玩具的时候，不只给男孩提供车，不只给女孩提供娃娃，而是给他们更丰富的选择，让他们自己选择玩什么玩具，即使男孩选择玩娃娃，教师也是允许的。当男孩哭的时候，教师不要用"男子汉不能哭"之类的规则要求男孩停止哭泣，而是允许他表达自己的伤心委屈。当女孩想在教室外面疯跑玩耍时，教师不要对她说"女孩子不能疯跑，这样就不淑女了"。当男孩说他长大后要成为一名护士，女孩说她长大后想成为一名消防员的时候，教师不要去告诉孩子男孩不能当护士，女孩不能当消防员。

第二节 幼儿园性教育的条件、教学原则和课程

在幼儿阶段开展性教育，幼儿园应当具备一定的条件。在满足这些必备的条件后，才能更有效地开展幼儿性教育。其中，开展幼儿性教育必备的条件包括必备的知识体系、态度、价值观和社会规范以及技能。

一、开展幼儿园性教育的条件

（一）知识体系

教师能够解释性与生殖健康（SRH）、性（sexuality）、社会性别（gender）以及综合的性教育的含义，懂得如何在幼儿性教育中应用这些概念和理念，认识到理解这些概念对于提高性教育教师自身素质的重要性。

教师需要懂得一个重要的方针，那就是要为性教育营造一个开放、安全的氛围。同时教师要认识到营造这样一个教学环境的重要性。

教师要认识到为什么性教育和社会性别教育对于学前儿童同样是重要的。

教师要了解给幼儿做性与生殖健康教育以及社会性别教育需要什么样的资质。

教师要了解在进行性与生殖健康教育以及社会性别教育时学校和教师可能存在哪些不足。

教师要明确如何解决（或如何有能力解决）这些不足。

（二）态度、价值观和社会规范

教师要知道做好幼儿性教育的先决条件就是一定要接受一个事实，那就是即使是一个年纪很小的孩子也会有性的感受。我们要把这一现象看成是一种财富，而不是一个问题。只有这样我们才能够帮助孩子更好地成长。

教师要认同在处理性及社会性别问题时应抱有开放、非批判性的态度，积极地去面对，并且在这一过程中充分尊重孩子的隐私。

教师要清楚察觉在性与生殖健康、社会性别方面自己的价值观及判断标准，并在此基础上贯彻"非评判性"这一重要原则。

教师要清楚了解社会上在性与生殖健康及社会性别领域关于幼儿的一些社会规范，并且能够支持幼儿积极应对这些社会规范。

教师要清楚觉察自己在支持幼儿成长中的性与生殖健康及社会性别方面问题的能力和界限。

教师要了解每个人自身的教育背景会影响个人对于性与生殖健康以及社会性别问题的看法。

（三）技能

教师能够营造出开放和安全的氛围。

教师在与幼儿及其家长沟通有关性与社会性别问题时能够采用通俗易懂、积极、开放和非批判性的方式。

教师不但能够给幼儿讲授性与生殖健康课程，而且能够以适当的方式去影响家长的态度和想法。

二、幼儿园性教育的教学原则

(一) 参与式

本着"孩子们提供的信息是非常重要的"这一观点，在基于生活技能的全面性教育中，最有效的方式是互动式的、以学生为中心的参与式教学方式。参与式教学方法可以帮助幼儿为他们未来更健康、幸福地生活在这个错综复杂、千百万化的世界做好准备。为了能够更有技巧和更便捷地运用参与式方法，教师需要充分的准备和得到相应的支持。

教师应该牢牢把握性教育的基本方式是参与式，基本方法是案例讨论法、价值澄清法、头脑风暴法、角色扮演法、互动游戏法等。教育者可以运用互动式的、以学生为中心的参与式教学方式，让学习的几个关键维度（知识、态度、技能）在整个学习过程中得到全面提升。高质量的试点实验结果表明，最有效的学校性教育项目除教授知识和技能以外，还包含丰富的互动过程和多样的活动，让学生有机会反思自己的价值观和态度。

(二) 课程与方法要适合幼儿的发育阶段

1. 丰富幼儿性知识的教学方法

教师可以采用读或讲故事、猜谜游戏、拼图、"采访"游戏、看图片、问答游戏等教学方法。

2. 帮助幼儿建立积极性态度的教学方法

教师可以采用读或讲故事、小组讨论、角色扮演、赞美、问答游戏等教学方法。

3. 帮助幼儿学习个人生活技能的教学方法

教师可以采用角色扮演、画画、猜谜游戏、"采访"游戏、交流游戏、唱歌等教学方法。

另外教师还需遵循的原则包括充分运用孩子已经拥有的知识和技能展开教学，以及每堂课都用一个故事开始，故事内容可以是关于一个男孩和一个女孩讲述一个特定的主题。

三、幼儿园性教育课程

在明确了幼儿性教育的教学原则后，下面以荷兰幼儿园性教育课程为例，进一步帮助幼儿园教师理解幼儿性教育课程的实施。

(一) 身体发育和自我悦纳

在身体发育和自我悦纳的主题中，主要课程内容包括：我是谁、我有什么感觉、赤裸身体、男孩和女孩。

（二）生殖和家庭

在生殖和家庭的主题中，主要课程内容包括：我是如何出生的、世界上有各种各样的家庭类型、家庭成员需要扮演的家庭角色和承担的家庭责任。

（三）社会化和情感的发展

在社会化和情感的发展主题中，主要的课程内容包括：我们是朋友、在我们的家里、我爱你。

（四）预防性骚扰

在预防性骚扰的主题中，主要的课程内容包括：什么感觉是好的，什么是不好的；如何说"不"。

在结合荷兰幼儿园性教育课程的基础上，我们将补充一些有关幼儿防性侵教育的内容。在讲述幼儿防性侵教育之前，教师首先应当走出有关幼儿性侵的三个误区：

1. "陌生叔叔是坏人典型"

事实的真相是不论是对女性还是对幼儿的性侵，70%左右的作案者都是受害者认识的人。正因为是熟人甚至是亲人关系，施害者才能够接近孩子，并且孩子对教师、亲人是全然信任的，没有防备之心。

2. 男孩比女孩相对安全

就性侵害这件事情而言，男孩并不会比女孩更安全。相比女孩，当男孩被性侵，通常更不容易被发现。究其原因是教师、家长不觉得男孩会被性侵，很可能会忽略男孩被侵害后的表现。另外小男孩更不愿意说出这个秘密，因为大多数男孩从小接受的教育就是不能过多表露自己的情绪或者展示自己的软弱。

3. 性侵害总是能够被及时发现

事实上有时候，教师或家长真的很难发现孩子遭受性侵。原因有很多：一是性侵害的形式非常多，有的只是亲亲抱抱，并不会造成生理伤害。二是因为孩子没有意识到发生了什么，也不觉得应该把这件事情告诉大人，因为这对孩子好像也没有太大的影响，实际上等孩子长大了，知道什么是性侵后，当年的事件会对当事人造成二次伤害。三是很多孩子基于各种原因，不愿意告诉父母。

教师在明确了幼儿性侵害的三个误区之后，应知道防性侵教育要怎么做。首先，防性侵教育要尽早开展，因为坏人不会因为孩子小就放过孩子。其次，在和孩子相处的过程中找到合适的教育契机。结合游戏、讨论和情景演练，不停地给孩子强调身体的隐私部位是什么、性器官在哪里、自己的身体界限是什么。最后，帮助孩子进行技能训练，给孩子设置一些场景进行角色扮演练习，教会孩子如何说"不"，教会孩子如何求助。

第五章　幼儿园性教育指导

（五）幼儿园面向父母开展的性教育

荷兰幼儿园除了面向幼儿开展性教育，还面向家长开展幼儿性教育，主要课程形式包括：在学校给母亲和父亲做讲座，在学校里举行妈妈们的会议，在学校里举行爸爸们的晚会，为父母开展关于幼儿性教育的工作坊，给父母提供关于幼儿性教育的书、小册子、视频、网站等。

第三节　幼儿园性教育的途径和方法

一、幼儿园性教育的途径

（一）站在孩子的视角看问题

一是要做到和幼儿交流的时候，要从问句开始。当幼儿表现出一些与性有关的行为时，教师和家长不要急于从自己的角度解读，不要主观地判断孩子行为背后的原因，而是问问幼儿，他们的真实想法和感受是什么；当幼儿提出与性有关的问题时，教师和家长不要急于从自己的角度做出解答，而是要问问幼儿的好奇点和关注点在哪里，他们究竟想知道什么。

二是牢记性和孩子的道德品质没有因果关系。性发育从孩子出生时就开始了，孩子在很小的时候就会有关于性的探索行为，比如抚摸自己的生殖器，对其他小朋友的身体特征感兴趣等，这些都和道德品质没有太大的关系。教师和家长不要把孩子出现的与性相关的行为和道德品质问题联系在一起，要从孩子性发育的角度去理解孩子，在孩子有需要的时候解答他们的困惑，给他们必要的引导，这才是正确的做法。

（二）建立和谐的师生沟通氛围

谈性本来就是一件不容易的事情，如果没有和幼儿建立起良好的沟通氛围，那就更难了。了解孩子的生活和想法，这是建立良好沟通氛围的基础。那么，除此之外，教师和家长还需要注意一些什么呢？

一是尽早建立良好的沟通氛围。性教育越早越好，因为孩子的性发育从出生时就开始了。那么，和孩子建立可以沟通性话题的氛围，也是越早越好。教师可以在幼儿入园读小班的时候，就开始着手。如果能从小班开始就在班级中建立了可以谈性的良好氛围，那么幼儿会感知到在幼儿园性这个话题是可以交流的，有了和性有关的问题和困惑是可以问教师的。当教师和孩子之间建立了可以沟通性话题的氛围，孩子一旦遇到性骚扰或性侵，才会愿意向教师求助。

二是不要忽略孩子的问题，更不要骗孩子。当孩子开始问教师与性有关的话题时，就说明孩子的认知水平发展到了一定的阶段，已经开始有了某方面的探索。这时候，如果教师拒绝回答孩子的问题，孩子并不会放下这个困惑，而是会找其他途径解决自己的困惑。

当孩子向教师提出与性有关的问题时，教师不能逃避，应该把握这一性教育的好时机，告诉孩子科学的、正确的性知识。

（三）教师自己先脱敏，了解孩子性发育的规律

开展性教育很困难，难在性教育相关知识的缺乏无疑是很多教师面临的现状。同时，对于很多教师而言，即使学习了相关的知识，依然很难讲授性教育。究其原因在于性对于很多人而言太敏感了。

教师会发现，在自己的成长经历中，学习性、谈性的机会太少了，性似乎是一个神秘的话题，甚至是一种禁忌。因此，当我们需要开口谈性的时候，不知道怎么谈，或者谈的时候，非常不好意思，这都非常正常。

因此，对于教师而言，想做好性教育，有很重要的一关要过，就是性脱敏，就是让自己能够自然而然地谈论性话题，让自己慢慢地对于谈论性话题不那么别扭。如果教师自己对于谈论性话题都那么不舒服，孩子听起来也会觉得不舒服。

性脱敏究竟该怎么做？下面将针对教师最常见的几个难以开口和孩子谈性的原因，来找找解决办法，分享一些练习的小方法。

教师无法开口谈性的第一个原因是认为大人之间可以谈性，但孩子是纯真的，和孩子谈性会觉得别扭，或者怕给孩子造成不好的影响。教师有这样的想法，是由于教师在用成人的视角来解读孩子的性。

第二个原因是受自己的成长经历和观念影响，和关系亲密的成年人都无法开口谈性，更何况要和孩子谈性，这一点在女性身上表现得特别明显。

如果是这种原因，教师可以尝试以下方法。首先在纸上写下这样一句话：如果我开口谈性，我就是怎么怎么样的。你可能不止能想出一句话，不管想到什么，写下来，读出来，面对它。把你写出来的积极正面的话留下来，用于激励自己；分析那些负面的话有什么问题，用自己的知识体系，用自己的所思所想去打败这些负面想法。如果经过努力，还有一些负面的想法不能瓦解，可以求助身边的人帮忙，也可以求助专业的性心理咨询师。其次梳理自己对于性的认知，拿出一张纸，做一个头脑风暴，回答一个问题：当我想到性的时候，我的脑子里有哪些词语？然后去分析这些词语，哪些是积极的，哪些是消极的，哪些是你喜欢的，哪些是你不能接受的。经过归类，发现自己对于性的认知是积极的还是消极的。最后就是和伴侣或朋友们一起谈性。谈话的内容可以一开始谈一些和自己没有关系的，比如对于一些性观念的看法或者媒体上报道的和性有关的新闻，然后慢慢过渡到谈自己的性。

（四）以性教育绘本为载体开展幼儿性教育活动

性教育绘本是以绘本为载体，通过生动有趣的图画和简洁的文字来呈现幼儿性教育理论知识，从而达到使性教育具有趣味性的目的。

性教育绘本作为开展幼儿性教育的途径之一，巧妙地结合了图画与文字两种表现形

式,用直观形象的方法来表达较抽象的性知识,令性教育充满趣味,能够在给幼儿带来美的享受的同时,避免了用枯燥乏味或是赤裸裸的方式向幼儿灌输性知识。虽然市面上绘本资源较多,但系统的、成体系的性教育课程资源较少,且国内关于利用绘本资源开展性教育研究的文献较少,因此如何选择和利用绘本是幼儿园教师目前面临的一大挑战。当然与其他教育载体相比,绘本不受时间、地点、空间的限制,可以通过线上购物、图书馆借阅等多种渠道获取,也是其一大优势。

二、幼儿园性教育的方法

（一）找到舒服的谈性方法

当谈到和人交流的技巧时,我们常提到眼神交流,适当的眼神交流对于沟通有着非常重要的辅助作用,但是对于谈性的这个话题来说,眼神交流却会让人觉得非常不舒服。因此,谈性的时候最好不要有过多的眼神交流,不要面对面直盯着对方,可以和幼儿园的小朋友一起做游戏一起谈性。在交流的过程中,如果发现孩子了解的某些知识是错误的,或者某些想法存在一定的问题,这时候不要马上打断孩子,等孩子表述完全之后,通过提出问题让孩子进行反思,继而再补充一些正确的知识给孩子。这样既尊重了孩子的表达需求,提升了孩子的自我思考能力,又传递给孩子正确的知识。

（二）传递事实信息

给孩子讲授性教育,最重要的基本原则就是要给孩子传递事实信息。教师常常会把自己的观点当作知识或事实信息传递给孩子,这会影响孩子的判断。让孩子基于全面的事实信息做出自己的判断,慢慢形成适用于自己的价值观,才是教育应该做的事情。

作为教师需要区分的就是什么是事实,什么是观点。

一般情况下,事实是能被证明是真是假的一段陈述;而观点则是表达一种信念、感觉、看法的陈述,是无须证明的。

当教师在给孩子进行性教育的时候,一定要先拿这几条标准衡量一下我们要传递的信息,这样才能辨别出即将传递给孩子的是事实还是个人观点。当然,区分事实和观点,并不意味着教师不能把自己的观点告诉给孩子。在给孩子传递价值观的时候,要明确地告诉孩子,这是教师的观点和想法,从而避免把自己的个人观点当成事实信息强加给孩子。教师可以让孩子知道自己的价值观,以及社会上的主流价值观,因为教师也需要让孩子理解到每个人都有自己的价值观,一个人可以建立自己的价值观,但是也要尊重别人的价值观。与此同时,孩子还需要知道当个人价值观和社会主流价值观相符或不相符各有什么利弊。孩子只有在充分了解了这些信息之后,才能够做出分析判断,最终形成属于自己的价值观,从而建立自己的模式。

（三）用科学、积极、简短、易懂的词

作为教师,不管是主动对孩子进行性教育,还是回答孩子的提问,在弄清楚孩子好奇的点之后，如何回答孩子的问题是十分重要的。回答孩子的问题时，一定要记住要传递科学信息，用积极的词语，并且要用简单的、通俗易懂的词句，而且不要说得太多，回答尽量简短，能解答孩子的困惑就可以了。

传递科学的信息，这一点很容易理解。但除此之外，用积极的语言来传递也是很重要的，我们要采用积极或者中性的词语来和孩子沟通。当然，性也有可能带来消极的结果甚至伤害，但是这并不是性本身有问题，当个体不恰当或是不怀好意地进行性实践才会带来消极的后果。用简单的、通俗易懂的词句是指教师在跟孩子沟通的时候，要适应孩子的认知水平，通俗易懂并不意味着要用很多特别幼儿化的语言。至于回答尽量简短，是指解决孩子当下的疑惑即可。这样不仅能让教师不那么紧张焦虑，还可以避免孩子听到一大堆自己不懂并且也不想听的知识。

（四）明确身体界限

教师总是告诉孩子"你身上有些部位是不能被别人看，也不能被别人摸的"，当孩子想看或摸教师的身体的时候，教师需要果断地拒绝，让孩子尊重教师的感受。教师需要不断地向孩子强调什么是身体界限，身体的哪些部位是不能让别人看和触摸的，这是预防性侵教育非常重要的一课。当孩子问到了涉及教师隐私问题的时候，如果教师愿意和孩子分享，可以分享。如果教师不愿意，就诚实地告诉孩子："这是老师的隐私，是老师的秘密，老师不能告诉你，当别人不想说自己的隐私、自己的秘密的时候，我们要学会尊重对方的决定。"

（五）适当采用情境练习

教师在对孩子进行性教育的过程中，千万不要觉得把知识讲给孩子就万事大吉了。比如教师教孩子："当别人要触摸你的隐私部位，或是出现可能存在的性侵害，你要大声说'不'。"但这样孩子就会说"不"了吗？很有可能，当遇到了真正需要说"不"的场景时，孩子说不出来；或者即使孩子说了"不"，但没有表达出强硬的拒绝意味。

这个时候进行情境练习就十分必要了。我们可以给孩子模拟不同的情境，比如"遇到了小朋友掀你的裙子，你会怎么做""老师想摸你的腿，你该怎么做""医生想检查你的身体，让你脱掉裤子，你该怎么办"等。在不同的情境中让孩子练习说"不"，同时教给他们一些关键的知识和判断方法。

（六）绘本的选择与利用

性教育的本质是爱的教育、生命教育和责任教育。优质的性教育绘本都包含着浓浓的爱意。

1. 怎样选择优质的性教育绘本

优质的、能启发幼儿思考的绘本，对孩子的成长意义重大。选择绘本要尊重幼儿的年龄特点，不同年龄的幼儿的兴趣点及认知特点有所不同；除此之外，教师和家长要关注绘本的内容是不是具有文学性、艺术性、教育性和童趣性。要关注绘本的艺术价值，尤其是绘本的语言风格和审美功能，高品质的绘本能促进幼儿想象力的发展。

2. 教师如何利用绘本开展幼儿性教育活动

（1）筛选优质科学的性教育绘本，整合性教育资源库。教师可以根据教学目标选择合适的绘本资源载体，形成幼儿园性教育绘本资源库，通过筛选优质合适的绘本讲解性教育，从而达到事半功倍的教育效果。

（2）利用绘本开展游戏化性教育活动。游戏是幼儿最重要和最主要的活动，它贯穿于幼儿发展的整个过程。而性教育绘本的内容具有形象性、具体性和童趣性，它更加符合幼儿的认知特点。

（3）设置性教育绘本班级阅读区域。区域活动是幼儿园班级常见的活动形式之一，深受幼儿喜爱。在区域活动中，幼儿可自主选择自己喜欢的活动材料进行探索学习。教师可在班级阅读区域放置性教育相关绘本资源，供幼儿自主选择阅读。除专门的区域活动外，在一日生活中，如间歇时间、午餐后等待时间，教师都可以为幼儿阅读提供绘本资源或开放性教育绘本区域。

第四节　幼儿园性教育案例

一、以各种方式偷看他人身体

（一）案例

案例1

一位4岁的女孩，在幼儿园经常被男孩撩裙子，教师A觉得这可能是小朋友之间的玩乐，但还是觉得有些不妥。教师A觉得有必要和这位女孩以及爱撩女生裙子的男孩谈谈，但是又不知道怎么和孩子们谈，很怕一旦把握不好尺度反而会让孩子们觉得这件事有问题，从而对孩子们造成负面影响。

案例2

幼儿园中班的教师B经常发现"小男孩偷看别的小朋友上厕所"，"小女孩看到一个小男孩尿尿，很好奇，凑很近去看看"。教师B多次提醒小朋友尿尿不能看，但是他们还是很好奇，怎么办？

（二）案例分析

在幼儿园阶段，孩子之间进行互动的时候，经常会出现类似的现象。这是因为孩子到了三四岁，开始逐渐意识到男性和女性有一个很显著的区别就是生殖器的不同，他们可能会首先发现男孩和女孩上厕所的姿势不太一样，然后会去看自己的生殖器长什么样子。慢慢地他们开始了解，男孩女孩之所以上厕所的姿势不一样，是因为男孩有阴茎，而女孩没有阴茎。随后，孩子们还会慢慢发现，即使同性别的人，身体也会有一些差异。所以，孩子们有时会对其他小朋友的生殖器感到很好奇，可能就会出现上述案例中男孩掀女孩的裙子或者女孩看男孩上厕所的现象了。

作为幼儿教师，当孩子的求知发生在人际互动中，尤其是小朋友之间的互动之中，有可能侵犯他人的隐私的时候，教师应该积极进行引导。

对于案例1中的教师A而言，首先要做的是不要因为这个现象轻易地给两个孩子扣一顶帽子，批评两个孩子的行为。建议教师A去问问男孩"为什么要去掀女同学的裙子"，问问女孩"当男孩掀你的裙子的时候，你有什么感觉"。

从男孩的角度而言，男孩可能的回答是：我想知道女孩裙子下面和我有什么不同；或者我听说女孩没有"小鸡鸡"，我想看看是不是这样的。如果孩子有这样类似的回答，表明孩子对男女身体的差异感兴趣了。这个时候，教师可以先去解答孩子的困惑。然后和男孩讨论这样的行为可能会给对方带来什么困扰。讨论可以参考这样的提问方式："你做这件事情的时候，小女孩愿意吗？""如果有人什么都不说就脱你的裤子，你有什么感觉？"提问的目的是让男孩意识到他这么做会给小女孩带来困扰。

接着，教师A要和男孩、女孩讨论的是隐私部位。每个人都有自己的隐私部位，我们的隐私部位不能让别人看和摸，同时我们也不能去看或触摸别人的隐私部位。

随后，教师要和孩子约定，当孩子有了一些困惑想得到解答的时候，可以先问问教师或者父母，如果有一些行为自己不确定是否合适，也可以先来和教师或者父母确认。教师要让孩子知道，无论他们向老师或父母提出怎样的问题，都不会被责备，这样孩子才能够坦然地向家长求解。

当然，如果教师A询问男孩为什么要去撩女孩的裙子，男孩可能还会这样回答："我这么做是为了引起女孩的注意"，或者"我这么做是为了引起老师/父母的注意"。

如果男孩说是为了引起女孩的注意，其实这是因为男孩不知道怎么表达自己对女孩的喜爱。这时候，教师就要引导孩子去思考，女孩真的喜欢这样的表达方式吗？教师也可以借此组织一次主题班会，在班级中带着孩子们去讨论自己希望别人如何与自己相处，可以让男孩说说他们能接受的交朋友的方式，再让女孩说说她们能接受的交朋友的方式，这可以很直观地帮助男生女生更了解彼此，从而更好地相处。孩子在成长的过程中需要学习如何与同学相处，如何与异性相处，什么样的表达好感的方式是正确的，什么样的相处方式是对方并不喜欢的，这是孩子的成长必修课。

如果男孩说这样做是为了引起教师或家长的注意时，教师需要关注的是男孩与教师的师生互动或者男孩与家长的亲子关系是否出现了问题，男孩是否感受到了自己被忽略，或者是因为一些负面情绪而想要用这样的方式挑战教师或家长。

如果是这种情况，那教师首先要做的就是找一个和孩子关系较为亲近的成年人，让他与男孩讨论这件事情，倾听并接纳孩子的所有情绪，并慢慢疏导。作为教师和家长，也要积极地和孩子修复关系。当然，这并不是一个容易的过程。如果教师觉得做起来有困难，可以寻求专业的心理咨询师或性教育专家的帮助和指导。

有时候孩子身上出现的和性有关的行为，背后的原因可能和性没有关系，性问题只是一种表现形式而已。这就需要教师根据各种信息做出判断，从而采取正确的处理模式。当然，如果觉得这个判断的过程有困难，可以求助于专业的性教育人员。

以上是从男孩的视角来对案例进行分析，接下来将从女孩的视角进行分析解读。教师首先需要做的就是关注女孩的情绪，问问女孩"当那个小男孩掀你的裙子，你有什么样的感觉"，可以根据孩子的回答来进行处理。

女孩的回答可能是"没什么感觉"或者"挺高兴的"，这时候教师要和孩子讨论的是，表达友谊或是了解男孩、女孩身体差异的方法有很多，撩裙子是最不可取的方式。教师还要告诉女孩，撩裙子会暴露自己的隐私部位，借此机会教师可以对女孩进行隐私部位、身体界限和身体保护的教育。

女孩的回答还可能是害怕，此时教师首先要安抚女孩的情绪，当孩子的情绪得到缓解后，要弄清楚女孩为什么害怕，在和同学相处的过程中女孩是否存在被欺负的现象等，并与女孩讨论遇到这样的情况时要如何应对，如何寻求帮助。

以上从女孩的视角针对一些可能的原因进行分析，也许真实的情况比以上的推测更加复杂，这就需要教师根据具体情况具体分析解决。

孩子偷看别人上厕所之类的问题也可以采用类似的处理方法。需要教师和家长留意的是，当孩子出现类似的情况时，需要做的是积极地引导和纠正行为本身。如果把这类事件的判断上升到道德层面，或者给予当事人极其严厉的处理，反而有可能对孩子造成严重的二次伤害。

二、教会孩子应对异性小朋友之间的示好或身体接触

（一）案例

教师C就工作中观察到的现象感到十分困惑，比如："幼儿园的孩子之间相互亲嘴，教师该不该干预？""班上的男孩通过亲和抱来向5岁女孩表示好感，她很排斥，但不知道怎么处理，该如何指导她呢？"

（二）案例分析

教师C所反映的问题可以归纳为一个问题，就是幼儿之间的亲密到什么程度是可以接受的？对于很小的孩子，教师或家长对于他们之间的亲密行为大多是能够接受的，比如抱一抱，亲一亲，这些行为会被理解为纯真的表达好感的方式。但随着孩子慢慢长大，教师或家长就会担心孩子之间亲密的行为会不会有问题，是在模仿成人之间的亲密行为吗？

教师需要做的是让班上的孩子明白，当遇到其他小朋友对你有亲密行为的时候，要征得你的同意，如果你不同意，别的小朋友是不能勉强你接受的。小朋友之间可以有其他的表达相互喜欢的行为，比如一起做游戏，一起分享喜欢的食物，相互帮助，等等。

在上述案例中，小女孩明显是不愿意接受班上的男孩通过亲和抱来向她表示好感，但是这名5岁的女孩为什么没有表达这种不愿意呢？教师应当引导孩子自己找到答案。通常来说，可能会有以下几种答案：一是女孩不知道怎么表达，二是害怕伤害对方，三是担心拒绝后对方不和自己做朋友了。教师应当相信孩子的能力，引导孩子进行思考，慢慢找到解决办法。

三、孩子紧张时总摸自己的生殖器怎么办

（一）案例

教师 D 反映，班上有个 5 岁的男孩，紧张的时候就会摸自己的"小鸡鸡"，事后却不承认。4 岁的女孩经常在班级活动中，无意识地去摸自己的两腿之间，教师告诉她不能这样做，但还总是多次发生。

（二）案例分析

幼儿的自慰行为就是幼儿有时会用手或物品去摩擦生殖器，孩子这样的行为是在性发育的过程中自然出现的，是孩子对于性感受的探索。值得注意的是，有些孩子摸生殖器的行为不能定义为单纯的幼儿自慰，而是自身的一些问题和自慰行为混杂在一起。最常见的就是孩子因为焦虑而反复摸生殖器，以缓解自己的焦虑情绪。

比如当孩子想跟其他小朋友玩耍，但却被其他小朋友拒绝了，这种时候孩子易产生焦虑、委屈情绪。当负面情绪让孩子感到不舒服，抚摸自己的生殖器会产生一种舒服的感觉，孩子因此找到了一种应对负面情绪的方式，就会反复去尝试。用自慰来缓解负面情绪的孩子，通常是由于他们不会表达或者不被允许表达自己的情绪，而以他们的年龄，又没有掌握应对情绪的其他方法。

因此，教师 D 需要做的就是先不关注孩子触摸生殖器的行为，在这种行为出现的时候，去关注引起孩子紧张的事件，让孩子去表达自己的情绪，然后和孩子一起讨论如何解决。当孩子找到解决问题的方法之后，教师还可以教会孩子一些缓解情绪的方法，或者询问孩子觉得哪些方法能够有效地帮助他们缓解情绪。当孩子的问题得到解决，情绪得到了关注，掌握了疏解负面情绪的方法，这个行为就会慢慢消失了。

四、如何应对幼儿之间令人头疼的性游戏

（一）案例

两个 4 岁的孩子因为老师上课的时候扰乱课堂秩序而被罚到角落坐着，两个孩子因为无聊互相触摸生殖器玩耍，而老师没有发现。晚上妈妈给女儿洗澡发现女儿阴部皮肤有破损，其他正常。女孩家人要求男孩父母承担医药费用并道歉，但男孩父母不配合调解，幼儿园负责人也开始回避责任，女孩父母直接报案，认为男孩对女孩性侵。

警察介入调查，但是没有从两个孩子口中问出什么，只好调看教室录像，但当时孩子们被罚到角落，录像没有拍到他们的行为。最后，此事不了了之。

（二）案例分析

幼儿之间的性游戏通常是最让教师和家长头疼焦虑的性探索。因为从孩子进行性游

第五章 幼儿园性教育指导

戏开始，一个人的探索就变成了两人或多人互动式的探索，因此教师和家长会担心孩子会不会受到伤害或者会不会无意间伤害了别的小朋友。

当幼儿之间的性游戏有两人甚至多人的互动，的确存在孩子受到伤害的风险。幼儿之间对于性的探索是正常的，但是这并不意味着不需要去引导。因此，教师和家长要及时对孩子进行性教育，帮助孩子学会如何保护自己，如何不伤害别的小朋友；教师和家长还要教会孩子拒绝自己不喜欢的事情，这样可以避免孩子被迫参与幼儿之间的性探索和游戏。

具体来说，教师和家长需要做的引导如下：

一是考虑幼儿之间的年龄差异。如果进行性游戏的孩子之间的年龄差大于3岁，那是不合适的。因为大孩子有足够的能力和体力控制较小的孩子，这存在着一定的风险。

二是身高差异较大的孩子一起玩性游戏也是有风险的，因为可能存在身体强弱不同导致的强迫、欺凌行为。

三是参与性游戏的孩子是否都是自愿的，既要考虑自己的意愿，也要考虑对方的意愿。当不同意参与性游戏的时候，孩子能够坚决说"不"。教师、家长带着孩子一起说"不"，这样的练习非常重要。同时还要帮助孩子明确参与性游戏是出于自己的真实意愿还是迫于同伴压力的选择。在孩子融入同龄人的过程中，会在乎同龄人对自己的评价，会在乎别人是否愿意和自己做朋友，因此孩子会面临一定的同伴压力。教师和家长需要告诉孩子的是，不要为了得到同伴的认同而强迫自己做不愿意的事情，甚至是自己都意识到不对的事情。

四是要提示孩子在性游戏的过程中，不能出现暴力行为，不能出现任何可能伤害彼此的行为，不能将物品插入自己或对方的身体，不能出现威胁和强迫的情况。更为重要的是要让孩子知道，如果和他玩性游戏的人一直让他保密，并且不能告诉任何人，很有可能对方做了一些不恰当的行为却不想让别人知道。要让孩子意识到，他可以信任你，任何时候都可以向你求助。

最后，关于幼儿性游戏，教师和家长还要特别重视的是群体的涉性行为。比如班上一群男孩去脱一个男孩的裤子，或者一群女孩去掀开一个女孩的裙子等。这样的事件，更像是校园欺凌以性的形式发生了。无论是教师还是家长，遇到这样的事情，一定要第一时间制止，并且通过性教育让孩子明白，类似行为是绝对不可取的。

附：

幼儿性教育适用绘本推荐目录

生命起源认知系列

名称	作者	译者
《小威向前冲》	［英］尼古拉斯·艾伦	李小强
《我从哪里来？》	文/［加］科里·西尔弗伯格 绘/［加］菲奥娜·史密斯	徐辰
《爸妈怎么有了我》	文/盛诗澜　绘/施欢华	

续表

名称	作者	译者
《出生——宝宝是怎么来的》	文/[法]弗朗索瓦·拉弗热陇 绘/[法]本杰明·束	梁依俏
《我是如何出生的》	文/[韩]闵秀贤 图/[韩]崔正仁	王瑷瑷

  以上几本书图画直观清晰，文字幽默风趣，用孩子能够理解的图画与文字描绘出了宝宝是如何出生的，能够科学地帮助父母回答孩子"我从哪里来的"问题。

认识身体系列

名称	作者	译者
《我可爱的身体》	文/韩国向日葵图书工作室 绘/申恩京	高影红
《身体的秘密》	文/张慧 绘/童捷	
《身体，认识我自己》	魏屹	
《我们的身体》	文/[法]帕斯卡尔·艾德兰 绘/[法]罗伯特·巴尔博里尼	荣信文化
《我爱我的身体》	[波兰]波林·奥德	王俊栋

  以上几本书比较全面地对身体的各个器官、系统以及他们的功能进行了介绍，能够帮助孩子认识自己的身体是怎么样的，明白每个器官的功能作用，帮助孩子更加爱惜自己的身体。

性别角色认知系列

名称	作者	译者
《性别常识》	文/鸿雁 绘/李婷 香蕉猴	
《我宝贵的身体》	文/徐影 绘/严梦琴	
《男生女生不一样》	文/甘薇 图/鄢莉萍 史庆斌 吴波	
《为什么我是女孩》	文/王早早 绘/朱进	
《为什么我是男孩》	文/王早早 绘/朱进	

  以上几本书主要介绍了男女之间在生理上、性格上的不同，旨在帮助孩子区分自己的性别，树立性别角色意识，理解性别平等，尊重自己、尊重他人。

树立自我保护意识系列

名称	作者	译者
《不许伤害我》	苟萍 王岩松	
《不是每个抱抱都美好》	朱惠芳	
《绝对不能保守的秘密》	文/[澳]杰妮·桑德斯 图/[澳]克雷格·史密斯	小萌
《住手，不许碰我》	歪歪兔关键期早教项目组	

续表

名称	作者	译者
《不要随便摸我》	文/朱惠芳　绘/木棉绘画工坊	

以上几本书通过简单的故事，告诉孩子哪些是自己身体的隐私部位，不能让别人随便触摸，教会孩子如何辨别危险，在遭受侵犯后一定要告诉大人，能够很好地帮助孩子树立自我保护意识。

第六章　小学性教育指导

本章学习要求：
1. 了解小学阶段儿童性发育的特点。
2. 了解小学阶段性教育的主要内容。
3. 掌握小学阶段性教育的策略与方法。
4. 知道小学班主任在学校性教育中的育人作用。

第一节　小学阶段儿童性发育特点

童年期的年龄范围在六七岁至十二三岁，属于小学阶段，这是为一生的学习活动奠定基础知识和学习能力的关键时期，是心理发展的一个重要阶段。小学儿童的生理发展在这一阶段相较于幼儿时期和青春期来说处于一个平缓发展的时期。这一时期变化最明显的是儿童的认知发展，特别是思维的发展。值得注意的是在小学高年级，儿童将进入青春发育的早期，这是个体发展的重要转折点，衔接着童年期到青春期的发展过程。

这一节，我们将从童年期的生理发育、认知发展以及个性以及社会性来介绍小学儿童的发展，并对这一时期的性发育及行为特点进行相应的阐述。

一、童年期的心理发展

小学儿童的心理发展主要是通过学习活动进行的。小学生在学习的过程中掌握知识、技能和社会行为规范，在丰富自己、认知世界的过程中，将所学不断内化，不断引起其智力、个性、社会性等方面结构的变革，以促进心理积极发展。

（一）生理发展

1. 体格

人的生长发育有一定程序，既有连续性，又有阶段性。整个生长期中身体并非匀速生长，各系统器官发育不平衡，身体各部分增长幅度不同，长度的增长先于围度和宽度的增长，达到稳定的年龄是不同的，同时存在着个体差异。孩子出生后生长发育最快的时期是第一年，相较于婴幼儿时期身高、体重的迅速发展，小学时期的身体发育较为平稳。

小学高年级，儿童将进入青春期的早期，身体也会发生明显的变化。随着骨骼、肌肉和脂肪的迅速生长，身高和体重也会迅速增加。女孩的身高和体重一般在10岁左右开始突增，持续约3年的时间。男孩的身高和体重较女孩大约晚2年开始突增，结束也相应晚一些。男孩的身体会变强壮，女孩的身体会变丰满，他们的身体外形变化会出现明显不同。

2. 大脑

小学儿童大脑开始逐步发育成熟，大脑重量在7岁左右会达到近乎成人的水平，脑重的增加并不是由于大脑神经元数量的增加，而是神经元之间的连接髓鞘化使得神经细胞结构更加复杂化，神经纤维分支增多，长度也在增长。大脑的发育会给儿童的认知以及个性、社会性的发展提供坚实基础。

3. 性生理

当今，受到各种因素影响，儿童性生理发育有逐渐提前的趋势，小学阶段的儿童也可能会有第二性征的出现，如美国的研究指出女孩乳房发育的平均年龄为9.7岁，月经初潮的年龄大概会出现在乳房发育过后的2.3±1.0年过后；而欧洲的研究者则发现乳房发育的年龄在9.86岁左右。这相较于以往报告的年龄都有所提前。我国研究者发现我国城区男生睾丸开始发育的中位年龄为10.55岁，阴毛开始发育的中位年龄为12.78岁，首次遗精的中位年龄为14.05岁；女生乳房发育的中位年龄为9.20岁，阴毛开始发育的中位年龄为11.16岁，月经初潮的中位年龄为12.27岁。

以上调查数据显示，小学高年级孩子已经逐步进入青春期。青春期发育的最突出变化，除了生长突增以外，就是性生理的发育，包括生殖器官的形态发育、功能发育和第二性征的发育。

女孩的生殖器官包括子宫、卵巢、输卵管、阴道等。卵巢在8~10岁开始迅速发育，此后卵巢的重量和体积直线上升，并且逐渐成熟，排出卵子，分泌性激素（以雌激素和孕激素为主）。子宫在10~18岁的发育速度也直线上升，体积逐渐增大，并在性激素的作用下，子宫内膜呈周期性变化，月经出现。阴道随着发育变宽、变长，分泌物开始增多。外生殖器官（阴阜、阴蒂）逐渐向成人过渡。随着内、外生殖器官的发育，女孩会长出阴毛、腋毛、臀部变宽、乳房增大。

男孩的生殖器官包括阴茎、睾丸、阴囊、输精管等。睾丸在12~15岁时增长加快，体积增大，功能逐渐成熟，产生精子，分泌性激素（以雄激素为主）。阴茎也迅速发育，长度、直径增大，并逐渐达到成人大小。在生殖器官发育的同时男孩会出现一系列第二性征，如长出阴毛、腋毛、胡须，出现喉结，声音变粗。

（二）认知发展

1. 记忆

小学低年级的儿童在记忆事物时较多采用的策略是进行简单的复诵，即有意识地重复、诵读、诵习所要记住的信息。随着年龄的增长，经指导和提示后能把所要识记的材料，按其内在联系，通过归类等进行识记，即组织策略。到小学高年级阶段，儿童开始对记忆材料进行信息加工，将相互关联的信息按体系关系进行整理并条理化，组成知识系统以帮助记忆，并能运用加工策略，采用联想、谐音、拆分、重组等加工方式，在两种或多种不同种类的信息之间建立共同的"意义"。随着更加有效的记忆策略的使用，小学时期儿童的记忆广度随之提升。在一项数字记忆广度测试任务中，小学儿童的数字记忆组块从7岁时的4个提高到12岁时的7个。

2. 思维

童年期的认知结构与幼儿期相比发生了质的变化，形成了新的思维结构，能够较好地完成"守恒任务"和"分类任务"。思维发展是以具体形象思维为主要形式向以抽象逻辑思维为主要形式的过渡，是思维的主导类型发生质变的过程。思维类型变化的转折年龄在9~10岁，即小学中年级阶段。

小学低年级儿童只能从事物的表面和具体形象意思上来理解，所掌握的概念大部分是较为具体和可以直接感知的，认知仍具有自我中心现象。随着年龄的增长和适当的学习指导，小学高年级的儿童逐步表现出脱离自我中心的变化过程，能概括事物的本质特征和内在联系，词语概念接近本质定义，能自觉地运用演绎推理解决抽象问题，完成因素较多的归纳推理，类比推理能力的发展速度较快，但发展水平低于演绎推理和归纳推理。同时，其思维的发展表现出一定的不平衡性，不同的思维对象、不同的学科和不同的教育都存在着差异，乃至在性别上也存在着一定的差异。

3. 元认知

元认知被视为联结行为表现的关键所在，能够有效地帮助儿童对所进行的认知和行为进行评估和调整。6岁左右的儿童开始知道自己的记忆会有出错的时候，在小学阶段他们能意识到有意义的材料更加易于记忆，但他们的元认知以及知识水平还相对较低。虽然儿童的元认知能力有所发展，但他们还不擅长进行认知自我控制，即很难持续监控目标进程、检查结果，对无效的努力进行修正。

（三）个性与社会性发展

1. 自我意识

自我意识是在儿童与环境相互交往过程中形成的，自我意识的成熟往往标志着个性的基本形成。小学生会从身体外表、行为表现、学业成绩、运动能力、社会接纳程度等方面进行自我评价，低年级儿童具有较强的依从性，他们会依赖于父母、老师、同学等人的评价。随着年龄的增长，儿童的自我意识不仅能摆脱对外部控制的依赖，也逐渐发展使用内化的行为准则来监督、调节、控制自己的行为，开始从对自己的表面行为的认识、评价转向对自己内部品质更深入的评价，由笼统到细致，由主观到客观。但是，父母和同学仍对儿童的自我评价起着重要的作用，他们的言行会影响儿童对自己的评价。受欢迎的儿童会产生积极的情绪帮助其建立自信；不受欢迎的儿童经常产生悲哀、沮丧的消极情绪，失去对自我的肯定。

2. 情绪

8岁左右开始，儿童慢慢地懂得他们在一件事情上能体验到不止一种情绪，这种情绪可能是消极的，也可能是积极的。儿童同时感受不同的情绪，使其意识到人们的情绪表达有时并不是他们真实的感受。儿童依赖表情、言语、身体动作等线索来识别他人的情绪；而对自己的情绪进行识别时，主要依靠自己的内部心理活动、身体反应及动作。到小学高年级阶段，儿童理解复杂情绪的能力提高，逐步懂得换位思考，能够更全面地思考情绪反应产生的原因，并随着情绪调节能力的发展，尝试控制自己的情绪体验。情绪调节能力较好的儿童在心境、共情和亲社会行为方面都是乐观向上的；而情绪调节能力较差的儿童则会冲动地宣泄消极情绪，影响到亲社会行为和同伴的接纳。性生理发育的个体差异也会引起这一年龄段儿童的情绪变化，发育较早的孩子在缺乏正确而及时的性教育时，个体容易陷入焦虑、抑郁情绪中，并且伴有明显的情绪波动。例如，他们会担心自己和大多数人不同。女孩会恐惧月经的来临；男孩对遗精感到疑惑，甚至怀疑自己是否患病。

3. 道德

道德是调整人与人之间以及个人与社会之间关系的行为规范的总和。童年期，随着认知的发展，道德情感日益丰富，并影响着道德行为。根据皮亚杰的道德发展理论，小学低年级的儿童认为规则、规范是由权威人物制定的，不能改变，必须严格遵守；对行为好坏的评定，只根据后果，而不是根据行为者的动机。小学高年级的儿童则会更多地基于自己和同伴之间的关系，进行自律的道德判断。小学儿童道德认知特点体现为道德理解力和判断力。在小学低年级，学生能理解一些道德概念，但其理解水平停留在表面，看不到本质，常把谨慎和胆小、勇敢和鲁莽等行为混淆。在小学四年级的时候，儿童的理解尽管还需要一定的形象材料做支柱，但已经有一定的道德概括水平。儿童很早就已经表现出了亲社会行为。在教育的影响下，随着儿童年龄的增长，他们会不断接受各种社会强化，亲社会行为呈现逐渐增长的趋势。另外，在进入小学以后，儿童欺负行为的发生率会随着年级升高而下降，这可能是由于儿童的社会认知能力的提高，他们能够较好地区分偶然的和有目的的激怒行为，并学会宽容他人无意识的伤害行为，对有意识的攻击行为也常常不再直接进行反击，而是还以非身体攻击的言语攻击。欺负的性别差异体现在男生以直接身体欺负为主，女生以直接言语欺负为主。

4. 同伴交往

童年期的社会交往主要是指儿童与同龄伙伴的交往。小学儿童的归属感从家庭向同伴社会转移，从同伴中得到友谊、支持和尊重成为他们必需的精神寄托。他们在与同龄伙伴的交往过程中逐渐认识自己在同伴中的形象和地位，也了解他人的各种特点；学会处理同伴之间矛盾和冲突的解决策略；学会如何坚持个人的主张或放弃自己的意见；学会在同伴交往中传递信息的技能，并善于利用各种信息决定自己对他人应采取的行为等社交能力。在同伴交往中受欢迎的儿童往往学习成绩好，有主见，独立活动能力强，热情而乐于助人，善于交往与合作；不受欢迎的儿童往往具有攻击性，对人不友好，不尊重同伴，缺乏合作精神，常常出一些不良主意和喜欢恶作剧；受忽视的儿童往往表现为退缩、安静，有依赖性或顺从性，既不为同伴喜欢，也不被同伴讨厌。

二、童年期的性心理发展

儿童性心理的发展受生理因素和社会因素两方面的影响。生理因素是心理发展的物质基础。在性的发展过程中具有决定作用的生理因素包括生殖系统的结构、体内激素的产生、生理成熟的程度等。生理成熟程度会影响儿童心理的发展，如果一个女孩比同龄的人长得过高，她就可能觉得自己不符合理想的性角色。儿童性心理还受社会生活条件的影响，如家庭环境、父母的自身表现和教育方式、结交的朋友、社会风气、文化宣传等都会在儿童性心理上打下烙印。

（一）5~8岁儿童性发育及行为特点

1. 与性有关的问题

弗洛伊德认为，从6岁至青春期是性问题的潜伏阶段，人们通常会认为这个时期的孩子正忙于智能和社会性方面的成长，对性不感兴趣。不过，经常与孩子打交道的父母与教师仍然可以从儿童的言行中发现他们对性的问题非常感兴趣，会好奇、困惑，产生烦恼。

正如弗洛伊德在《性学三论》中提到的，在性活动完全或部分潜伏的时候，那些随后会阻碍性冲动发展的精神力量（厌恶感、羞耻感、审美和道德上的理想化要求等）也已经完全成型。它们就像堤坝一样，为性冲动的活动设置障碍，但性欲这条河流依然在源源不断地流淌，只不过其所有或是绝大部分的能量却早已脱离了原来的性目标，被挪作他用。

有研究者对11000多名2~12岁的孩子进行了研究，这些孩子的母亲表示她们都观察到孩子有性方面的行为。例如，在6~9岁的男孩中，有14%的仍然当众摸自己的生殖器，有40%的会在家这么做，有20%的想办法看人的裸体，有8%的想看电视中的裸体，还有14%的对女孩非常感兴趣。对于这个年龄段的女孩，妈妈们也观察到有性行为的表现：有20%的摸过自己的生殖器，有20%的想办法看人的裸体，有8%的想看电视中的裸体，还有14%的对男孩非常感兴趣。在学校里我们还能观察到有个别的男孩会摸自己的生殖器，会用亲吻、拥抱、抚摸来表达对某个女孩的好感；有的孩子用语言或写字条的方式来表达对他人的喜欢。

5~8岁儿童作为有性别意识的人继续成长着，他们会对自己观察到的一些与性有关的现象（如高年级男孩变声、女孩身体发育等）产生疑问，对怀孕和生育非常好奇。小学低年级的孩子对宝宝是从"哪儿"来的兴趣变淡了，开始对宝宝是"如何"被制造出来的更感兴趣。我们可以向孩子介绍性交的概念，但有一些非常重要的内容需要强调：①要让孩子了解，性交不只是为了产生小宝宝，它也是爱和快乐的表现；②同时介绍一些有关控制生育的内容，比如人们可以选择是否要孩子、什么时候要以及想要多少个孩子等；③不刻意强调怀孕和婚姻之间的关联也很重要。

2. 与性有关的游戏

在整个小学低年级阶段，性游戏都在继续。一年级的孩子喜欢相互追逐打闹，躲避的主要场所是学校的卫生间，经常会有一大帮孩子堵在卫生间门口，想进而不敢进，又或是被其他人推进去之后感到非常不好意思。男孩和女孩之间会玩"结婚"的游戏，扮演"老公"或"老婆"的角色，有时会出现亲吻、抚摸的行为。到小学二、三年级，大多数孩子能更好地照料自己，可以确保性游戏不被大人发现。有些男孩会开发一些触碰对方生殖器官的游戏，故意脱别人的裤子，或是在住校寝室里模仿成人的性交行为。

这些游戏让教师和家长感到头疼，因为他们无法判断这样的游戏是无害还是有问题的。哈夫纳在《从尿布到约会：家长指南之养育性健康的儿童（从婴儿期到初中）》一书中提出了判断标准（具体内容见表6-1）。

表6-1 关于判断学龄前和小学低年级儿童性游戏是否有问题的标准

参考内容	正常的	有问题的
儿童的年龄	相近	间隔3岁以上
儿童看起来	咯咯笑，好奇，快乐	侵犯性的，恼怒的，害怕的，退缩的
活动	不穿衣服，玩"扮医生"或"你给我看你的，我就给你看我的"游戏	口交，肛交，或阴道性交；用手指或物体穿插
在同父母讨论之后	行为停止	行为继续

在小学整个阶段发生与性有关的事，我们都可以用"旗帜系统"（具体内容见表6-2）来做出判断，并确定是否需要其他机构介入帮助（Sanderijn，荷兰，2016）。

表6-2 旗帜系统

判断指标	绿	橙	红	黑
发生事情的双方都同意	符合4个指标，正常	符合3个指标，提醒	符合2个指标，制止	符合2个以下指标，需要求助
做决定是自由的、自愿的				
行为发生时权力、年龄、体格平等（年龄差不超过3岁）				
符合当前的文化、语境				
行为表现符合其年龄特征				

3. 人际关系的发展

进入小学后，父母与儿童的交往关系就会发生变化，直接交往的时间明显减少，教养的内容也发生了变化，幼儿时期关注的重点是游戏、生活自理能力、情绪和兴趣等，小学阶段则转变为学习、同伴关系、情绪和兴趣。父母要将一定的决定权赋予儿童，在许多事情上儿童具有一定的选择权和决定权，这有利于训练儿童做决定的能力，发展移情能力和做正确的决定是建立成人性健康的基础的一部分。

儿童与父母的交往频率随年龄的增长而下降，与同龄伙伴的交往频率随年龄的增长而快速上升。童年期的友谊会为以后的人际关系奠定良好的基础。塞尔曼（Selman，1980）曾提出儿童的友谊发展阶段：3~7岁的时候，儿童还没有形成友谊的概念，认为和自己玩的人就是好朋友；4~9岁的儿童处于单向帮助关系，这个阶段的儿童会认为服从和满足自己的愿望与要求的伙伴则是自己的朋友,否则就不是朋友;6~12岁为双向帮助关系,儿童开始明白友谊需要双方的付出,但有功利性特点,被称为"顺利时的合作",但不能"共患难"。由此,我们可以观察到小学低年级儿童不论男生女生,都喜欢聚在一起玩耍,但也很容易发生矛盾;三年级时开始分为两个性别阵营,儿童更倾向于与自己同性别的伙伴一起玩,到五年级的时候达到顶峰,这一现象被称为性别隔离或"性别分化"。

小学阶段另一种常见现象是儿童之间的同伴团体,这种同伴团体为儿童提供了学习与同龄伙伴交往的机会。在团体中,儿童可以提高相互交往技能,学会按照同伴团体的标准建立适宜的反应模式来组织自己的反应。另外,同伴团体也为儿童提供了形成和评价自己概念的机会,同伴之间的反应与拒绝能使儿童对自己有更清楚的认知。

进入小学阶段后,儿童与教师之间的关系也是一种极为重要的人际关系。在儿童眼中,教师拥有权威性,对自己的老师充满了崇拜和敬畏。这也符合道德发展中皮亚杰所提出的道德发展规律。正是由于教师在儿童心目中的地位,教师会直接影响到儿童的很多方面。教师对学生能力的期望可能以客观的评价为基础,也可能来源于对特定类型学生的刻板印象或以往经验形成的偏见。有研究发现,积极的师生关系对小学生创造性思维和创新自我效能感有显著的正向预测作用,其能够通过创新效能感促进小学生的创造性思维。

4. 社会性别与认知

社会性别指与男女有关的社会属性和机遇,以及男性和女性之间、男孩和女孩之间、男人之间、女人之间的关系。这些属性、机遇和关系是社会建构的,并通过社会化过程而习得的。这样形成的男女性别上的区别,不是先天存在的,而是社会、文化及其制度造就的。

童年期的儿童由于受到父母、同伴和环境的影响,对性别角色的社会界定更加注意,他们对哪些是对男孩的期望、哪些是对女孩的期望有了更明确的意识,并在别人的赞许或批评中逐渐懂得了怎样做才符合自己的性别角色规范,同时用自己获取的社会刻板印象的内容来判断自己或他人。

其中,一些被视为"娘娘腔"的男孩或被视为"假小子"的女孩可能会面对被取笑和被社会孤立,特别是在他们的外形更像异性的情况下。事实上,与那些主动选择符合社会性别期望的孩子相比,这些孩子将面临更多的困扰和偏见。我们需要向孩子传达的重要信息是,我们爱他们,爱他们本来的模样。他们可以在不受传统性别分工、偏见及歧视限制的情况下,自由地做出自己的选择,自由地发展个人的能力,每个人都应该得到尊重。

(二) 9~12岁儿童性发育及行为特点

9~12岁儿童正进入青春期。青春期是指一个人从生理不成熟,发育至生理成熟的一个发展阶段,这是人从童年期向成年期过渡的重要阶段。生理成熟的表现是有性生育的能力。

1. 青春期男女性发育的差异

在青春期发育过程中，第二性征逐渐出现。第二性征是指除第一性征（生殖器官）之外，男性和女性在身体外形方面的不同特征。进入青春期后，女孩的乳房开始发育，出现淡淡的、稀疏的阴毛和腋毛，生殖区和腋下区域出现汗腺，开始迅速长高，皮肤变得光滑，声音变得高调尖细。内生殖器（卵巢、子宫、阴道）和外生殖器（阴唇、阴蒂）都开始增大，阴道开始分泌白带，具体内容见表6-3。

表6-3 女孩的青春期发展

青春期发展阶段	阴毛生长	乳房发育
1	无	无
2	稀疏的	小乳蕾
3	深一些，开始卷曲	乳房和乳头增大
4	粗，卷曲的，比成人量少	乳房继续发育
5	成人三角形	成熟，乳头突出

男孩在青春期也出现变化。他们也发育出了淡淡的、稀疏的阴毛和腋毛，汗腺开始发挥作用。在12~14岁，他们的阴茎和阴囊开始增大，睾丸开始变大，身体也开始迅速生长，出现肌肉，长胡须，喉结开始突出，声音变得浑厚低沉，具体内容见表6-4。

表6-4 男孩的青春期发展

青春期发展阶段	阴毛生长	阴茎/睾丸发育
1	无	像孩子一样
2	稀疏的	阴囊变红、长大，阴茎与小孩的一样
3	颜色更深，开始卷曲	阴茎长度增加，睾丸增大、颜色变深
4	粗，卷曲的，比成人量少	阴茎变长、变粗
5	成人	成人

2. 青春期男女不同的性生理现象

（1）女孩的月经。

月经是女孩青春期开始出现的一种正常的生理现象。它的形成与卵巢和子宫内膜的周期性变化有着密切关系。女孩一生下来，卵巢里就有几百万个原始卵泡，进入青春期逐步减少到50万个，此后卵巢的卵泡开始发育成熟，大约每个月便会有一个成熟的卵子由卵巢排出，称为"排卵"（一般在下次月经前14天左右排出）。同时在卵巢分泌的雌性激素作用下，子宫内膜会增厚、充血，为受孕做好准备。如果排出的卵子没有与精子结合，便会自行衰亡。这时，雌性激素撤退，增生的子宫内膜也会因失去雌性激素的作用而萎缩、剥落，血液伴随剥落的子宫内膜，经阴道排出体外，便形成了月经。

（2）男孩的遗精。

遗精是男孩青春期开始出现的一种正常的生理现象。进入青春期后，生殖器官逐步发育成熟，精子和精液不断产生，当精液积累到一定量时，在睡眠中自然流出，就叫遗精。遗精大多发生在睡眠中，由于常常伴有梦境，所以也称梦遗。

由于缺乏正确的性教育，同时受到传统观念——月经是羞耻的、不干净的、会伴随着疼痛；遗精会伤神、伤元气，"一滴精十滴血"的影响，月经初潮和首次遗精往往让孩子们感到不知所措，伴有惊慌和焦虑。因此，教师和家长需要为孩子们的青春期做好准备，帮助孩子正确面对身体的变化。

3. 青春期人际关系的发展

从小学五六年级开始，随着青春期生理的变化，儿童的心理开始发生变化，独立意识逐渐增强，表现出对事物有个人的看法和评判，在依赖父母的同时，有时又会有逆反的情绪和行为，使亲子关系出现危机。然而，这是孩子发展独立意识的表现，他们在此过程中能够学习如何做出判断和决定，因此成人需要调整与儿童的相处模式，给予他们信任和帮助。

与父母悖离相反，此时的他们更需要被同伴群体认同，注意力集中在与同伴的关系上。同时，与异性的关系也在发生着微妙的变化，在他们意识到身体发育带来的异性身心变化后，异性之间会相互疏远，有时会互不理睬，有时又会大动干戈。当有人把同性同学推进异性群体，会引起一阵阵哄笑；会给班级里的男生和女生进行配对，开始议论某男生和某女生在交往；会在同性群体中议论某一个异性，表达自己的好感或厌恶。他们开始意识到两性之间的差异，对异性感到神秘和好奇，但又担心异性近距离观察到自己身体的细微变化，同时受到传统观念影响，产生害羞的心理，少数人会表现出比较腼腆。

随着不断成长和学习，小学生会从环境、书本、同伴交往、家庭互动中探索和形成自己对爱情的认识和理解，并不断修正。伴随着青春期性发育，小学生开始有性吸引的萌芽，一些小学生在高年级开始会对同性或者异性产生性吸引，在这个过程中，他们也会不断探索自己的性倾向。这个探索过程存在明显的个体差异，一些个体在小学就会比较明确自己的性倾向，一些个体会在初中、高中甚至成年以后才能明确自己的性倾向。他们往往会将友谊、恋爱和爱情混在一起，会模仿恋爱形式的行为，关注自己所喜欢的对象，通过送小礼物、写情书等方式表达出来。这时候教师和家长则需要以积极、开放的态度，和孩子们自然地讨论这个话题，了解他们内心的真实想法，理解他们对亲密感的需求，给孩子提供正确而科学的知识。

4. 性别角色与悦纳

由于第二性征的发育和社会化，男孩和女孩会越来越明显地认识到异性之间的不同，性别角色被不断强化。我们不可否认，绝大部分男女在体能、性格、心智、性心理发展方面都存在着一定的差异，而这样的差异会使个别孩子无法悦纳自己的性别，他们会常说"自己是个男孩就好了"或"自己是个女孩就好了"。其中一些早发育者和晚发育者还会面临着特殊的挑战。那些在小学三、四年级乳房就发育起来的女孩可能会觉得有些尴尬，想隐藏自己发育的身体。她们可能被男女同学毫不留情地嘲笑，真的认为自己不正常。晚发育的男孩很有可能被同伴看不起，经常被嘲笑或调侃，他们会感到困窘或羞愧。我们会发现，有的女孩进入青春期后，并不喜欢自己身体的变化，她们会以含胸驼背的姿态或束胸来遮掩胸部的发育。因此，我们需要实施正确科学的性教育，以帮助学生更好地确认自己的性别角色，悦纳自己的性别。

第二节　小学性教育内容建议

　　教育部于 2007 年 2 月颁发了《中小学公共安全教育指导纲要》，2008 年 12 月颁发了《中小学健康教育指导纲要》。这两个纲要并不是专为性教育而颁布的，前者是为中小学开展安全教育制定的指导纲要，后者是为中小学开展健康教育而制定的指导纲要。但其中明确规定了从小学一年级到高中三年级性安全与性健康方面的教育内容，是我国两个明确规定了中小学各个学段性安全与性教育内容的重要文件。2012 年中国性学会在教育部颁发的《中小学健康教育指导纲要》基础上，总结国内进行性教育的经验，参考港台地区和国外性教育大纲及各种教材形成了《中国青少年性健康教育指导纲要（试行版）》，其中的重要依据是联合国教科文组织颁发的《国际性教育技术指导纲要（修订版）》（以下简称《技术纲要》）。

　　《技术纲要》从社会性别平等视角，提供对全面性教育的清晰理解，阐明全面性教育期望达到的积极成果，提出了 8 个核心概念，每个核心概念下又细分为 4 个年龄段（5~8 岁、9~12 岁、12~15 岁、15~18 岁及以上），适用于小学和中学阶段的学习者（具体内容可参见本书附录）。本节基于本土开展小学性教育的经验和依据，为小学性教育的开展提供了相应的课程设计建议以供参考，使用本书的读者可以在此基础之上，结合本校的实际情况进行再设计。

一、一至三年级性教育课程设计及目标简述

　　一至三年级性教育课程设计及目标简述见表 6-5。

表 6-5　一至三年级性教育课程设计及目标简述

年级	课程设计题目	目标简述
一年级上学期	认识我自己	了解自己，认识自己是一个"独立"的生命个体
	我的朋友	知道朋友有很多种，朋友之间的感情为"友谊"
	了解我们的身体	认识人的身体，知道男孩和女孩的外生殖器官不一样
	我从哪里来	了解精卵结合形成生命，能用自己的话正确描述"我从哪里来"
	胎儿的宫殿	知道"子宫"，初步了解孕育的过程

续表

年级	课程设计题目	目标简述
一年级下学期	我很特别，你也很特别	知道人与人之间存在差别，学习表达对他人的喜欢和尊重
	我有一个家	了解各类不同的家庭，知道家庭会发生变化
	男孩女孩不一样	知道男/女孩最根本的不同是生殖器官的不同，渗透社会性别意识
	身体的隐私部位	认识和正确标记男/女孩的身体隐私部位
	身体隐私的保护与尊重	正确描述身体的隐私部位，懂得保护和尊重
二年级上学期	朋友的影响	知道朋友会对自己产生不同的影响，初步区分影响的好与坏
	形式多样的沟通	了解多种不同的沟通方式
	学会倾听	懂得倾听的重要性，学习基本的倾听技能
	学习做决定	了解和学习做决定的"3C"模式，练习清楚地表达"是"和"不"
	我的身体感觉	知道描述身体感觉的词语，能对不同的感觉做出不同的回应
二年级下学期	男孩的身体	了解男孩的外生殖器官，学习保护和清洁
	女孩的身体	了解女孩的外生殖器官，学习保护和清洁
	我们一样棒	感知社会性别，建立男女平等意识，学习悦纳自己的性别
	传媒与我	列举不同形式的媒介，能初步识别与性有关的内容
	健康小卫士	能描述"健康"，区分"健康"和"不健康"的表现
三年级上学期	我是家庭的一员	能够理解"家庭"和"婚姻"的概念，知道自己在家庭中的权利、义务和责任
	怎样做朋友	明白友谊建立在信任、分享等之上，学习维护友谊的方法
	敢于拒绝	学习和练习拒绝的方式
	身体红绿灯	识别身体的禁区、警戒区和安全区，增强身体防范意识
	性话题这样谈	初步感知什么是性话题，明确性话题交流的方式、场合、对象、原则
三年级下学期	不一样的价值观	感性理解价值观的概念，知道每个人的价值观是不一样的
	处理愤怒的方法	了解人的基本情绪，练习处理愤怒的方法
	成长中的变化	初步了解男女生成长过程中身体的变化，知道第二性征
	有的疾病会传染	初步认识免疫系统，了解传染病方面的知识
	认识艾滋	知道什么是艾滋病，了解艾滋病的基础知识

二、四至六年级性教育课程设计及目标简述

四至六年级性教育课程设计及目标简述见表6-6。

表6-6 四至六年级性教育课程设计及目标简述

年级	课程设计题目	目标简述
四年级上学期	风雨同舟我的家	能够描述不同家庭成员的角色、权利和责任
	关系知多少	了解自己在家庭和学校中存在的各种人际关系，懂得以不同的方式表达感情
	飘扬的红丝带——了解艾滋	了解艾滋病的传播途径与条件，初步形成尊重和关爱态度
	尊重不一样的他/她	能够区分偏见、欺凌、羞辱等现象，能够提供帮助
四年级下学期	做独特的自己	知道社会和文化对性别角色的影响
	我的身体我做主（一）	识别"非自愿的性关注"，能够坚定而自信地拒绝性关系
	我的身体我做主（二）	明确青春期对身体隐私的自我保护
	人人享有权利	了解儿童享有的权利，形成尊重他人权利的意识
	如果我来做爸妈	理解婚姻是亲密关系的长期承诺，了解成年人成为父母的多种方式
五年级上学期	青春期那些事之身体发育	认识男/女的内生殖系统，知道"月经"和"遗精"的形成
	青春期那些事之生命密码	了解怀孕和避孕的知识
	青春期那些事之卫生保健	了解和掌握青春期卫生和保健知识
	寻找别样的美	知道外貌会变化，认同一个人的价值不是由外貌来决定的
	五彩缤纷的世界	性的多元化理解，表达尊重与包容
五年级下学期	有爱也会爱	练习交往技能，学习得体地表达爱与赞美
	有效交流	建立有效交流的意识，练习交流的技能
	怎么做决策	练习运用"3C"模式做集体决策
	有所为有所不为	抵御同伴压力，学习策略性拒绝的方法
六年级上学期	我还不想当爸妈	了解常见的避孕措施
	让"艾"有爱	积极面对和提供支持
	保护自己免受侵害	了解和识别性侵害，避免让自己身处险境
	反对欺凌，友好相处	预防校园欺凌，自觉抵制欺凌行为
	支持，我会找	建立自己的支持系统
六年级下学期	媒体中的性信息	了解性信息的概念和类别，学习区分不良信息
	媒体男女	了解媒体中的男女形象，能与现实进行区分
	迈向青春，走向成熟	知道青春发育期对性魅力和性刺激产生反应是正常现象
	青春的悸动	了解青春期的心理变化，学习探索自己身体的正确行为

第三节 小学性教育策略与方法

儿童的成长伴随着性的发展，儿童的性发展平行于其他的行为同时发生，但由于受到传统观念的影响，与性有关的教育开展受到了很大的束缚。即便是这样，儿童对性的好奇并没有减弱，当他们在询问父母、教师而得不到答案的情况下，同伴、媒体、网络等渠道渗透的性信息则会代替科学的性教育，影响着孩子对性的认识、态度和价值观。

这一小节将介绍有关小学性教育的策略与方法，以帮助教师能在小学校园里更加顺利地开展有关性教育的工作，将不同年龄段的学习要点更形象、更直观地呈现在儿童面前，使其具备一定的知识、技能、态度和价值观。

一、小学性教育的策略

（一）获得家长的信任，得到认同

1. 换位思考，选好第一课

案例：

某校 2007 年第一次将性教育引进小学课堂。授课对象为四年级学生，主要内容是"认识我们的身体——男女外生殖器官"，个别家长因无法接受，不能理解为何要将如此私密的话题放入课堂，而当场离开。此后，学校的性教育多以学科渗透的形式开展。2010 年，该校再次面对家长和同行开展性教育的教研活动，并将一年级的"保护身体隐私"和六年级的"异性文明交往"作为授课内容，得到了家长和同行的一致认同，并积极表达了对性教育的认可和接纳。

解析：

同一所学校，时隔三年时间，第二次课堂明显得到了家长积极的反馈，其中不排除随着社会的发展而引起的对性的认识的转变，而另一个更重要的原因是学校选取了当下家长们非常关心的话题——儿童的自我保护和青春期的异性交往。6 岁的孩子走进小学后，逐步学习自己洗澡、与父母分房睡觉，在学校将独立面对和同伴之间的交往，需要建立身体的界限、隐私、安全、保护的意识；11 岁的孩子已经或即将步入青春期，如何处理好与同伴的关系，如何与异性相处，如何与父母更好地沟通……这些都是家长们即将面临和亟待解决的问题。站在家长的立场，选好面向家长的第一课，是推动小学性教育有效开展的第一步。

2. 拟定知情书，呈现授课内容

目前，我国没有开发小学性教育的教材，教师只能参考权威文献和各地区积累的教学设计制定课堂实施的具体内容，因此我们可以通过制定家长知情书的形式，免除家长的担忧。当教师接手一个新的班级或开始一个新的学期时，可以根据本年段性教育的内容拟定一份比较详细的家长知情书，包括"小学性教育的重要性阐述、本期的性教育课程内容及目标、每个课程的简要说明、家长孩子签署是否同意"四个主要板块。这样做的好处是：家长可以通过知情书了解自己的孩子将接受怎样的性教育，对内容和尺度都有所把握；通过系统的介绍，家长能看到执教老师的专业性，对小学性教育的内容也有全新的科学认识，不会片面狭隘地解读；教师可以通过家长知情书的签署情况，了解家长对学校进行性教育的态度，以及对自己孩子性发育方面的关注度，有利于教师开展后续工作。

范例：

家长知情书

尊敬的家长：

您好!祝贺您的孩子进入了四年级，他的身体在成长，心理也在成长，我们将一同携手孩子继续去探索人本身的秘密。在本学期我们将根据《国际性教育技术指导纲要》，结合四川地区所开发的小学性教育课程内容，围绕"隐私、身体、信息、决策"四个主题展开讨论交流，当然也非常欢迎您的积极参与！以下为相应的课程安排：

主题一："我的身体我做主"

要点：认识人身体的禁区、警戒区和安全；感知自己的身体界限，对不当接触表示拒绝；能够识别"非自愿的性关注"，并能示范坚定而自信地捍卫隐私。

主题二："男孩的秘密""女孩的秘密"

要点：认识男女内外生殖器官的名称及功能，学习外生殖器官的保护与清洁。

……

以上四个主题共五次课程，预计每次课程为60分钟。课前有学习约定，课后有问题收集，作为孩子的父母，期待您能在每次课程结束后，充当学习者与您的孩子分享交流，了解他的学习态度和学习收获。同时要特别嘱托您尊重孩子对自己、周围事物的认识，不要误导、误判孩子的认识，更不要做道德性的判断，如有意见可与我沟通。请您在下面签署您的意见及姓名，谢谢！

是否同意上课：_____   学生姓名：_____
　　　　　　　　　　　　　　家长姓名：_____

执教者：××老师
2018年9月9日

3. 开放课堂，指导家庭性教育

儿童性教育的第一任老师是父母。在孩子的成长过程中，他们会通过观察父母的言行，感受父母的关系，以及提出性的问题时父母的态度来建立自己对性的态度和价值观，所以每一个孩子对性的认识、态度和价值观都会有所不同，而这很大程度来源于父母的性教育。

在小学性教育的课堂上，我们建议通过开放课堂以达到亲子教育的目的。一方面家长可以通过课堂观察，察觉孩子的认知情况及敏感度，同时反思自己对这一性话题的认知和态度；另一方面家长能更全面地知道孩子在学校进行了哪些话题的讨论，自己该如何参与到课后的亲子交流中。对于一些非常认可性教育的家长来说，他们会在课后主动留下来，与教师交流自己的想法，提出家庭性教育的困惑或难题，分享一些解决办法，教师便可以利用这个机会适当开展家庭性教育指导。

（二）建立安全空间，尊重儿童

1. 履行保密约定，营造课堂的安全氛围

"性"本是一个敏感而私密的话题，我们在学校一个相对公开的环境以课堂的形式开展性教育，在交流讨论"性"的话题时，很容易谈论到个人隐私问题，所以无论我们给哪个年龄段的孩子开展性教育，都要在第一堂课时进行有效的课堂约定，并在以后的课堂中不断巩固，直至孩子们非常熟悉这一约定。

由于低年级孩子还没有能力制定一份较好的约定，对语言只有浅表的理解能力，所以我们可以用儿歌的方式告诉孩子课堂的约定，例如"大胆发言有礼貌，个人隐私要尊重；所学知识记心间，公开场所不谈论"，并通过朗读、击掌、鼓掌等形式达成认知的统一，相互约束，共同遵守（当然包括所有参与课堂的成年人）。课堂约定的作用在于帮助孩子建立隐私的意识，懂得自我保护，明白自己不愿意交流的信息可以拒绝；使孩子懂得约束自己的言行，不能选择某些话题来开玩笑，或是在公开的场合讨论"性"的话题；营造安全、平等、尊重的活动环境，使孩子在自我表达时没有心理负担，更有安全感。

而对于三年级以上的孩子，我们更需要他们自己制定一份课堂约定。每个孩子都要参与其中，提出自己对课堂的期待，说出能使自己觉得舒服的行为，如个人信息要保密、对每一个人要友好、在别人发言时不讨论等。约定达成一致后，可以记录张贴，鼓掌通过。人人参与制定的规则，才有助于人人遵守和相互约束。参与课堂的成年人，也要遵守课堂约定，保证课堂交流的安全。

2. 设置"问题盒子"，尊重儿童的个性思考

在每一堂课的最后，我们都可以以回顾的形式，让孩子梳理本堂课重要的知识点，并写下自己的收获或是产生的新问题，然后放入"问题盒子"中。这些问题可以留名，也可匿名。教师收集到这些问题后，可以针对共性问题在下一堂课中设计答疑环节，也可以将大家都很关心的问题设计到下一堂课的教学中。如果是个性问题，即仅一个孩子提出，或超出现阶段的学习范围，或与孩子的自身因素有关，那么对于这种不具有代表性的问题，我们可以不在下节课中提及，但可以提示提问的孩子"如果老师没有回答你的问题，你又特别想知道，可以在本节课再提这个问题，并署名，老师可以单独回复"。

学校性教育虽然有《技术纲要》指导，每个阶段有相对固定的内容和目标，但是我们一定不能忽视孩子的生活体验和感受，"问题盒子"可以帮助我们了解授课对象的性态度、性观念，了解他们从生活、家庭、同伴处获得的对"性"的认识，或是遇到的困惑。

（三）教学形式多样，重视核心知识技能

1. 授课方式灵活，不受时间地点的限制

学校性教育没有固定的课时，授课方式灵活多样：利用班会课有计划、有目的地开展专题课的教学；利用兴趣课（学生选修、社团）推行性教育；当学生产生有关"性"

的问题时，及时进行沟通；学生群体中出现与"性"有关的游戏和行为时，渗透性教育；当孩子们聚焦"性话题"的时候及时展开交流和指导；将每年的"12·1"世界艾滋病日定为固定活动日，组织学生团体制作宣传单，开展宣传活动等。一位优秀的小学性教育教师能将性教育渗透在校园生活的每一个片段里，完全突破课堂的教学范围。

2. 把准授课要点，重视核心知识与技能

开展小学性教育的专题课，是孩子获得科学、系统、全面的知识和技能的保证。目前大多数教师会利用班会以及心理、品德等课程来设计专题课。由于授课时间有限，教师会尽可能把同一主题的知识和技能要点放在一起展开教学，课堂容量大，内容多，上课的形式也多以讲授为主，孩子们没有时间表达、消化，更不用说形成技能。这样一来，小学性教育的课堂就变成了性生理知识的传授，而忽略了情感、态度和价值观的建立，弱化了沟通、决策、拒绝等技能的训练，达不到全面性教育的目的。所以，我们要根据教学时间和课程内容进行合理的规划，一个课时完成一个知识点或技能训练，鼓励孩子结合自己的生活经验进行交流，充分利用参与式活动调动孩子的感官体验感受。

二、小学性教育的方法

小学性教育的主要形式是互动的、以学生为中心的参与式教学。教师要依据《技术纲要》中拟定的学习主题和要点，参考符合本土文化背景的性教育内容（在第二小节中已做了较为详细的梳理），充分考虑儿童的年龄特点和性发育规律，尊重儿童的已知经验，把教学内容转换成生动形象、易于儿童接受的语言，并选择适宜的教学方法，设计有趣而有效的活动来推进教学过程。在此，我们将根据我国小学学段划分的特点，介绍与之相应的教学方法，以供大家参考。

（一）适合小学低段（6~8岁）儿童的方法

1. 绘本教学法

选择或绘制与教学主题相关的绘本，以讲故事的形式贯穿课堂，在讲述过程中引导学生进行猜测、问答，调动学生的已知经验展开交流。

系列绘本推荐：我爱我身体系列、生命的故事系列、健康与性教育童话绘本、学会自我保护亲子共读系列、萨琪小姐的故事系列等。

单本绘本推荐：《小鸡鸡的故事》《乳房的故事》《两个好朋友》《朱家的故事》《我从哪里来》等。

2. 活动体验法

结合教学的主要内容，制作有关的演示教具（头饰、卡片、贴纸、板贴、玩具、玩偶等）代替PPT的演示功能，让孩子能看得见、摸得着，产生实际的体验过程。例如，演示精卵结合时染色体的组合过程，可用卡纸剪出字母"X""Y"代表染色体；让两个孩子分别扮演含有"X""Y"的精子，一个孩子扮演含有"X"的卵子；两个孩子同时起跑，谁先到达"卵子"处，谁获胜，学生判断胎儿性别。

3. 绘画法

低段的孩子文字表达能力较弱，而绘画是他们常用并喜欢的方式，孩子们可以通过他们的绘画（"我的家庭""我的身体""我的子宫生活"等）来表达态度、情感以及内心真实的想法。

4. 图片模型演示法

选择符合此年龄段儿童能接受的手绘、卡通图片，利用图片来呈现讲授的内容，更有利于孩子理解。

5. 动画故事法

《大耳朵图图》《布克听听》《咕力咕力》《哈哈故事屋》等系列动画片或故事视频中也含有与"性"有关的话题，教师可以利用网络资源，选择和收集儿童喜欢的动画片作为课堂素材。

6. 游戏体验法

形式新颖、玩法简单的游戏深受儿童的喜欢，例如"精卵结合""体验孕妈妈""选择玩具"等游戏，既能帮助儿童理解某一个知识点，又能充分调动身体感官。

（二）适合小学中段（8~10岁）儿童的方法

1. 绘本教学法

中年级的绘本选择更偏向于友谊、家庭的话题，如《我有友情要出租》《团圆》等。教师可以借助绘本故事贯穿课堂，在讲故事的过程中进行话题讨论；可以选择绘本的一些片段进行讲述，以突出某个教学重点，突破教学难点。

2. 活动体验法

根据教学主题开展一些要求比较简单的活动体验，或情景表演来呈现小组的思考。如在教学"性可以这样谈"时，教师是这样做的：

技能训练：对性产生困惑时，应该怎么进行交流，并达成有效的交流呢？

事件：最近12岁的表姐来到小军的家里玩。小军看着两年没见的表姐，觉得她变了——胸部和以前不一样了，有点微微的鼓了起来，他很好奇，这是怎么回事呢？

人物：小军、妈妈、爸爸（或其他人）。

任务：小军决定找妈妈揭开谜底，可是又怕妈妈不会回答他，他该怎么去交流呢？

过程：学生分组演练，主动运用在前一环节学习的交流方法，恰当运用口头表达和书面表达，体会当主动交流遇到拒绝、回避的时候应该如何达成有效的交流。

3. 音乐绘画法

性教育过程中我们可以选取只有旋律的背景音乐，在儿童书写、绘画时营造轻松、舒适的氛围；可以选取《我有一个家》《青春修炼手册》等与教学主题相关的歌曲，用于引入课堂或激发情感；还可以选择一些有趣的旋律作为课堂计时使用。

4. 课前调查法

根据性教育的内容设计调查工作问卷，开展课前生活调查，为课堂交流提供更多的内容和依据。

5. 头脑风暴法

围绕一个话题展开讨论，记录小组里讨论的内容，展开交流。

6. 图片模型演示法

利用网络资源，选取与课堂内容相关的图片，尽量避开暴力、血腥等视觉冲击比较强的图片，也可以自己绘制模型，便于在活动中自由粘贴、拿取或演示。

7. 团队游戏法

与小学低段的儿童相比，小学中段的儿童已经能够开展一些有组织、有分工的团队活动，如热身活动"大风吹"、团队游戏"信任圈"等。

8. 动画故事和短视频演示法

通过动画故事或简短的视频了解某一个知识点、创设情境，如《如果树知道》《什么是艾滋病》短视频等。

(三) 适合小学高段 (10～12岁) 儿童的方法

1. 课前资料搜集法

搜集与课堂知识点相关的内容，如"媒体中的信息""艾滋病知多少"等，以儿童获得的经验或知识为基础开展交流活动。

2. 话题讨论法

针对某一个话题进行小组讨论，或是结合某一个故事情节进行交流。例如，讨论"随着年龄的增长，男/女生的身体发生了哪些变化"。

3. 课前课后调查法

课前调查搜集资料，如在给五年级学生上"社会性别——做怎样的自己"一课前，教师可组织学生调查祖辈、父辈眼中优秀异性的特质；课中无记名调查，现场统计，如在六年级"情感与责任"教学中，现场调查"是否有喜欢的人（YES/NO）"和"这种情感是否就是爱情（YES/NO）"；课后深入调查，如了解关于"家庭角色与分工""我们身边的欺凌现象"等。

4. 案例分析法

这是小学高段性教育中比较常用的方法，选用案例要具有真实性，尽量注明出处，对案例中出现的暴力、血腥场面进行适当的弱化，部分与"性"有关的描述要符合儿童的年龄特点，做适当的修改。

5. 情景模拟法

由学生课前或课中根据技能训练目标进行情景模拟，促进技能的形成。情景表演可以在课前排练完成，如利用情景表演"如何应对欺凌"，也可以在课中即兴表演，如"我的身体我做主"中模拟如何应对他人的不当要求。

6. 图片、视频演示法

关于内外生殖器官或反映与"性"有关的行为的图片，在小学整个阶段建议用绘画类的，不建议使用医学解剖图片或真实场景的照片；关于人物、事件、其他行为方面的图片，高年级可以偏向于真实照片。视频的选择要符合此年龄段孩子的特点，偏向于科普类、影视类、新闻类、采访类。

7. 问题辩论法

组织学生对最感兴趣或争议最大的话题进行辩论，通过正反双方的观点申辩，使儿童逐步形成对某一话题的清晰认识。教师可通过辩论的过程观察学生真实想法、思想变化、行为表现，从而促进自身教学内容和方法的有效转变。

本节主要介绍了小学性教育策略与方法。小学性教育的教学方法是多样的，很多方法也是1~6年级通用的。因为孩子的年龄特点不同，选择的资源类型有所不同，呈现方式有所变化，讨论交流的深度、广度也有所不同。小学低段我们更注重在情境创设中让孩子感知理解，在课堂上鼓励孩子们身体动起来；小学高段我们则更注重在分析模拟中让孩子深入思辨、练习技能，在课堂上鼓励孩子调动自己的已知经验让思维动起来，逐步形成科学、积极的性态度与价值观。

第四节 小学班主任工作与性教育

小学班主任是在学校中全面负责一个班学生思想、学习、健康和生活等工作的教师。班主任是一个班的组织者、领导者和教育者，也是一个班中全体任课教师教学、教育工作的协调者，更是沟通学校与家长、社区的桥梁。目前，我国在小学阶段未设有专职的性教育教师岗位，承担性教育的教师大都是心理教师或班主任，其中班主任因工作的特殊性质，与儿童接触的时间最长，频率最高，关系最亲密，其言行举止对儿童的影响也最为深厚。

本小节将从观念建立、个案辅导、团体教育、家校合作四个方面来阐述班主任在学校性教育工作中的育人作用。

一、更新性观念，了解儿童性教育

一个人对"性"的态度和价值观会受到家庭、社会和学校的影响，并在成长的过程中逐步形成。由于成长环境和接收信息的不同，我们每个人对"性"的认识和理解也就会不同。在对儿童实施性教育时，教师的性态度和价值观会通过言行潜移默化地传递给孩子，转而成为他的一部分。如果你是一名计划实施性教育的班主任，说明你对儿童性教育已经有了足够的重视，那么你还需要做好以下的准备。

（一）认识全面性教育

《国际性教育技术指导纲要（修订版）》（简称《技术纲要》）中指出："全面性教育

是一个基于课程，探讨性的认知、情感、身体和社会层面的意义的教学过程。其目的是使儿童和年轻人具备一定的知识、技能、态度和价值观，从而确保其健康、福祉和尊严。全面性教育培养相互尊重的社会关系和性关系，帮助儿童和年轻人学会思考他们的选择如何影响自身和他人的福祉，并终其一生懂得维护自身权益。"

现在仍有部分人认为小学不适合开展性教育，这是因为他们将性教育狭隘地理解为"性交教育"或"青春期教育"。而全面性教育的概念完全打破了人们对"性教育"最初的认识，它是以一个课程的形态出现，基于社会性别平等，基于人权理解之上，为儿童和年轻人提供全面的、准确的、循证的、适合年龄阶段的性信息。在循序渐进的学习过程中，鼓励学习者探索并建立对性与生殖健康的积极态度和价值观，帮助学习者树立自尊，提升批判性思维能力，强化公民意识，习得决策、沟通、协商、表达等为做出健康选择所必需的生活技能。

（二）了解性健康教师

专业的性健康教师要具备以下的特点：①非常乐意进行性教育；②尊重学生的底线，保持开放态度，不做道德评判；③有能力去创造一个安全、舒适的教学环境；④明确"三维"目标，使用参与式的教学方法；⑤接纳多元，并持中立态度；⑥有反思自己价值观的能力；⑦了解在性教育中的各种策略，以及采用策略后的后果；⑧能给出足够多的事实，让学生自己去选择。

小学班主任事务繁杂，有对儿童进行思想道德教育的责任，这一点很容易被代入性教育的过程中，一旦代入就不利于营造安全、舒适的教学环境，与儿童交流时会不自觉地进行道德判断，而将性教育课变成了思想道德教育课，从而失去儿童的信任。所以，我们有必要了解一名专业的性教育教师需要具备哪些特点，以此来反思自己的性态度与价值观，对照、调整自己的言行，以保证自己开展的性教育是正确、科学而全面的。

二、关注性问题，个案中巧妙育人

班主任特殊的工作性质，使其成为一天中与儿童接触时间最长，处理同伴间问题最多的教师，同时也是儿童在校园里最依赖、最信任的人。因此，班主任更容易发现和关注到儿童间有关"性"的问题，如低年级小男孩搂抱、亲吻小女孩，男女生之间互相追逐躲进厕所里，扮演爸爸妈妈过家家，玩自己的外生殖器官等；中年级男女之间互相抬杠，传播与"性"有关的信息，划分身体界限，不愿意进行异性组合等；高年级男女青春期的生理变化，"喜欢与恋爱"的讨论，异性间的吸引，写纸条，对网络性信息的好奇等。这些有关"性"的问题是小学阶段班主任常见的问题，具有儿童性教育意识的班主任便可抓住这些问题，进行个案辅导。

接下来，我们将以一个个案为例，阐述班主任育人过程中该如何实施性教育。

【个案再现】彤彤（女）和小江（男）是三年级学生。课间玩耍时，两人来到教学楼后面的一片矮树丛，在玩耍中小江把彤彤扑倒在地，并将手从衣领处伸进彤彤的衣服里,形形非常生气,喊了"救命",但小江并没有停止行为,其他人也没有听到形形的喊叫。后来,上课铃声响了,小江停止了行为,和形形一起回到了教室里。回家后,形形将事情的经过讲给父母听,并强调小江触摸了自己身体的隐私部位,自己非常不开心。

【处理过程】家长在第一时间与班主任取得了联系,将女儿反映的情况告诉了班主任,班主任的做法如下:

(1) 请形形的爸爸、妈妈到校,进一步了解孩子的情况和事情的经过,认真听取家长的想法,理解家长的担忧,做好家长和孩子的安抚工作。

(2) 运用"旗帜系统"(见本章第一节)的标准确定事件为需要提醒的情况,确定解决办法。

(3) 班主任介入教育前,需要告诉家长这是孩子对性的一种好奇,切勿站在道德评判的高度来看待孩子的行为。

(4) 班主任开展个案辅导:①分别与两个孩子进行沟通,了解事情的经过和儿童的感受;②请形形向小江表达自己不舒服的感受,并向对方提出自己的希望;③小江为自己的行为道歉,并讲述自己的想法;④借助绘本或图片,进一步强化身体隐私部位的概念,明确身体界限,增强保护和尊重的意识。在个案辅导期间,应两个孩子的要求,进一步讲述了身体隐私部位器官的知识,用科学的知识讲解满足了孩子对异性身体的好奇。

(5) 个案辅导后,向双方家长反馈了孩子目前的情况,并针对孩子可能出现的疑惑,进一步与家长进行沟通,为日后的亲子交流做好铺垫。

【案例分析】班主任在处理这一个案的时候,首先站在"尊重学生的底线,保持开放态度,不做道德评判"的角度给家长做了良好的示范;然后在充分了解事情经过的基础上,为孩子营造了一个安全、舒适的交流环境,并将身体隐私、身体界限的知识,尊重、保护的态度,学会拒绝与求助的技能等融入问题解决中,取得了很好的育人效果。

三、遴选性话题,团体中普及知识

很显然,结合个案开展性教育能帮助到一些"特殊"的孩子。这些孩子与同龄人相比,表现得更加关注与"性"有关的话题,想要通过与"性"有关的语言或行为来引起大家的注意或是满足自己的好奇心。但是,对于大多数孩子来说,他们会更加隐蔽地表达自己对性的好奇与探索,这并不代表他们不需要性教育,相反,作为和孩子们关系密切的班主任更应该确保每个孩子都能参与到性教育中来,以帮助孩子形成积极向上的性态度和价值观,懂得自我保护和尊重他人。

如果能获得学校支持,在师资和时间都能得到保障的情况下,我们当然希望班主任可以实施全面性教育的所有内容,确保孩子享受科学、全面、系统的性教育过程。但就目前而言,小学性教育的推动在学校里仍然比较艰难,为此我们将给出一些主题以供班主任选择,开展教学活动。我们把这几个主题列为保底的性教育内容(具体内容见表6-7),希望能为儿童的成长提供一定的帮助。

表 6-7 小学性教育主题、内容和目标

主题	课时	内容	目标
主题一：认识和保护身体的隐私部位（适用于低段）	第一课时	认识男/女的身体隐私部位	知道什么是身体隐私，能正确标出男/女身体的隐私部位
	第二课时	保护和尊重身体隐私部位	懂得在生活、游戏中自我保护，并同时尊重他人的身体隐私
	第三课时	利用绘本故事，练习做决定	能够根据故事情节做出正确的决定，并感知决定的后果
主题二：男孩女孩一样棒（适用于中段）	第一课时	男孩的秘密	男性外生殖器官的认识、清洁与保护
	第二课时	女孩的秘密	女性外生殖器官的认识、清洁与保护
	第三课时	性是可以交流的	能够正确选择性话题交流的场合、场所、对象，运用不同的形式向信任的人交流"性话题"
主题三：我的身体我做主（适用于中段）	第一课时	身体"红绿灯"	识别自己和他人的身体界限
	第二课时	儿童性健康权	识别侵权行为，维护自己的权利
	第三课时	性的自我保护与求助	辨析自身言行中的利弊，掌握性的自我保护方法和求助途径
主题四：青春期的故事（适用于高段）	第一课时	青春期的生理变化	了解第二性征，掌握月经和遗精的知识
	第二课时	青春期的自我保健	掌握青春期的隐私保护和卫生保健
	第三课时	情感与责任	了解怀孕和避孕，建立责任和法律意识

四个主题，十二个课时，《技术纲要》中的八个核心概念都有所涉及，但偏向于性生理、性保护的话题。班主任在教学中要尽可能将全面性教育的理念贯穿始终，并通过仅有的课程获得儿童的信任，帮助儿童建立与"性"有关的支持系统，渗透积极向上的性态度和价值观。在主题教育的实施过程中，教师一定要从知识、态度、技能三个维度确定目标，以保证一个主题的完整性。

四、借助家长群，推动家庭性教育

与学科教师不同，班主任是学校与家长沟通的桥梁，也是儿童与家长沟通的桥梁。作为想要推广学校性教育的班主任，除了将全面性教育的理念引进课堂，开展适合儿童的性教育，还可以通过问卷调查的形式，初步了解家长对性教育的认识和理解，充分调动家长的力量来推动性教育的实施。根据问卷调查结果，我们可以将家长分为三类。

第一类家长有医学、心理、性教育、法学等知识背景，本身对性教育持有积极、开放的态度，并在家庭教育中能够主动关注儿童的性问题，建立安全、轻松的交流氛围，能够成为很好的家庭性教育实施者。我们可以主动邀请他们进课堂与孩子交流有关性的话题，同时在家长群中分享他们的育儿经验，解答其他家长在性教育方面的困惑。

第二类家长自身没有接受过性教育，但其对性教育抱有积极、开放的态度，非常重视对孩子的性教育，想要解决儿童成长中的性问题。他们会通过各种渠道了解性教育的信息，主动邀请有关儿童性教育的研究者或学校性教育的实施者为儿童提供专业的指导，班主任则需要提供场地和教学时间，同时主动参与到性教育的过程中，为课后的辅导与跟进做好准备。

  第三类家长因为受到传统观念的影响和自身性教育的缺失，片面化理解儿童性教育，面对孩子的性问题时，常常采用回避、转移话题等方式来应对。对此，班主任需要主动与其进行沟通，邀请其参与到课堂教学、专家讲座中，促进自身观念的更新，建立科学、正确的性态度和价值观。

  良好的家庭性教育，能协助孩子充实性知识、消除性困惑；能传递正确的性观念、两性平等的价值观；能建立开明、健康的性态度，促进亲子关系，减少受传媒及外界不良性信息的影响。当学校性教育得不到有效实施的情况下，班主任可以利用家长会、个别谈话、线上解疑等多种形式将全面性教育的理念渗透到家庭教育中，积极推动家庭性教育的开展。

第七章 中学性教育指导

本章学习要求：
1. 了解中学阶段青少年性生理、性心理、性行为的特点。
2. 理解与掌握中学阶段性教育的主要内容。
3. 了解中学阶段性教育的教学策略。
4. 了解中学班主任在学校教育中如何开展性教育工作。

第一节 中学阶段青少年性发育特点

青春期的分期至今尚无统一的标准，我国将青春期划分为三个阶段：第一阶段为青春期前期（10~13岁），为生长发育最快的阶段；第二阶段为青春期中期（13~17岁），此时第一、二性征显著发育；第三阶段为青春期后期（17~20岁），发育渐缓并发育成熟。中学阶段的性教育对象是年龄在11、12岁至17、18岁之间的青少年，他们大多处于青春期前中期，处在生理、心理迅速发展和突变的转折时期。本节将从中学阶段青少年性生理、性心理、性行为三个方面入手来论述中学阶段青少年性发育的特点。

一、中学阶段青少年性生理发育特点

中学阶段是青少年生理发育的鼎盛时期，这时机体新陈代谢能力极强，身体快速发育，身高与体重增长迅速，身体形态逐渐接近成年期而趋于定型。与此同时，青少年随着性腺的成熟，性激素的分泌增加，出现了第二性征，性器官迅速发育，性功能也趋向成熟。

（一）中学阶段男生性生理发育特点

1. 性器官的发育

中学阶段，男生的睾丸迅速发育，到了成年就如鸽子蛋大小，一般左侧的睾丸比右侧的大一些，也比右侧低一些。精曲小管长度及曲折程度增加，管腔增粗，管壁基膜上的精原细胞不断分裂增殖，出现各期生精细胞，最后产生精子；精曲小管之间的组织中的间质细胞则分泌大量的雄激素和少的雌激素。输精管道（附睾、输精管和射精管）管腔逐渐变粗、增长，精囊至青春期迅速增大而形成囊状并分泌少量精囊液，有利于精子

的正常活动。在13岁时阴茎开始增大,至发育成熟时的长度一般6~10cm(成熟男子的阴茎勃起时的长度一般在8~18cm)。

2. 第二性征的发育

进入青春期个体会出现第二性征。男生主要表现为喉结突出、嗓音低沉、体格变大、肌肉发达、唇部出现胡须、周身出现多而密的汗毛、出现了腋毛和阴毛。据调查,男孩阴毛开始发育最早为11岁,16岁时98%的男生均已发育,其中少数男生于13~14岁时即已达到成熟期。腋毛发育一般比阴毛晚1~2年,但也有少数男生腋毛发育早于阴毛,最早出现者为13岁,有些早发育者于15岁即达到成熟期,18岁时95.90%有腋毛发育。腋毛出现后1年左右,唇颏部开始长出胡须,额部发际后移,逐步形成男性成人面貌。在腋毛出现的同时,有1/3~1/2的男生乳房也发育,经常是一侧,有时两侧都有,表现为乳头突出,偶然在乳晕下有硬块,少数有轻微触痛,数月后即消失。这是正常现象,可能与雌激素分泌过多有关,如果在半年至1年内还不消失则应就医检查。声音的发育一般可分为未变声、正变声及已变声三种,喉结则可区分为未突出及突出两种。喉结突起是男性特有的第二性征表现,从12岁开始,18岁时有喉结突起者占97.30%。声音变粗开始于13岁,18岁时达98.60%,各年龄出现声音变粗的人数百分比与喉结突起者相吻合。

3. 遗精现象

遗精是男性进入青春期后,在无性交状态下于睡梦中自然出现的射精现象,这是"精满自溢"的正常生理表现。男孩到13~15岁以后,性器官及第二性征的发育加快,不知不觉地开始对异性产生特殊的情感或性欲。在入睡后如有性的刺激(如做梦),或外部性器官局部由于包皮垢的刺激、内裤过紧或仰卧睡觉时被子过重压在外部性器官上的刺激,皆可引起反射性遗精。

(二)中学阶段女生性生理发育特点

1. 性器官的发育

到了中学阶段,进入青春期中期,在促卵泡激素、促黄体素及性激素作用下,内外部性器官迅速发育,并与其他的身体系统共同进入成熟阶段。卵巢发育不断增大,其皮质内出现发育程度不同的卵泡,表面也因排卵而逐渐变得凹凸不平。成熟卵巢一方面具有周期性的排卵功能,另一方面在卵泡成熟和黄体生成的过程中还不断分泌雌激素、孕激素和少量的雄激素,使性器官得以迅速发育。子宫发育从10~18岁持续加速,长度增加一倍,宫体明显增大,宫颈相对变短,青春期开始后,受卵巢激素的影响,子宫内膜呈周期性改变,并出现月经。阴道变长变宽,颜色变为灰色,在卵巢逐渐发育并分泌雌激素的影响下黏液腺发育,开始有阴道分泌物排出,阴道分泌物由碱性变为酸性。与此同时,外部性器官也从幼嫩型变为成人型,如阴阜隆起、阴毛出现、大阴唇变肥厚、小阴唇变大,并出现色素沉着。

2. 第二性征的发育

(1)乳房。乳房的发育在女性第二性征发育中最早出现,多数在13岁左右开始。

到了中学阶段，乳房和乳头隆起如小丘状，乳晕直径增大，是乳房发育的第一个象征。逐渐地，乳房和乳晕进一步增大，隆起的圆形轮廓颇似小型的成年乳房。后期，乳晕和乳头进一步增大，到了成年期，具有光滑的圆形轮廓。

（2）阴毛。阴毛发育的时间多数与乳房开始发育的时间相近，有些女孩阴毛出现与乳房发育时间间隔很长，甚至在乳房发育成熟期才出现。

（3）腋毛。腋毛的发育通常在乳房发育时出现，极少数女孩的腋毛发育可早于乳房发育，腋毛出现一般在阴毛出现半年至一年以后。

3. 月经初潮

月经初潮是女孩生理成熟的重要标志之一，但初潮时卵巢功能并不稳定，故初潮后月经周期不规律，约在一年内才逐步规律来潮，如月经周期延长到 6 个月以上或一次经期超过 11 天，均属不正常现象。月经初潮与第一次排卵有一定的间隔期。月经初潮后一年内开始排卵者仅占 18%，初潮后 1~3 年无排卵均属正常现象，这期间为正常生理不孕期。无排卵的月经一般无下腹痛，经期体温维持正常，出血为雌激素骤然减少分泌之故，子宫内膜仍处于增殖期。有排卵的月经，常伴有轻微的下腹痛，子宫内膜呈增殖期及分泌期改变，尿中由孕激素转化而成的孕二醇呈现阳性，表明发生了排卵和形成了黄体。近年来甚至还发现，女孩月经初潮出现的年龄明显提前了。

二、中学阶段青少年性心理发育特点

性心理，指人在性方面的心理现象，是性意识、性欲望、性观念、性情感以及性幻想等心理活动的总和。随着性生理的成熟，中学生的性心理方面也开始萌动与发展。

（一）赫洛克的性心理发展理论

美国心理学家赫洛克将青少年期的性心理发展分为四个时期：

1. 疏远期（12~14 岁）

青少年通过自己的生理发育变化发现人类的性生理奥秘，进而产生对性的不安、害羞和反感，认为恋爱是不纯洁的表现，对异性采取回避、冷淡、粗暴的态度。

2. 牛犊恋期（14~16 岁）

这一时期的青少年以崇拜年长者为主要特点。他们周围的年长者，无论是容貌、学习能力、体育运动、人格或其他方面，都对他们具有强烈的吸引力。向往的对象为异性时，则把这种崇拜称为迷恋，如果是同性则是英雄崇拜。他们往往倾倒于所向往的年长者的一举一动，对所向往的年长异性想入非非。

3. 狂热期（17~19 岁）

青少年的向往对象转为年龄相仿的异性，他们设法引起异性对自己的注意。但由于双方都具有理想主义倾向，自我意识太强，所以冲突会增多，经常变换向往对象。

4. 恋爱期（20 岁以后）

浪漫恋爱的显著标志是爱情集中于一个异性，对其他异性的关注明显减少。不愿意参加集体性社会活动，经常陷入结婚的幻想之中。

（二）青少年性心理发育特点

1. 对性的困扰

进入青春期，第二性征开始出现，中学生会面临性体象意识方面的困扰。男生会对自己出现的第二性征感到害羞、不安和不能理解；而女生则会因为乳房的发育对自己不满意，为自己体形的变化而感到烦恼。身体上的变化以及青春期对他人评价的特别在意，导致他们在体象和自信心方面可能都会出现问题。随着性生理的发展成熟，个体的性意识也开始觉醒。青少年时期较为常见的是性意识方面的困扰，如被异性吸引、常想到性问题、性幻想和性梦等。大多数青少年能在教师和家长的帮助下以及自我调节后正确对待这些问题，但还是有少数青少年因为对性心理方面的认知不够而产生困惑。同时，青少年对于自慰行为也会产生困惑，自慰者大多会产生自责心理，担心自慰后会产生性功能障碍以及会影响将来的生育。

2. 对性知识的强烈渴求

处于中学阶段的青少年，注意到自己性成熟的各种变化，对性产生了强烈的好奇心，渴望了解性的有关知识，为解心中之惑。对青少年这种普遍的、正常的性心理，社会、学校、家庭若不在理解的基础上加以引导，反而对于一切性信息予以隔离，就会强化他们的好奇心，使他们以极大的兴趣从同伴、书籍、影视传媒等各种途径收集和了解性信息、性知识，因而很容易遭受各种非科学的、不健康性知识的侵蚀；同时，也让他们觉得性是羞耻、丑恶的东西，对自己内心的性渴望产生不安的感觉，为以后的性心理障碍埋下隐患。

3. 性意识的强烈性与表现上的伪装性

到了中学阶段，青少年在性激素的刺激下，产生了强烈的性意识，也十分渴望体验性的新奇和欢愉。但是，由于社会对待性的贬抑和禁锢态度，以及青少年正处在以学习为主要任务的中学阶段，他们对性的强烈兴趣只能以一些委婉的方式予以表达：喜欢议论性爱的问题，抄写爱情的诗句，哼唱表达爱情的歌曲，给自己周围的同龄人"配对"等。在与异性相处的时候，他们明白将自己对异性和性的强烈兴趣流露出来，意味着被人耻笑和蔑视，甚至会受到长辈的严厉惩罚。潜意识的自我防御机制让他们把自己内心的欲望反向表达。因而，他们在异性面前表现得冷淡、不屑一顾或刻意回避，甚至对于自己心仪的异性表现出极度的厌恶。这种矛盾心理往往在其内心产生强烈的焦虑感。这也是青春期青少年情绪波动、叛逆执拗的原因之一。

4. 性倾向的探索

一般而言，性倾向的形成是在青春早期，也有研究者认为个体性取向的形成时期可能更早。性倾向包括两个方面：自我标示和表露。自我标示是指个体认为自己是异性恋还是同性恋或者双性恋，表露是指让他人得知这一信息。有国外研究表明，大多数的同性恋者在中学或者青春早期便开始认识到自己是同性恋，但一直会到青春晚期他们才可能将自我标识为同性恋者。有些青少年发现自己是同性恋时，由于自己的性倾向与多数人不同，往往会面临巨大的心理压力，一系列的心理问题也接踵而来。

5. 性别关系的变化

中学阶段，青少年的情感日益丰富，这个时期的友谊会比以后各年龄段朋友之间的友谊更为直率，更容易被观察到。进入中学，异性（有少数为同性）学生之间的关系有了新的特点，感受到来自对方的性魅力而产生性吸引，并因此对对方产生兴趣，尝试接近并与之相处。进入中学后，情窦初开的学生开始有一位固定的爱慕对象，但这个时期的爱慕之情显得较为稚嫩，缺乏牢固的基础，很少能够保持下来并最终发展为爱情和婚姻。

三、中学阶段青少年性行为发展特点

（一）性冲动

中学阶段大多数男生开始进入青春期。他们的睾丸和阴茎开始增长，同时腋毛和阴毛也开始出现。平均来说，13岁经历第一次遗精，这是一个表明他们已经性成熟的迹象，有了繁殖下一代的生理条件。女生也在不断发展，她们已经有一个井喷式的成长，开始出现腋毛和阴毛。女孩大概在12岁左右经历第一次初潮，这是性成熟的标志，意味着女生有了怀孕的生理条件。有研究表明，12~14岁的学生开始关注异性和对异性产生兴趣，发生好感，希望接近异性、被异性议论。14~16岁的学生开始有性的冲动和欲望，且性行为和性过错的年龄有不断提前的趋势。

（二）自慰现象

自慰是青春期男女主要的性宣泄方式。大量的研究数据表明，男孩发生自慰的比例是女孩的两倍左右，男孩比女孩更容易自慰。在发生自慰的青少年中，男孩的频率为一周2~3次，女孩平均是一个月1次。在异性之间发生的边缘性性行为中，女孩因为发育得更早，因此发生爱抚行为的年龄比男孩提前。但是，更多的女孩是因为被动参与才发生边缘性性行为的。在性行为的发生过程当中，女孩比男孩更倾向于坚持采取安全措施，减少怀孕和感染性病的风险。

（三）性与性行为

有研究对中学生的亲密行为进行调查发现，有53.70%的学生曾与他人牵手，有49.40%的学生曾与他人拥抱，有13.80%的学生曾与他人亲吻，有6.70%的学生曾与他人发生对身体敏感部位（如乳房、外生殖器官、臀部、腰部、大腿等）的爱抚，有2.20%的学生曾与他人发生性交行为。[①] 在我国，学校通常把这一行为定义为"早恋"，并且明令严厉禁止。然而美国的研究发现，禁欲型性教育的积极效果是十分有限的，一味禁止会漠视学生的自然需求，可能促使中学生私下尝试恋爱行为。通常中学生难以妥

---

① 郭凌风、肖瑶、芦鸣祺等：《基于全面性教育的初中生性知识态度和行为调查》，《中国学校卫生》，2020年第41卷第10期，第1455~1458页。

善处理恋爱可能带来的情绪烦恼、行为问题，对恋爱与亲密关系的认识可能不够全面，当学校、父母对中学生恋爱采取"禁止"或"避之不谈"的态度时，可能会使中学生通过错误途径了解或者尝试恋爱，并在遇到困难时求助无门。这提示着学校和家庭开展性教育的重要性与必要性。

第二节 中学阶段性教育内容建议

一、我国中学阶段性教育内容的政策依据

到目前为止，我国尚未有专门针对学校性教育的纲要，但在若干文件、法规中，都有关于性教育的内容要求。

（一）《中小学公共安全教育指导纲要》关于中学性教育内容的要求

2007年2月7日，教育部制定了《中小学公共安全教育指导纲要》，为进一步加强中小学公共安全教育，培养中小学生的公共安全意识，提高中小学生面临突发安全事件自救自护的应变能力提供了依据。公共安全教育的主要内容包括预防和应对社会安全、公共卫生、意外伤害、网络及信息安全、自然灾害以及影响学生安全的其他事故或事件六个模块。重点是帮助和引导学生了解基本的保护个体生命安全和维护社会公共安全的知识和法律法规，树立和强化安全意识，正确处理个体生命与自我、他人、社会和自然之间的关系，了解保障安全的方法并掌握一定的技能。《中小学公共安全教育指导纲要》中的有关性教育内容见表7-1。

表7-1 《中小学公共安全教育指导纲要》中的有关性教育内容

学段	性教育内容
初中	▶预防和应对公共卫生事故：了解青春期常见问题的预防与处理，形成维护生殖健康的责任感。了解艾滋病的基本常识和预防措施，形成自我保护意识。了解和分析影响生命与健康的可能因素。 ▶预防和应对意外伤害事故：了解和积极预防在校园活动中可能发生的公共安全事故，提高自我保护和求助及逃生的基本技能。主动分析出行时存在的安全隐患，寻求解决方法。 ▶预防和应对网络、信息安全事故：自觉遵守与信息活动相关的各种法律法规，抵制网络上各种不良信息的诱惑，提高自我保护和预防违法犯罪的意识。合理利用网络，学会判断和有效拒绝的技能，避免迷恋网络带来的危害。 ▶预防和应对影响学生安全的其他事件：了解校园暴力造成的危害，学习应对的方法。学会克服青春期的烦恼，逐步学会调节和控制自己的情绪，抑制自己的冲动行为。学会在与人交往中有效保护自己的方法，构筑起坚固的自我心理防线。 ▶预防和应对社会安全类事故或事件：增强自律意识，自觉不进入未成年人不宜进入的场所。不参加影响和危害社会安全的活动，形成社会责任意识。理解社会安全的重要意义，树立正确的人生观和价值观。学会应对敲诈、恐吓、性侵害等突发事件的基本技能。

续表

学段	性教育内容
高中	▶预防和应对公共卫生事故：基本掌握和简单运用突发公共卫生事件卫生应急的相关技能，进行自救、自护；有报告事件的意识和了解报告的途径和方法。掌握亚健康的基本知识和预防措施，了解应对心理危机的方法和救助渠道，促进个体身心健康发展。掌握预防艾滋病的基本知识和措施，正确对待艾滋病毒感染者和患者。自觉抵制不良生活习惯和行为，具备洁身自好的意识和良好的卫生公德。学习健康的异性交往方式，学会用恰当的方法保护自己，预防性侵害；当遭到性骚扰时，要用法律保护自己。 ▶预防和应对网络、信息安全事故：树立网络交流中的安全意识，养成良好的利用网络习惯，提高网络道德素养；树立不利用网络发送有害信息或进行反动、色情、迷信等宣传活动以及窃取国家、教育行政部门和学校保密信息的牢固意识。 ▶预防和应对影响学生安全的其他事件：自觉抵制校园暴力，维护自己和同学的生命安全。树立正确的安全道德观念，在关注自身安全的同时，去关注他人的安全，并提供力所能及的援助。 ▶预防和应对社会安全类事故或事件：自觉遵守与生活紧密相关的各种行为规范。自觉抵制影响和危害社会公共安全的活动。继承和发扬中华民族传统优秀文化，汲取其他国家文化的精华，抵制不良文化习俗的影响。

（二）《中小学健康教育指导纲要》关于中学性教育内容的要求

2008年，教育部印发《中小学健康教育指导纲要》，将中小学健康教育内容分为健康行为与生活方式、疾病预防、心理健康、生长发育与青春期保健、安全应急与避险五个方面。性与生殖健康相关知识被纳入疾病预防和生长发育与青春期保健部分。按照学生身心发展和年龄认知规律，提出阶段性学习目标和内容，主要包括生命孕育、成长基本知识、人的生命、身体主要器官的功能、青春期的生长发育特点、艾滋病的危害和预防方法、拒绝不安全行为、避免婚前性行为、树立健康文明的性观念和性道德等。《中小学健康教育指导纲要》中的有关性教育目标和性教育内容见表7-2。

表7-2 《中小学健康教育指导纲要》中的有关性教育目标和性教育内容

学段	性教育目标	性教育内容
初中	▶了解青春期心理变化特点，学会保持愉快情绪和增进心理健康。 ▶进一步了解青春期发育的基本知识，掌握青春期卫生保健知识和青春期常见生理问题的预防和处理方法。 ▶了解什么是性侵害，掌握预防方法和技能。 ▶了解艾滋病基本知识和预防方法，增强抵御艾滋病的能力。	▶生长发育与青春期保健：热爱生活，珍爱生命；青春期心理发育的特点和变化规律，正确对待青春期心理变化；月经期间的卫生保健常识，痛经的症状及处理；选择和佩戴适宜的胸罩的知识。 ▶安全应急与避险：识别容易发生性侵害的危险因素，保护自己不受性侵害。 ▶疾病预防：艾滋病的基本知识；艾滋病的危害；艾滋病的预防方法；判断安全行为与不安全行为，拒绝不安全行为的技巧；学会如何寻求帮助的途径和方法；与预防艾滋病相关的青春期生理和心理知识。 ▶心理健康：建立自我认同，客观认识与对待自己；异性交往的原则。

续表

学段	性教育目标	性教育内容
高中	▶进一步了解青春期的保健知识，认识婚前性行为对身心健康的危害，树立健康文明的性观念和性道德。	▶生长发育与青春期保健：热爱生活，珍爱生命；青春期常见的发育异常，发现异常一定要及时就医；婚前性行为严重影响青少年身心健康；避免婚前性行为。 ▶疾病预防：艾滋病的预防知识和方法，艾滋病的流行趋势及对社会经济带来的危害，HIV感染者与艾滋病病人的区别，艾滋病的窗口期和潜伏期，无偿献血知识，不歧视艾滋病病毒感染者与患者。 ▶心理健康：人际交往中的原则和方法，特殊时期常见的心理问题与应对。 ▶安全应急与避险：网络交友的危险性。

（三）《中小学心理健康教育指导纲要（2012年修订版）》关于中学性教育内容的要求

2012年12月7日，为进一步加强中小学心理健康教育，教育部制定了《中小学心理健康教育指导纲要（2012年修订版）》。纲要对中小学心理健康教育的指导思想、原则、任务与目标，不同年龄阶段的教育内容，开展心理健康教育的途径和方法，以及组织实施和实施过程中应注意的问题等都做了明确的规定。纲要不仅具有较强的规范性，还具有可操作性。其主要内容包括：普及心理健康基本知识，树立心理健康意识，了解简单的心理调节方法，认识心理异常现象，以及初步掌握心理保健常识，其重点是使学生学会学习、人际交往、升学择业以及生活和社会适应等方面的常识。《中小学心理健康教育指导纲要（2012年修订）》中的有关性教育内容见表7-3。

表7-3 《中小学心理健康教育指导纲要（2012年修订）》中的有关性教育内容

学段	性教育内容
初中	初中年级主要包括：帮助学生加强自我认识，客观地评价自己，认识青春期的生理特征和心理特征；积极与老师及父母进行沟通，把握与异性交往的尺度，建立良好的人际关系；鼓励学生进行积极的情绪体验与表达，并对自己的情绪进行有效管理，正确处理厌学心理，抑制冲动行为。
高中	高中年级主要包括：帮助学生确立正确的自我意识，树立人生理想和信念，形成正确的世界观、人生观和价值观；正确认识自己的人际关系状况，培养人际沟通能力，促进人际间的积极情感反应和体验，正确对待和异性同伴的交往，知道友谊和爱情的界限；帮助学生进一步提高承受失败和应对挫折的能力，形成良好的意志品质。

（四）健康教育中关于中学性教育内容的要求

2021年3月25日，教育部发出《关于开展2021年"师生健康中国健康"主题健康教育活动的通知》，提出落实《关于全面加强和改进新时代学校体育工作的意见》《关于深化体教融合促进青少年全面发展的意见》《全国青少年校园足球"八大体系"建设行动计划》等文件要求，完善"健康知识＋基本运动技能＋专项运动技能"教学模式，按照"教会、勤练、常赛"要求，强化学校体育教学训练，严格落实课间操制度，开齐开足上好体育与健康课。要求结合学生年龄特点，以多种方式普及日常锻炼、健康生活、疾病预防、心理健康、生长发育、生殖健康等相关知识、方法和技能，落实健康教育课程课时，提升健康知识知晓率，提升健康教育教学效果。地方和学校根据当地的特点和需要，积极开发生命教育和性健康教育等特色课程，在地方课程和校本课程中安排有关性健康教育的内容，提升性健康教育效果。

2021年8月2日，教育部、国家发展改革委、财政部、国家卫生健康委、市场监管总局等五部门联合印发《关于全面加强和改进新时代学校卫生与健康教育工作的意见》，要求学校"崇尚科学、尊重生命，引导学生主动学习掌握日常锻炼、传染病预防、食品卫生安全、合理膳食、体格检查、心理健康、生长发育、性与生殖健康、心肺复苏、安全避险与应急救护等方面知识和技能。把预防新型毒品等毒品教育纳入健康教育课程。落实预防艾滋病专题教育任务，加强青春期、性道德和性责任教育。开发健康教育教学资源。开展全国学校健康教育示范课与教研交流"。

（五）《未成年人学校保护规定》关于性教育的要求

2021年6月1日，教育部发布《未成年人学校保护规定》，要求自2021年9月1日起施行。其中第四十二条要求："学校要树立以生命关怀为核心的教育理念，利用安全教育、心理健康教育、环境保护教育、健康教育、禁毒和预防艾滋病教育等专题教育，引导学生热爱生命、尊重生命；要有针对性地开展青春期教育、性教育，使学生了解生理健康知识，提高防范性侵害、性骚扰的自我保护意识和能力。"

二、中学阶段性教育内容

基于我国中学阶段已有的性教育政策与实践基础，结合我国中学阶段学生的身心发展特点，参考《国际性教育技术指导纲要（修订版）》，以及国内一些机构或个人开发的学校性教育资源，现提出以下中学教育内容，以供初高中学校开展性教育课堂教学参考。

（一）初中性教育课程设计及目标简述

初中性教育课程设计及目标简述见表7-4。

表7-4 初中性教育课程设计及目标简述

年级	课程题目	目标简述
七年级上学期	我爱我家	感受爱、协作、性别平等和互相尊重对建立良好和健康的家庭关系的重要性；知道家庭成员都需要承担一定的家庭责任；学会采用有效的办法减少和避免与父母的误解及冲突，学会以和平的方式处理意见分歧。
	第三根情感纽带	理解亲密关系的建立是以爱情为基础的，懂得爱情包含性吸引的成分，因此亲密关系可能发展为性关系，但仅仅基于性吸引而建立亲密关系是轻率的。
	男性与女性	掌握性别的生物学决定因素，理解激素在个体性发育中的作用，理解文化背景会影响到人们对性与性别的看法。

续表

年级	课程题目	目标简述
七年级上学期	性和媒体	懂得大众媒体中表现的性与性关系中的很多虚假形象,理解媒体所传递的关于美的理想标准会影响到个人的自我评价和自信心。
七年级下学期	我真的很不错,我爱我自己	理解第二性征的形态、大小差异不会妨碍其功能,消除发育中个体差异带来的焦虑;提高学生对自己体貌的接纳程度,从而提升其自尊感。
	成长的甜蜜与烦恼	能够区分男孩和女孩在青春发育期所经历的生理、情感以及社会等方面变化的相似之处和不同之处;理解两性在青春期经历的变化和压力差异,懂得尊重他人的感受。
	反对校园欺凌	能够列举校园欺凌的各种表现;理解校园欺凌是有害的,反对任何形式的欺凌,不做欺凌实施者;能够运用一些办法帮助遭到欺凌的同学,知道一些有效的求助途径。
	学会宽容与尊重	懂得什么是宽容,什么是尊重;知道如何尊重和宽容他人。
	每个人都享有性健康权	能够描述性健康权的含义;能够识别侵犯性健康权遭到侵犯的情况;形成维护性健康权利的意识,掌握抵抗侵犯性健康权的相关技巧。
八年级上学期	沟通,让你我更好	知道在冲突情境中人们常用的沟通方式及其效果,理解避免攻击性沟通方式的理由;体会采用不同的沟通方式带给自己和对方的感受;理解不同情境中可能需要选择不同的沟通方式,懂得自信地表达有助于获得理想的沟通效果。
	爱相伴,向左走向右走	了解青春期异性之间情感的不同成分;懂得在不同情景之下,异性情感发展方向的取舍原则和方法。
	新生命的孕育	了解怀孕后身体可能表现的迹象,懂得常见的怀孕检测手段;了解胎儿的各个发育阶段;了解生产方式及其适用性;理解提倡自然分娩的理由;理解怀孕对母亲身体的影响,培养学生关心照顾孕妇的意识。
	应对同伴压力	通过案例分析,了解当面临不良同伴压力的影响时,应该如何坚持自己的决定;通过角色扮演,学习应对生活中出现同伴压力时的方法。
	携手同行抗击艾滋	认识艾滋病的致病原因及危害;了解艾滋病的传播途径,掌握艾滋病的预防方法;消除对艾滋病的恐惧心理,自觉参与红丝带行动。
八年级下学期	做负责任的决定	在对性行为做出决定时,可能出现哪些后果,它们将如何影响人的健康、未来和生活规划。
	人人都有秘密花园	明确每个人都有权保护隐私,也应该尊重他人的隐私;懂得个人在不违背法律的前提下,有权决定在性方面要做什么和不做什么。
	如何预防性侵害	理解性侵害通常发生在权利关系中,侵害者通常处于关系中的强势地位;认同每个人都有权利也有责任举报揭发性侵害行为。
	寻求帮助和支持	能够确认获得性与生殖健康方面帮助的恰当途径;懂得不应让羞耻和内疚阻碍寻求帮助;知道好的帮助来源能够保守秘密,保护隐私。
	价值观与性	知道在性与生殖健康领域,人们存在多种不同的价值观,呈现多元性;懂得尊重和宽容不同的价值观、信仰和态度。

续表

年级	课程题目	目标简述
九年级上学期	我能约束我自己	理解性感觉、性幻想、性欲等都是个体性成熟后的自然表现；理解性需求的满足方式受到社会规范的制约，个体需要学会管理自己的性冲动。
	预防性传播疾病	了解性传播疾病的流行趋势及危害，认同良好的性行为规范是预防性传播疾病最好的方式之一。
	消除歧视，正视艾滋	解释积极面对艾滋病病毒感染的重要性和主要内容，了解和尝试参与支持艾滋病病毒感染者的团体和机构开展的相关活动。
	男女平等更和谐	能辨别生活中的性别偏见和性别歧视现象，认同这种现象是不合理的；知道男性和女性都有可能遭遇有区别的不平等的标准。
九年级下学期	美好的婚姻	理解幸福美满婚姻的共同之处，并能举出实际事例；知道我国民法典对结婚年龄的规定，明白早婚、童婚的危害性。
	我的青春我做主	了解性骚扰和性胁迫的表现形式；认同性骚扰、性胁迫等是侵害人权的恶劣行为，增强自我保护意识。
	紧急制动：预防怀孕	了解紧急避孕药具的种类及利弊，了解获得避孕药具的常见途径，懂得避孕套以及避孕药具的获取途径以及正确使用方法。
	性、文化与法律	了解我国关于性和两性关系的主要法律；比较各国对于结婚年龄的法律规定，初步了解这些规定背后的文化背景；理解文化因素对关于性与性行为的社会规范产生影响。

（二）高中性教育课程设计及目标简述

高中性教育课程设计及目标简述见表 7-5。

表 7-5 高中性教育课程设计及目标简述

年级	课程题目	目标简述
高一上学期	自慰何罪之有？	了解常见的自慰方式；树立正确的性观念，合理看待自慰；避免错误的自慰方式；明确性交不是成为成年人的途径，更不是有魅力的表现。
	喜欢和爱的不同方式	描述在健康的性关系中表达喜爱的一系列方法，认识到性行为并不是表达爱的必要方式，运用合适的方式表达喜欢和爱。
	持续一生的性	明确性对人一生幸福生活的意义；对性有正确的认识并且能够驾驭性冲动和性欲望，为今后幸福的生活奠定基础。
	社会性别的刻板印象	回忆关于对男性、女性具有不同性倾向和社会性别身份者有偏见的事例；认识到自己和他人的社会性别偏见可能对他人造成伤害；批判性地评估自己的社会性别偏见程度，并分析所在社区内存在哪些社会性别偏见；演练应对自己和他人的社会性别偏见的策略。

121

续表

年级	课程题目	目标简述
高一下学期	毒品对社会以及对性与生殖健康的影响	掌握药物滥用对健康和社会的危害，成瘾物质对身心健康的危害，吸食过量而中毒或死亡，周身感染和内脏损伤，对妇女和婴儿的伤害，家庭危害和社会危害。
	不同的情感与情绪	了解不同类型的情感（爱、嫉妒），意识到理性思想和情感之间的差异，知道恋情刚开始时的不安全感，了解处理恋爱、矛盾、失望、愤怒、嫉妒、背叛、信任、内疚、恐惧和不安全感，正确看待处理不同冲突的情绪、感受和欲望。
高二上学期	爱情与成绩是天敌吗？	理解爱一个人是正常的情感，审视恋爱的好处与弊端；分析学业与情感处理的几种情形，并做出对自己和他人负责任的选择。
	网络暴力就在一念之间	了解网络暴力及其表现形式；提高独立思考和辨别能力，不参与网络暴力事件；学习积极应对网络暴力的方式与技能。
高二下学期	安全套套住的是什么？	正确认识使用安全套是预防性病、艾滋病、避孕的最好方式，正确使用安全套，认识安全套的使用是性别尊重与共同承担的问题。
	恋爱了，要不要告诉家长？	明白自己是可以与家长坦诚沟通恋爱问题的，学会如何沟通。
高三上学期	向"恐艾"说不	认识"恐艾"心理影响了艾滋病患者的生活；鼓励学生消除歧视，提高促进人权理念；学习与巩固艾滋病相关知识。
	如何面对失恋？	理解失恋是结束亲密关系的自然事情；学会接纳管理失恋引起的负面情绪；学会调节，反思自我。
高三下学期	向家人公开我的秘密	思考向家庭成员公开有关性的敏感信息，会给家庭关系带来怎样的影响；认识到如果能够获得家庭的支持与尊重，可以克服困难与外界压力；思考如果不被家长理解，应该如何应对。
	做负责任的事：预防怀孕	了解基本的避孕方法，知道意外怀孕后应采取哪些措施，了解意外怀孕对身心健康的影响。

第三节 中学性教育课堂教学设计

当前，对青少年进行性教育的重要性和必要性已经得到社会的广泛认同，基于课程开展的学校性教育也开始受到重视。性教育课堂教学要取得理想的效果，需要讲究教学方法。方法得当，可以使性教育内容更好地为青少年接受；方法不当，缺乏艺术性，就会事倍功半，难以实现性教育预期的目标。因此，在性教育课堂教学中，不仅要注意教学内容和教学原则的科学性，还必须做好教学设计。第四章对于性教育课堂教学的基本原则已有全面介绍，本节重在结合中学实际，用案例说明中学性教育课堂教学设计的要旨。

一、用活动方案替代教学方案，重视技能训练

"教师讲学生听"的单向传输是目前中学学科教学中普遍使用的教学方法，但用于性

教育课堂教学，尤其是在需要影响观念和训练技能时，却很难取得理想效果。性教育必须改变传统的学生被动学习的教学方式，针对课程和内容的特殊性，根据教学内容和要求，以活动为主，在活动中帮助学生厘清观念，训练技能。总的来说应当注意由接受式、传授式向体验式、自我教育式发展；在学生的学习方法上，应当由认知式向活动式发展。

活动方案的设计，应当要素齐全，能够清楚说明方案适用对象，需要的活动时间，列举出活动要达成的目标，以及活动所需要准备的物料或前置环节等；方案的重点在于活动过程的设计，各个活动环节设计既要各有功能，又能环环相扣，层层推进。一些需要拓展的知识，或是重要的总结性话语，可以用附录的形式放在活动方案的后面。

下面以一节初中性教育课堂教学方案为例，来看看性教育课程设计需要具备哪些要素，以及活动设计的特点。

案例

爱相伴，向左走，向右走

一、教学对象

初中二、三年级。

二、活动时长

45～60分钟。

三、活动目标

1. 了解青春期异性之间情感的不同成分。

2. 懂得在不同情景之下，异性情感发展方向的取舍原则和方法。

四、活动准备

（一）教师准备

教学PPT；把全班学生分成5组或10组，确保每组男生女生人数基本相等；尽量在小组讨论环节，让不同的小组成员发言。

（二）学生准备

课前思考：异性伙伴之间可以有哪些感情？可以建立哪些关系？

五、活动过程

（一）导入：聊聊异性伙伴

教师导入语：我们每个人身边除了同性伙伴，还有异性伙伴，男生在女生面前是知心朋友，女生在男生面前是哥们儿。在大家的身边，或你校外的朋友身边，有没有这样一个知心朋友或者哥们儿呢？大家来分享一下你们或他们之间的故事吧。

教学提示：学生自愿分享；可以同桌之间私下分享，也可以在全班同学面前分享。

（二）青春期故事

1. 教师导入语：在现实生活中，受到多种因素的影响，异性之间的亲密关系可能会发展为另外的情感比如喜欢、爱等，这种情况下我们该如何做决定？下面我将给大家出示这样一个故事，但这个故事并不完整，需要同学们来给出后续剧情，并以角色扮演的方式将剧情呈现给大家。每组编剧时间为8分钟，剧情排练时间为10分钟；每个组表演时间为3分钟（5个组共计15～20分钟）。

2. 引出方芳和王强的故事（PPT 出示，教师朗读）

方芳和王强是初中二年级的学生，两人是邻居，经常一起上学、放学。在班级上，王强是班长，方芳是团支部书记，两人因为工作经常在一起讨论交流。渐渐地，王强对方芳产生了微妙的情感，产生了与其他女生不一样的好感。一方面王强心里因这份暗恋而心生甜蜜；另一方面也因此纠结：要不要向方芳表白自己的心意呢？

（三）情境编剧与表演

用 PPT 出示各个情境任务，并由各组认领任务。如果班额大，共分 10 组，则每个情境表演任务由 2 组承担；如果仅有 5 组，则一个组认领一个情境表演任务。

1. 不表白。

王强考虑了很久，终于决定不向方芳表白。

思考：在面对方芳时，王强该如何处理自己对方芳的暗恋之情呢？他们之间可以如何交往？

编剧并表演：王强与方芳在学习和工作中的接触。

2. 决定表白。

王强考虑了很久，终于决定向方芳表白。

思考：在表白之前，王强需要做好哪些心理准备呢？

编剧并表演：王强向方芳表白。

3. 表白后遭拒。

王强考虑了很久，终于决定向方芳表白；面对王强的表白，方芳出于各种考虑，决定拒绝王强的表白。

思考：方芳可以用什么方式拒绝？拒绝过程需要注意什么？

编剧并表演：方芳拒绝王强的表白。

4. 表白得到接受后。

王强考虑了很久，终于决定向方芳表白；面对王强的表白，方芳接受了，两人建立了恋爱关系。但相处了一段时间之后，方芳逐渐发现彼此相处不合适，想结束这段恋情。

思考：提出终止恋爱关系，应该注意什么？如何做才有利于和平分手？被提出分手，应该如何对待？

编剧并表演：方芳向王强提出结束关系。

5. 恋爱后分手。

与情景四一样，只是想提出分手的人是王强。

思考：同情景四。

编剧并表演：王强向方芳提出结束关系。

六、活动总结

教师对学生呈现的情境剧情进行点评，可参考下面的关于对中学生恋爱的建议中的内容。教师进行简短总结，学生分享收获。

关于中学生恋爱的建议

1. 表白

表白只是发展关系的邀请，并不是建立关系的命令，对方有权利做出接受或拒绝的决定，要尊重对方的选择与决定。当你决定向对方表白，就要做好两手准备：对方接受表白，对方拒绝表白。如果对方接受，要珍惜这段关系，珍惜对方对你的信任；如果对方拒绝，也要尊重对方的决定，不能以自伤自残相威胁，更不能以伤害对方相要挟，这是缺乏自尊、不尊重对方的表现，也是很幼稚的行为。

2. 拒绝他人的表白

有人主动追你，那是好事情，至少证明自己不错，有人喜欢，应当尊重他人对你的情感。你若不打算接受，就委婉而明确地表明态度；也可以直接说出你的决定，但不要出口伤人，伤害他人的自尊。冒犯他人的尊严并不会提升在他人眼中的价值，倒可能为自己招致意外的伤害。

3. 失恋

恋爱本就是相互探索、确定对方是否是自己适合相守的人的一个过程。无论其中哪一方在相处中发现彼此并不适合，都有权利提出终止恋爱关系。这只是对这一段关系的否定，是对这段关系的前景不看好，认为两人不适合做伴侣；所以接到分手要求的一方，也不必认为这是对自己价值的否定，这不是表示你不够好，只是你不是对方适合的人选而已。离开一个不合适的人，就为自己寻找更合适的对象、构建更满意的关系提供了机会。不要对前任不满，要感谢对方给了你一段幸福美好的情感经历，并让你更了解自己，更清楚自己的需要。

4. 恋爱

恋爱是一个很严肃的课题，每个人都需要花费时间与精力去学习与实践。如果你确定要与某人建立一段恋爱关系，那你们需要一起商量在恋爱中的恋爱行为界限；约定双方有一天想结束关系的时候，彼此应有的尊重态度；约定恋爱中如何对待学业，让恋爱成为促进学习、让彼此变得更优秀的动力；也许你们还需要讨论如何约束和处理性冲动，避免因此给双方造成困扰与伤害。总之，恋爱的美好需要双方一起努力，有充分的心理准备。

（资料来源：苟萍、罗登远：《初中性教育教师用书》，四川大学出版社，2019年，第91~95页）

按这个活动方案开展性教育课堂教学，除了课程结束的总结环节，整个过程不需要教师输出多少信息，而只需要按程序组织学生开展一个个活动，让学生在活动中去思考，学习做决定，并在练习环节训练处理复杂人际关系和有效沟通的技能。这就是性教育课堂教学设计的一个特点，并不需要教师教给学生多少知识，多数时候是作为主持人的角色，在活动过程中起到组织作用即可。

二、重视学生的参与，充分发挥学生的主体作用

参与式的教学方法是贯彻实效性原则、主体性原则的最好方法。在性教育过程中，

青少年通过积极参与，可以自如地表达自己的看法与态度。这是教师了解青少年对性的看法的主要途径之一，也是借此引导、教育的最佳时机。教师应为青少年提供各种信息，尽可能让青少年在教育中不断形成自己的道德观和价值观。教师提倡的性主流文化、性价值观念，能不能被青少年认可，关键在于青少年"内化"的过程，强制灌输有时是无效的。"内化"是经过青少年自己比较、选择、批判、整合后，才形成自己的"性价值核心"，再"外化"为自律行为。例如，对于婚前性行为，教师就不应停留在应该不应该做的层面，而是帮助青少年分析有没有婚前性行为不同的后果，使青少年懂得一旦做出了选择，后果一定要自己承担。当然要让青少年很好地参与，必须通过各种各样的活动，如做游戏、小组讨论、个案分析、角色扮演、辩论等，使参与者和引导者在互动中共同完成教学过程。

下面是一个运用参与式教学的案例设计，从中可以看出通过多种方式促进学生的参与，方能达到学生观念转变和内化的效果。

案例

网络上的爱与性

一、课名

网络上的爱与性。

二、时长

45/60 分钟。

三、教学目标

1. 了解网络中的爱与性，相比现实中的爱与性，其有特殊的好处和弊端，但是本质对象仍然是网络中的人，而不是网络本身。

2. 面对网络，采取谨慎、乐观的态度，学习充分利用网络的优势，避免网络带来的危害，能正确面对和处理网络中的爱与性。

四、教具、材料

课件、多媒体设备、打印案例、纸、笔等。

五、教学过程

（一）导入

网络之中，一切都好像触手可及。移动互联，使得连最后一根网线的限制都不见了，"更自由、更便利、更快"成了这个时代的口号。爱情，似乎也是如此。可是，人们一方面与在埃塞俄比亚小山村施工的男友都能保持联系，另一方面又发现身边的单身人士却越来越多。大家一边与从没有见过面的人谈"海阔天空"，一边将自己限制在方寸屏幕之前。你向往的爱情，是在网络那一端，还是在公园的小凉亭？

（二）活动

1. 活动1。

（1）活动名称：网络恋情，是甜蜜还是陷阱？

（2）活动过程。

①将学生随机分为两大组，分坐在教室两侧，发放纸、笔。参考案例进行话题讨论，将对方观点和论据记录下来。

②请两方各派出 3 名代表，首先请两方代表分别表达本组的观点和论据，轮流进行两轮辩论。

③教师进行点评与总结。

案例一：

2014年，来自农村普通农民家庭的璐璐，以优异的成绩完成了本科学习，毕业后求职屡屡被拒，因为她是一个"袖珍人"，她得知某能力训练中心正在招聘袖珍人教师后，就来到这里，一干就是 5 年。璐璐的老公洲瑶也是这里的袖珍人特教。他们是在袖珍人的QQ群里认识的，网恋多年之后先后来到这里，2015 年结了婚，洲瑶天性温柔细心，璐璐感觉生活幸福甜蜜。

案例二：

网友D，女，27 岁。自述："高一的时候认识的，他家武汉的，我家贵州铜仁的，都忘了怎么加的QQ好友了，那时候学习压力大，就乱找人聊天，聊着聊着聊出感情来了，熬过了高中两年、大学四年的异地恋，费尽周折到同一个城市工作。今年 3 月，我答应了他的求婚。"

案例三：

某高校一位男博士，在网上认识了姑娘"李婷"，在聊天中他慢慢喜欢上了这个照片里清纯可爱的姑娘。恋爱期间，女生以过生日、买手机、买车票等不同理由向男生索要红包，看似是撒娇，其实却全是套路。最让人佩服的是，李婷还编了一场去见博士男友路上遭遇车祸被撞成植物人的狗血剧情，中间还用小号假扮同事，挑拨关系。这位男博士短短几个月被骗走 7000 多元。

案例四：

23 岁的大四女生小玮，家境优越，品学兼优，是一个温婉善良的女孩。一年前经同学介绍，小玮在QQ上认识了帅气的"军官"朱军桥，他有一份"漂亮"的简历——维和部队军人。小玮看到照片后便对朱军桥产生了爱慕之心，她以为可以轰轰烈烈地谈一场浪漫的恋爱，没想到一脚迈进了深渊。两个月后，朱军桥渐渐无法圆谎，小玮才发现这就是一场合谋的骗局，从头到尾都是欺骗。他的身份也不是什么维和部队军人，而是某食堂的帮工，初中毕业后当过义务兵。小玮因此提出了分手，渣男的罪恶嘴脸此时露出来了，他扬言："如果你不跟我在一起，我会杀掉你的父母，炸掉你们家厂子，灭你全家。"此后的一年中，小玮一直心惊胆战地活在渣男的威胁和暴力纠缠中。父母得知此事后，礼貌地去朱家沟通，说："我女儿要出国留学了，一去几年，这个事暂时就不要谈了。"恼羞成怒的渣男，拿着半米长的西瓜刀冲进了小玮兼职的琴行，一刀刺中小玮脖颈动脉。

（3）讨论话题：网络恋情，是甜蜜还是陷阱？一方讨论网络恋情的好处，另一方总结网络恋情的害处。

（4）学生讨论。

①网络恋情的好处：跨越地域、国界、民族、种族差距；给原本没有机会的人以机会；可以先了解，培养感情，再谈现实；超越现实的金钱、容貌等限制；先看心灵，才是真爱；成本低；对现实中不善交际的人有利；因为共同的兴趣、爱好走到一起，有共

同语言……

②网络恋情的害处：不了解真实情况；可能会撒谎，欺骗；反而造成现实交往有障碍；不安全；泄露个人信息；爱上的是自己的"幻想"；鬼迷心窍……

教学提示：

①因为担心学生的观点一边倒，可以提供几个案例作为参考。教师可根据实际情况和社会热点新闻进行案例更换，只要保证观点有受益和受害两方面呈现即可。

②鼓励多元观点呈现，只要不出现暴力的、危险的和歧视性的言语就不需要干预，如果出现，要及时引导和纠正。

③如果有学生现在正在网络交友或恋爱，被其他同学提起，要及时干预中断，提醒学生只讨论一般情况，不对个人经历进行评价或谈论。

④对于一些负面的、危险的方面，要引导学生讨论规避风险、保护自身安全的方法。

（5）教师过渡与总结。

就像同学们说的，在网络中追求爱情，有的不切实际，有的上当受骗，也有的甜蜜幸福。那么网络中的性就更加扑朔迷离了，一端是虚幻，一端是现实，用"性"联系在一起，会带来什么呢？

2. 活动2。

（1）活动名称：网络上的性，如何评价？

（2）活动过程。

①请学生自由发言，说出自己知道的网络中的性有哪些表现形式和内容，又是如何遇到的。不要求举手发言，直接说出来就可以，教师听到就在黑板上或课件中记录下来，如果内容较多，可以请一名学生帮忙记录。如果学生一时说不出来，教师可以适当地提示。

②维持刚才的分组进行下面话题的讨论，一方讨论和总结网络中的性积极的一面，一方讨论和总结网络中的性负面甚至有危害的一面。

③教师进行点评与总结。

（3）讨论话题。

①网络中的性有哪些表现形式？有哪些内容？你是如何知道或者接触到些信息的？

②网络中的性的利与弊。

（4）学生讨论。

①学生可能会提到的网络中的性有：

A. 文字，如网络小说中关于性爱的描述、性技巧的讲解等；

B. 图片，如裸露的写真图片、性交的图片等；

C. 音频、视频、色情语音聊天、影视剧中的性爱片段等；

D. 色情网站、色情聊天室、视频性游戏等；

E. 各种婚恋、交友、约会APP；

F. 网络聊天中谈到性的话题。

②网络中的性的积极及有益的方面：方便购买性用具、成人用品等现实中不好意思购

买的东西；虚拟性爱、音视频可以满足性欲的发泄，缓解内心的性渴求；平常羞于了解性方面的信息，通过网络可以了解更多的信息；学到教师不会教的性知识；满足对同性、异性、性方面的好奇心；能舒缓压力；不会得病、艾滋病；不会怀孕；会交到朋友……

网络中的性的负面及有害的方面：涉嫌传播淫秽色情信息违法；可能上当；信息可能是错的；可能会学到有害的东西，受到坏影响；混淆网络、虚拟、幻想和现实；沉迷其中，无法自拔；费钱；不道德的；混乱、淫荡、羞耻；影响身心健康；影响家庭幸福；外遇、出轨；不真实接触，不能满足性需求……

教学提示：

①如果学生没有提到这些资讯中的性别差异，教师提醒学生关注和思考，是否存在性别刻板、性别歧视等现象。

②教师要提醒学生思考涉及儿童的性资讯应该如何看待和处理。

③教师要提醒学生关注和思考：性与道德的关系，性是不道德的？欺骗是不道德的？多性伙伴是不道德的？网络性是不道德的？道德的标准是什么呢？道德的标准总是在变化且与文化、历史、民族、宗教等密切相关，很难作为标准来评判人们的行为。

④处理网络中的性与其他的性和人际交往一样，都要坚持安全第一。网络中的人形形色色，有不同的年龄、不同的背景、不同的职业，我们需要提高警惕，不要轻易相信别人。比如当别人要求你视频裸聊时，你要考虑到对方是否有可能拍下你的裸照，上传至网上，或把它作为威胁你的工具。

⑤一些负面的、危险的方面，要引导学生讨论规避风险、保护自身安全的方法。

⑥如果长时间、多次参与网络中的性，影响了现实中的生活，可以积极发展其他爱好，如体育锻炼、旅游等，转移注意力；也可以与亲密的朋友进行交流，缓解心中压力；还可以咨询专业人士，如性爱专家、心理咨询师等，寻求他们的帮助和意见。

（5）教师过渡与总结。

互联网、移动终端使性信息传播进入了一个全新的境界，表现形式多种多样，带来的变化让人应接不暇。网络在普及性知识、帮助个体缓解性压抑上有其特殊贡献，但也存在很多问题。不过，真实世界中各种混乱、可怕的事情也不少，未必就比网络更安全，所以是否混乱主要是因人而异，而不在于通过什么渠道进行交往。

面对网络中的性，我们应理性辨识，审慎对待，避免影响到正常的工作和学习。如果出现问题也不必紧张，可以通过与专业人士沟通、同伴交流等方式积极调整。此外，我国对淫秽色情品的传播是禁止的，需要了解相关法律、避免风险。

六、小结

网络是一项中性的技术和工具，是好还是坏，并不取决于网络本身，而取决于网络中的人。不可否认，网络带给这个世界的变化太大又太快，不论是人们的观念还是处事方法，都被网络带着往前跑。原本就很复杂的爱与性的问题，再放到网络上，就更加难以应对。在气喘吁吁追赶的时候，我们也要思考、审视，适应其变化，利用其优势，避免其危害。

（资料来源：方刚、王艺：《高中生性教育教学工具包：15~18 岁》，知识产权出版社，2020 年，第 297~337 页）

三、运用灵活多样的课堂活动方法提高教学效果

以活动为主的课堂，自然需要多种多样的方法；根据活动方案目标的需要，选取不同的方法，更能有效达成目标。中学生心智发展水平已经比较成熟了，认知能力也发展较好，讨论、辩论等对思维水平要求较高的方法，对他们不但适用，还能发展其批判性思维。

以下是众多性教育课堂教学方法中的几种，因为每种情境有太多不同情况，不同的教师有不同的原则，不同的学生也有不同的兴趣，加之经验、智力等差异，因此需要针对具体问题进行具体分析教学。教学是门艺术，需要准备充分，同时也需要富有创意的方案设计和具体方法。以下这些方法都能很好地让学生参与，最大限度地激发学生主体作用的发挥。

（一）案例研究

利用分析案例来学习，重点在于故事必须完整，包括开头、中间、结尾。案例研究可以有许多种形式，可以做成讲义在课堂上发给学生，也可以用影片、视频和其他媒介来呈现，甚至可以让学生把它们表演出来。以下是进行案例分析讨论时应注意的事项：

（1）你是否也会做如故事中人物一样的事？
（2）该故事是经常发生，还是偶然的？
（3）这情况会在什么地方发生？
（4）故事中的行动造成了什么样的结果？
（5）你对故事中人物面临的情境有什么应对建议？

（二）角色扮演

通过直接观察与健康话题相关的行为进行学习。通过角色扮演来进行学习，会产生如下情况：

（1）演员会在扮演过程中发展出共情能力。
（2）学生可在不具威胁性、风险性低的情况下学习合理的行为反应。
（3）学生能更加深刻地认识到行为的后果。

在性教育课堂进行角色扮演时，需要做如下提示：

（1）角色扮演是自愿而且不经过排练的，我们必须在事前就把情况说清楚，让每个人可以明白自己的角色。
（2）必须分配任务给一旁观察的观众。
（3）角色的选择应该出于自愿或者指派。当你需要某个学生与某种情境产生共情时，可以指派角色给他；当你需要热心的演员激发观众的兴趣时，可以选择自愿的演员。
（4）如果情况允许，可以使用道具，简单或精致的道具都可以，这会帮助演员更好进入角色和情境，并且成为学习经验的一环。

(5) 时间控制在 15 分钟以下，才能有足够的时间作讨论和评估。角色扮演后的时刻才是教育的重要时刻。

角色扮演可以用几种不同的方式进行，通常是先扮演，然后讨论。通过讨论分析演员的行为，以及如果对方是该角色，会不会有不同的做法。角色对调也是另一种可以采用的方式。它需要指派在现实生活中处于对立面的学生来担任该角色。这会是一种模拟他人感受很好的方式。还有一种方式是角色替换，即在角色扮演到途中时打断它，换一位观众来演某个角色，或者两个角色互换，这个方式可以呈现不同立场的观点、解决的方法等。不管采用的是哪一种角色扮演法，之后的讨论是最为重要的，教师要给学生足够的时间来讨论，鼓励他们从不同的观点来表达，并且允许他们彼此交谈、讨论彼此的观点。讨论结束后教师引导其把重点总结出来。

（三）小组讨论

小组讨论的方式可以增加对话的机会，既能够独立学习，也能注入不同的观点。理论上要以 2~6 人为一组，组内成员指派其中一人为记录员，负责记下每个人所说的重点，并且做出总结。

小组讨论适用于开放性的话题，也就是没有标准答案的话题，但可以讨论出几种可行的方式。当讨论完成时，教师可以提出结束，也无须让其他小组知道彼此的讨论内容。事实上，当话题很私密时，当事人可能只想让很少数的人知道。所以教师要有教学敏感，不应该让讨论继续扩大。如果教师想请各小组进行汇报，可以请他们给出一份简要版的数据即可。也可以把小组打散再重组，如将每个组员分别标上号码，然后请号码相同的组员集中在一起，如此一来，每个新的小组就有来自不同组的成员了。新的小组可以延续原本小组的讨论和观点，继续进行讨论。

下面是一些适合中学生的小组讨论题目，可供选用和参考。
(1) 什么情形下人工流产是被允许的？
(2) 你认为负责任的性行为是怎样的？男女的性需求有哪些共同之处？
(3) 为人父母对你的意义是？
(4) 你愿意结婚吗？为什么？
(5) 什么是爱情？
(6) 你认为理想的家庭应该是什么样子的？
(7) 当你接触到同性恋者时，会有怎样的反应？
(8) 为何人们会对自己的性行为有罪恶感、羞耻心？

（四）游戏/竞赛

游戏是充满乐趣的学习方式，通常它有规则、有目标，而竞争经常是教育游戏的关键要素，学生会和自己、他人、其他团队进行竞争。

在游戏进行之前，需要提醒两个重点：其一，有些游戏可以照搬现成的，也可以创新，或是将已经很熟悉的游戏经过调整变成学生自己的游戏，如用足球的规则来计分，可以提高学生的兴趣；其二，要时时谨记真正的目标是教育而不是玩乐，用在性教育上的游戏都必须清楚的定出教育的目标是什么，进行游戏会帮助学生达到什么。

（五）金鱼缸讨论法

金鱼缸讨论法的一个特点是外圈的组员能够完全关注内圈的组员。这种方法对下列目标很有用处。

（1）把较安静的学生放在内圈，会使他们变得更愿意表达。

（2）把喜欢发表意见的学生放在外圈成为观察者，能有效地限制他们的表达。

（3）可以用来改善两位参与者的关系。方法是在每位内圈的学生身后，都安排一位学生，规定外圈的学生只能与面前的学生讲话，由他担任教练，转告内圈学生如何问答等。

（4）可以用于大团体要做决定时。小组讨论时要将话题置入金鱼缸（内圈）中，并且观察他们如何讨论，一段时间后，小组重新聚集，再根据金鱼缸的讨论来进行下一步的讨论。最后，再次将话题放入金鱼缸中，做出集体的决定。

以下是适用于金鱼缸讨论法的话题举例：

（1）同性恋者可以担任公立学校的教职吗？

（2）学龄前儿童的母亲可以在外工作吗？

（3）我们应该学习哪些性教育的话题？

（4）什么是猥亵，什么又是色情呢？

金鱼缸讨论法的变形是在圈圈的正中央摆一张空的椅子。外圈学生如果想要提供意见，可以坐在那张椅子上，把自己想说的话说完，再把椅子留给下一个人。

（六）语句完成法

语句完成法是小组讨论法的延续，学生写下未完成的句子，并在小组里讨论。以下是一些未完成句子的范例：

（1）我的身体……

（2）父母……

（3）我认为婚姻……

（4）同性恋需要……

（5）男人是……

（6）女人是……

（7）自慰是……

（8）一个家庭应该……

（9）性教育……

这些句子是开放式的结尾，没有标准答案，可以激发小组讨论的热情。

第四节　中学班主任工作与性教育

对于中学班主任来说，开展性教育势在必行。中学阶段是未成年人青春期发育的重要时期，学生的身体、心理都正在发生着重要的变化，同时也带来人际关系的变化——青春期恋情的萌发。一方面，这个阶段的学生急需教师、家长的指导和帮助；另一方面，这个阶段学生所出现的问题行为常常也与"性"这个主题有关，教师处理这类问题、教育和纠正学生的不良行为，都绕不过性教育这个环节。所以，不管班主任是否愿意，是被动抑或是主动，都会面临需要通过性教育去处理的情境，不可避免地成为"兼职性教育教师"。提高性教育实施能力，有助于提升班主任的业务水平。

一、中学班主任需要面对的常见性教育主题

（一）青春期恋爱教育

一项调查表明：中学生恋爱的比例为28.5%，认为只要双方愿意就可以进行婚前性行为的有33.5%，而有过婚前性行为的中学生也有2.2%[1]。

对于青春期恋爱，教师、家长和学生的关注度都很高。学生关注度高的原因在于青春期身心变化快，情窦初开的学生既有强烈的恋爱动机，又面临家长和老师严厉禁止的压力；同时交往技能的发展也不足应对基于性吸引的复杂人际关系，所以他们由此而产生的困扰很多。而以教师和家长为代表的教育者，因为不愿意学生"为情所困"，影响学习，所以也有着强烈的教育与管理动机。

长期以来，教师和家长作为教育者，一直对青少年发生在青春期的恋情抱有较为负面的看法，将其看成是青少年成长中的不良现象，是影响学习成绩的"元凶"。正是基于这样的观念，青春期恋爱的目标定位就是以解决问题为导向的。这样的理念和做法，只是对青少年不合理的管理，而非为他们成长着想的教育。

既然青春期身心变化是一种必然，而且是青少年发育正常的标志，那么，就不应该把青春期恋情看作洪水猛兽，把青少年彼此之间的性吸引和性际交往看成是青少年成长阻碍。恰恰相反，这些都是青少年健康成长的必经之路，是其健全人格的必修课。唯有在成年人的指导和帮助下，完成这一课，青少年才会有成熟处理感情问题、懂爱会爱的能力，才能更好地履行将来的社会与家庭角色职责。

合理的青春期恋爱教育，应当从以下两方面去达成：一是转变教育理念，二是重塑教育目标。

---

[1] 林柔君、王亚平、张悦等：《中学生性行为和性态度现状调查分析》，《中国性科学》，2014年第23期，第83~85页。

1. 转变教育理念：青春期恋情不是青少年成长中的麻烦，而是促进其成长的机会和资源

当青少年开始暗恋，或受到爱慕者的追求，或面临因青春期恋情而带来的复杂人际环境时，这正是对他们进行青春期恋爱教育的极佳时机。由于个体差异，每个青少年这个时间节点的到来有早有晚，但迟早会面临这一课。在陷入麻烦之前，就提供机会让他们思考和学习，能让他们的心理成长尽量跟上生理成熟的步伐。

而此后每一次心理上的自我调节，每一个麻烦或困境的处理，都是青少年锻炼成长的机会。如果一个处于青春期的青少年没有遇到任何情感困扰，也没有遇到和处理过任何一件由爱情带来的人际关系难题，完美规避了所有导致学习分心的情感困扰，那反倒是令人担心的，因为那可能意味着孩子身心发育迟缓，且在将来可能欠缺相关的能力。

2. 重塑教育目标：不是为了"拆散"恋情和阻止恋情，而是培养青少年爱的能力，促进其身心健康发展

当教育理念得到转变，青春期恋爱教育的目标就需要重新设定。原来的青春期恋爱教育，无论是恐吓还是劝告，其目的就是阻止青少年一切有关恋爱和性的情感和行为的发生，实际上阻碍了青少年正常的成长进程。重新设定的青春期恋爱教育目标，应该是帮助青少年获得准确的信息，学习相关的知识，培养就性的诸多问题做出决策、进行交流和降低风险的能力，最终实现培养青少年爱的能力，促进其身心健康发展。

这一目标的实现，不是在青少年遇到困扰或困境时，才被动提供指导和帮助，而是需要主动为他们创造学习条件，提供学习机会。这才是顺其自然，顺应青少年身心发展的需要，能为他们的成长保驾护航的真正意义上的青春期恋爱教育。

总之，如果把青少年正常的性成长看作影响发展的破坏性力量，便不会有真正有益于青少年的青春期恋爱教育；以教育之名试图阻止青少年性成长进程，达到消除青少年爱与性的目的，其实也是徒劳的。只有正视青少年的性存在，承认青少年性发育的事实，承担起指导和帮助青少年应对成长问题的责任，以促进青少年健康发展为目的，才会是有效的并且有益于青少年成长的青春期恋爱教育。

（二）性的人际交往教育

进入青春期，一些情窦初开的男生因有限的交往技巧在面对自己喜欢、欣赏的女生时，常常不知道应当如何去接近，也不会得体地去表达欣赏和爱慕，会做出一些荒唐的"挑逗""撩拨"言行。这样的现象从小学五六年级开始就很常见，常常会有女生来投诉被某个男生捉弄了。通常情况教师只是简单去批评和制止男生类似的行为，但往往禁而不绝。这个时候，仅仅制止他们这些"不良行为"是不够的，从根本上来讲，是要让他们懂得什么行为受欢迎、什么行为惹人反感，提高交往能力，学会用尊重对方的态度去表达欣赏，用文明的方式去接触对方。

女生对于自己不感兴趣的男生刻意的接近，则常常报以粗暴的敌对态度；而对于喜欢的男生，由于需要维持矜持的形象，通常会掩饰自己的好感，同时会把自己的小心思投射到别人身上，会私下"八卦"心仪的男生与别的女生之间的交往，甚至刻意制造

"绯闻",给当事人带来很大的心理压力。

基于性吸引而产生的人际关系变化,是青春期青少年的新课题。他们不仅要面对如何与自己心动之人之间的交往,还要处理这类感情引发的竞争关系。即使不打算建立恋爱关系,这时候的同性和异性交往,都与儿时"两小无猜"的状态不一样。进行交往指导,帮助青少年学会有礼貌地表达欣赏和拒绝,学会表达不喜欢的接触等,对于青少年学会以更成熟的方式相处,以更友善态度和更合宜的方式面对不受欢迎的性表达都非常必要。

(三)性与性别议题上的尊重与反歧视教育

性别平等是我国的基本国策,由国务院妇女儿童工作委员会牵头推广的性别平等教育,历经十余年的试点探索现已进入创建性别平等教育模式的新阶段。教育学生要反对性别歧视,打破性别刻板印象的束缚,无论何种性别,都不应该限制个体的兴趣和对未来职业的规划和追求。

中学阶段是学生开始面对自己的性倾向和特殊性别认同的时期。帮助学生建立平等、包容的态度,避免对少数群体学生的歧视与欺凌,将更有利于建设友好的校园氛围,提高学生的心理健康水平。

二、中学班主任可采用的性教育途径和方法

(一)专业人士的讲座

邀请专业人士进行主题讲座可以作为性教育课程的必要补充。讲座专家可以来自多个专业领域,便于从各界专业人士中获得资源。设计讲座主题和邀请专业人士时,需要注意以下三点:

(1)确定讲座专家对该主题有充分的知识储备。为确保讲座的知识和信息能符合学生的兴趣和需求,可事前向邀请对象提供关于学生的基本信息(家庭社会背景、年龄、之前的学习基础等),并且把从学生中收集到的问题提供给讲座专家。

(2)邀请讲座风格适合中学生的专家。如何在讲座中呈现内容,和讲座内容本身一样重要;仅仅有丰富的专业知识,但演讲起来却很无聊,则很难让人获得知识。

(3)确定受邀专家能够达成讲座目标。受邀专家有各自的职业背景,可以从不同角度提供不同的性教育信息。比如,法官可以从性法律角度提供信息,还能提供具体的相关案例;儿科医生可以提供儿童性生理发展的信息,以及医疗实践案例;心理医生可以提供青春期常见性心理问题的信息;警察可以提供有关预防青少年性犯罪的信息等。

(二)个别指导

教育对象的特点是千差万别的,因此教师和家长对孩子的个别指导就显得十分重要。教师应该创造和谐的气氛,让学生有了疑惑愿意与你交流、探讨,遇到问题时愿意向你求助、请教。如果家长有信心同孩子一道探讨性问题,并能为之提供必要的指导,

那么孩子就有可能开诚布公地与你谈论心中的秘密,他们从别处得到的信息会在这里得到检验、纠正。另外,在指导的过程中还可以让孩子有选择性地阅读专门的中学性教育读物和文艺作品,这可以免去许多交流中容易出现的难堪和尴尬。一部优秀的文艺作品,会给学生美的享受、知识上的充实、精神上的引领、心灵上的荡涤;反之,内容粗俗、品位低劣、格调低下的文艺作品,会使青少年受到不良刺激,特别是那些淫秽书刊会给孩子带来极大的伤害。因此,家长和教师要时刻留心观察,不可听之任之。

(三) 发挥中学心理咨询的作用

心理咨询中常见的与性问题有关的内容有青少年心理适应问题、性心理障碍问题、婚恋问题等。由于性在人们心目中具有隐秘性、羞涩性,因而常常给当事人造成很大的心理压力,带来很大的精神痛苦。在心理咨询中,针对性心理咨询的具体情况,为来访者提供正确的性生理知识和性心理知识指导,是性教育的重要途径。很多青少年学生对性的适应问题、异性交往问题常感到迷茫,也往往为情所困,为性所困扰。许多学校已建立心理咨询机构,心理咨询重在坦诚交流和平等对话,面对具有较高专业素养和职业道德水准的教师或心理咨询人员,青年学生通常会更愿倾吐、诉说困惑,以寻求理解、支持和帮助。因此,这种方法很有效。各级各类学校的心理咨询教师应针对青少年学生的实际情况,为其提供性生理、性心理知识的指导与咨询,帮助他们掌握科学的性知识,树立正确的性观念;对青少年出现的婚恋方面的性问题,要正确引导;对性心理不正常行为尤要引起重视,讲清情与法、情与理、性与道德之间的关系,教育学生摆正心态,正确处理爱情、婚姻、学习之间的关系。

(四) 利用校园文化开展性教育

加强校园文化建设,最为重要的是开展丰富多彩的校园文化活动,丰富学生的课余文化生活,培养学生高尚的道德情操。比如,积极创造条件,举办性心理学、性伦理学讲座,做学术报告等,向学生讲授男女青年的交往、社交礼仪规范,还可以组织电影晚会、音乐欣赏、郊外春游、体育锻炼等,将学生旺盛的精力吸引到锻炼身体、提高能力、磨砺意志与陶冶情操的活动中来,用积极健康的精神生活抵制各种不良文化和思潮的消极影响,避免性刺激的诱惑,并在活动中养成两性文明交往的良好习惯,形成健康向上的个性品质。性教育的校园文化活动应该是多种多样的,如"爱情与性"的系列主题班会,让同学们唱爱情歌曲、朗诵爱情诗歌、讲经典爱情故事、讨论爱情的真谛,甚至讨论"爱与性"的关系等问题。

第八章 培智学校性教育指导[①]

本章学习要求：
1. 了解培智学校学生性生理、性心理、性行为的特点。
2. 理解与掌握培智学校性教育的原则。
3. 能够在培智学校进行性教育的实践探索。

第一节 培智学校学生性发育特点

一、性生理与性心理发展水平不一致

与普通儿童生理发展一样，特殊儿童的生理发展也会随着年龄的增长而发育，他们的生理发展大多不会受到他们发展滞后的智力的影响。此外，由于一些癫痫等病情治疗药物在他们身上的使用，他们的生理发展速度可能还会大大提前，导致培智学校学生的性生理与他们的智力以及性心理发展水平的不一致。培智学校学生的心智发展水平有的会滞后于身体发展2~3岁或5~6岁，导致他们很多情绪问题的发生。

二、不良性行为表现较容易给他人带来困扰

培智学校学生出现的不良性行为主要表现在以下方面：
（1）性别意识模糊。不能进行性别的区分和自我性别角色的认知，如不能区分自己是男生还是女生、自己该上男厕所还是女厕所、男生与女生不同的一些基本行为规范等。
（2）青春期发展危机。对自身身体发育的觉察不足或者过分关注，面对青春期的身体发育及相关情况难以掌握正确、适当的应对方式。例如，女生对自身胸部开始隆起、月经的来临，男生对自身阴茎的变大、遗精等自身身体发育没有觉察；对自身长出来的阴毛过分好奇等。

---

① 本章为四川省教育发展研究中心立项项目"青春期智力障碍儿童性教育策略研究"（项目编号 CJF16043）最终成果。

（3）没有个人隐私的概念。培智学校学生缺乏自我与他人的概念，主客体不分，难以明确自己与他人的界限，没有隐私的概念，不会主动地去保护自己的隐私或者尊重他人的隐私。

（4）不当的性需求表达。当有性方面的需求的时候，培智学校学生的表达往往非常的直接，而这种表达方式是不被大家接受或者认可的。例如，过分靠近异性，直接去拥抱异性、亲吻异性等。

上述问题的出现都会给学生自己和教师、家长带来影响和困扰，甚至有时候会给社会带来一定的影响和困扰。

三、接受性教育机会少且学习进度缓慢

有专门针对培智学校学生家长性教育实施问卷的调查结果显示，79%的家长表示未曾与孩子就性方面的内容进行讨论或进行过性教育，64%的家长不清楚该怎么实施性教育，97%的家长认为很有必要或有必要对孩子进行专门的性教育。在性教育的具体实施方面，也出现了以下困难：缺乏对孩子进行教育的方式、方法（63%的家长选择）；认为孩子的障碍程度严重，学习慢、效果差（57%的家长选择）；不知道怎么选择对孩子进行性教育的内容（21%的家长选择）；与孩子谈性问题觉得不好意思、不自然（11%的家长选择）。[①] 从上面的数据可以看出培智学校学生家长的家庭性教育严重缺位。

有针对普通教师性教育实施的态度调查结果显示，有很大一部分教师对性教育是持反对的态度，且在愿意实施性教育的教师中，有较多会有所保留地实施性教育。可以推测培智学校教师可能和普通教师一样抱有同样的想法。

通过对上述结果的分析可以看出，培智学校学生家长以及培智学校教师都没有比较系统地对培智学校学生实施性教育，而这又是他们接受性教育的主要来源，所以就导致他们接受性教育的机会很少。

第二节 培智学校性教育的原则

一、终身教育原则

虽然很多国家和地区在中学阶段才开始安排性教育课程，但已有不少专家学者提出性教育是一个广泛而完整的教育计划，应从出生开始，而系统的性教育至少在小学阶段就应该进行。有专家曾提出性教育是一种终身教育，它有两个重要阶段：幼儿期（孩子两三岁时）是一个重要时期，青春期是另一个关键时期。

[①] 卞蓉、唐小红：《特殊儿童家长性教育实施情况、需求调查及其启示》，《中国性科学》，2018年第27卷第7期，第157~160页。

智力障碍人士作为一个特殊的群体，其身心发展的特殊性更决定了他们必须接受终身性教育。他们接受能力差，容易形成定式而难以改变。研究和事实都表明智力障碍人士常常是更易被性虐待、性侵犯的群体，所以从小对智力障碍人士进行性教育，使他们尽早形成角色定位，具备必要的性保护知识等都是必不可少的。

和正常人一样，幼儿期和青春期是智力障碍人士性教育的两个关键时期，在这期间的性教育应该得到学校、家庭和社会的足够重视。而和正常人不同的是，成年智力障碍者对性教育的需求会增加而不是减少。智力障碍人士很难养成终身学习的态度和方法，我们不能期望成年前的一次性的性教育就能达到目的，它必须是长期的，贯穿智力障碍者一生的。另外，他们在成年后会面临很多与性有关的新问题，如怎样控制性冲动，怎样和异性相处，怎样健康地释放性压力以及怎样保护自己不受性侵犯和不成为性侵犯的发出者等。

因社会规范的要求和身心发展特点的不同，对各阶段的智力障碍人士进行性教育的重点应该有所区别。婴儿期主要通过第一信号（非语言信号）的输入，如穿衣、玩具等对新生婴儿的性别加以分化，并按照特定性别的行为规范加以区别抚养。幼儿期着重于什么是适当的行为，什么是不适当的行为。可灌输以下观念：①谁是家人、亲戚朋友，谁是陌生人；②什么是可以碰触的，什么是不可以碰触的；③什么是身体的隐私处；④当被人侵犯时应如何或应向谁报告。儿童期的智力障碍者的生理还未发育，性教育也应该着重于上述四个方面，但在难度和教育方式上应有所改变，以期达到反复练习，养成习惯的目的。

青春期是个体发展至关重要的一个时期，智力障碍人士也不例外。根据提前教育的原则，从儿童阶段晚期到青春期应对智力障碍者进行青春期生理发育及卫生保健、青春期心理发展及卫生保健、青春期性道德规范和自我保护等教育。

指导成年智力障碍人士如何解决性需要，如何与他人特别是异性交往，怎样防止性侵犯，怎样调适性心理，进行性病的预防等是对成年智力障碍人士进行性教育应关注的方面。

二、综合教育原则

这里的综合教育原则包含两层含义：一是指在各种教育形式、各个学科、各种活动中渗透性教育；二是指在各种教育形态中同时开展性教育，把家庭教育、学校教育和社会教育三者结合起来，充分发挥三者合力，更好地对智力障碍人士进行性教育。

对智力障碍人士进行性教育的方式很多，如单独设立性教育课程，在现有课程中设立教学单元，把性教育内容融入其他学科中进行教学，通过潜在课程的形式即通过教师的身教、学校的环境、学校行政的运作、班级气氛等对学生进行性教育。笔者认为，性教育应成为一门专门的科目，并加强师资的培训。这也是智力障碍人士理解能力差、学习速度慢等特点决定的。同时还要以其他形式作为补充，只有这样才能落实对智力障碍人士性教育的实施，取得较好的教育效果。

智力障碍人士在家中的时间会比正常人更多，对家庭成员的依赖性也更强，家庭成为性教育最自然的场所。可以说，没有家庭的积极参与，智力障碍人士的性教育不可能真正完成，特别是学龄前期和成年期，家庭要承担智力障碍人士性教育的主要任务。"性"不是自然知道的，智力障碍人士又很难通过书报、媒体或同辈获取性知识，因此家庭的传授显得尤为重要。但家庭的教育态度、方法、技巧等参差不齐，对家庭成员进行性教育培训已迫在眉睫，这也使得支持系统的建立显得相当重要。学校和社会要为智力障碍人士、智力障碍人士家庭和相关服务人员提供支持，如方便快捷的性教育培训、性知识咨询、求助方式、性教育资源、必要的上门服务等。

学校应责无旁贷地负责在校智力障碍学生的性教育。"性"是一个敏感的话题，所以学校在实施性教育前一定要首先征得家长的许可和配合。同时，学校要积极为家庭提供专业服务和支持，使教育取得更好的成效。

智力障碍人士生活于社会中，社会有教育和保护他们的义务，社会对他们有着非常大的影响。智力障碍人士极易受暗示，所以我们必须先从外在环境支持系统做起，改变社会对智力障碍人士的"性"和性教育的偏见，真诚理解和接纳智力障碍人士，提供给他们更安全的支持环境，使性教育成为一种互动的教育、全面的教育。同时，国家必须制定相关的法律、法规赋予并保护智力障碍人士拥有性的权利且不受性的侵犯。另外，智力障碍人士性教育要得到切实有效的实施，还必须有医疗、保健等多学科的介入。

三、正面教育原则

智力障碍人士思维通常具有直观和表面的特点，他们分析力不足，对问题的理解不够灵活。但很多智力障碍人士的观察力并不差，具有较强的模仿力，如果从反面进行教育，智力障碍人士可能很难从中汲取教训，反而会模仿坏行为。因此，在对智力障碍人士进行性教育时，可以给予公正的批评和劝说，但不应是常用的形式，应本着正面教育的原则，理解、尊重、关怀他们，明确地教导他们该怎么做，使其树立正确的友谊观、爱情观、人生观、价值观。如智力障碍人士的自慰现象，教育者不能看作是污秽肮脏的事而简单加以呵斥和制止，这样容易造成当事人的性焦虑与性障碍。要理解智力障碍人士的性生理、性心理和性需求，在理解的基础上尊重他们，教导他们正确的自慰方法和场所以及事后的处理技巧，指导他们正确地解决性需求；也可为他们设计丰富多彩的活动以转移他们的注意力，避免过度自慰。智力障碍人士的人格、感情需要被尊重。我们应以更多的爱心去关心他们的学习、生活、思想、情感等，捕捉一切有利时机，动之以情、晓之以理、约之以规、导之以行，使他们朝着正确的方向发展。

四、循序渐进原则

循序渐进原则是指教学要根据学科的逻辑系统和学生认识发展的顺序进行，这是智力障碍人士性教育中必须遵循的原则。对智力障碍人士进行性教育不能企求在一个年龄段内一次完成全部的教育内容，应分年级分对象分层次地考虑教学计划，制定递进的内容序列和分阶段的要求。不能零打碎敲而要有一个系统的观念，要有目的有计划地取得预期的效果。对智力障碍人士进行性教育，要考虑知识本身的逻辑体系和他们的认知规律，考虑教哪些、不教哪些，哪些先教、哪些后教，以及难、易、深、浅程度，各学科、各年级之间的有机联系与衔接等。对智力障碍人士进行性教育不能急于求成，尤其有关性的态度、道德、价值观等的形成不可能一蹴而就。作为教育者，要一步一个脚印地走，教材难易变化采用最小幅度，不要尝试在一段时间内填塞太多东西，要做到适时、适量、适度、适当，具体的内容安排可参照终身教育原则中对各阶段教育重点的论述。

第三节　培智学校性教育实施建议

培智学校应在低年级开设专门的性教育课程，尽早对培智学校学生进行性教育；要为培智学校学生的性教育课程选聘或培养专门的教师，以保证学生性教育工作的顺利开展；在教学组织形式上要尽量丰富有趣，将抽象的事物具体化，使教学和活动相融合。培智学校除了要将性教育内容设立为专门的课程，还应采取其他形式加以补充，如将性教育内容渗透到其他课程，引导培智学校学生接受科学且正确的性教育，促进培智学校学生的健康成长。

一、培智学校性教育内容体系的科学构建

科学的内容体系是培智学校学生性教育实施的保障和关键。在培智学校学生性教育内容体系的构建中既要考虑到学生的现实需要，也要为学生未来的发展做好相应的准备。结合性教育相关资源，对培智学校学生实施性教育的内容体系可以从如下方面进行设计：生命的诞生及其过程；身体器官的认识；青春期身体发育；保护自己；清洁活动；与性相关的社会活动等。然后对每个内容体系下面需要涉及的具体内容以及现有可供使用的资源进行对应，方便教师在开展相应教学设计的时候参考和使用。培智学校性教育内容体系见表8-1。

表8-1　培智学校性教育内容体系

内容体系	教学目标（教学内容）	已有相关资源
生命的诞生及其过程	知道一个生命的诞生过程，知道人一生不同的发展阶段及特点，能进行男女相关的区分与运用	视频：《我从哪里来》。绘本：《小威向前冲》《你从哪里来》《我是怎么诞生的》《我是爱的种子》
身体器官的认识	能认识身体外部器官、内部器官有哪些，能正确说出不同器官的位置，知道内外部不同器官的作用	课件：我的身体：男、女、男女。绘本：《青蛙与男孩》等
青春期身体发育	知道青春期身体会有哪些变化，能正确面对月经并了解其应对措施（女），能正确面对遗精并了解其应对措施（男），能以适当方式自慰，知道突然有性反应的合理应对方式	课件：我的青春期：男、女、男女。绘本：《小鸡鸡的故事》《乳房的故事》

续表

内容体系	教学目标（教学内容）	已有相关资源
保护自己	知道自己身体哪些地方属于自己的隐私部位；知道自己的身体界限；当隐私被侵犯后，知道该怎么应对并具备一定应对能力	课件：我来保护自己。绘本：《不要随便欺负我》《不跟陌生人走》《不随便吃别人给的东西》《不要随便摸我》《不让自己上当》《要是陌生人摸我身体》《小心灰太狼》
清洁活动	洗头、洗澡、洗小件物品、收拾整理自己的相关物品	暂无
与性相关的社会活动	懂得要与他人友好相处，具备一定拒绝他人及寻求帮助的能力，能按照一定社会规范参加社会活动	课件：文明上厕所、文明就餐。图表：我的一家人

二、培智学校性教育课程体系的构建与实施

培智学校学生性教育建议采取专题课+学科渗透的课程体系。但是为了让更多的学生能接受到性教育，规范他们的各种性行为，学科渗透要成为并且也应该成为培智学校学生性教育实施的主渠道。

（一）培智学校性教育专题课及其实施

随着学生年龄的增长，性教育的问题也就越来越具体和具有针对性，比如，男生的自慰和遗精、阴茎的不稳定性勃起，女生的月经和胸部的发育等。这些问题可能造成很多学生不知道如何处理这些问题，会有害怕、恐惧等心理产生，从而造成情绪的失控。家长也不能完全正确地应对这些问题，不能及时地梳理孩子的情绪。

开展专题课，能提高培智学校学生对性教育知识的了解，有针对性地解决其实际存在的问题。培智学校学生的理解能力有限，一些关于异性的内容不太适合在课程的教学中让他们去学习，如男生对于女生月经的内容、胸部发育的内容，女生对于男生遗精的内容、阴茎勃起与自慰的内容等。针对这些内容对他们进行普识性的讲解反而会引起他们过多的注意或者不必要的关注。所以，我们建议就将这些列为专题课的内容，在男生或者女生的专门性教育课程中去实施。培智学校性教育专题课内容框架见表 8-2。

表 8-2 培智学校性教育专题课内容框架

类型	目标	内容
男生专题课	1. 知道男生青春期身体有哪些变化； 2. 能正确认识青春期身体的变化。	1. 身体变化的内容：喉结的突出，阴毛、体毛、声音的变化，阴茎、睾丸的变化。 2. 面对身体的变化可以做什么？
	1. 知道为什么会遗精； 2. 遗精后知道如何处理并会处理。	1. 精液是哪里来的？ 2. 遗精后内裤和床单的处理。 3. 遗精后身体的清洁。

续表

类型	目标	内容
男生专题课	1. 阴茎勃起后会正确应对； 2. 正确认识自慰。	1. 阴茎突然勃起后我可以怎么办？ 2. 有自慰需要后可以进行的场所。 3. 自慰后场所的处理。 4. 自慰相关的健康保健知识。
女生专题课	1. 知道女生青春期身体有哪些变化； 2. 能正确认识青春期身体的变化。	1. 身体变化的内容：胸部的发育，阴毛、体毛的变化。 2. 面对身体的变化可以怎么做？
	1. 能正确认识月经； 2. 掌握正确处理月经的方法； 3. 能正确认识经期的烦恼； 4. 会正确处理经期的不适感。	1. 月经是哪里来的？ 2. 卫生巾的正确使用。 3. 月经的其他相关知识。 4. 经期的烦恼与情绪的控制。
	1. 知道女生乳房的变化； 2. 知道乳房的作用； 3. 会进行乳房的保健。	1. 认识乳房的基本结构。 2. 选择合适的内衣并会清洁。 3. 认识乳房疾病及乳房保健方法学习。
	1. 当有自慰需求时能适当进行； 2. 知道一些自慰相关卫生保健知识。	1. 当需要自慰时我可以怎么办？ 2. 有自慰需要后可以进行的场所。 3. 自慰后场所的处理。 4. 自慰相关的健康保健知识。

（二）性教育在培智学校多学科教学中的渗透

在培智学校其他的课程中进行性教育渗透是实施性教育的良好渠道。在进行学科渗透性教育前，教师可以根据性教育内容板块，设定不同板块的教学目标，整理出不同内容板块要教学的内容。而后，将这些内容与学校现行的各个教学科目进行对应，根据这些教学的内容搜集并开发教学资源（如教学课件、视频资源、绘本资源等），方便在各个学科渗透相关教学内容时选用、参考。

1. 培智学校性教育实施学科渗透内容框架的构建

培智学校性教育实施学科渗透内容的框架要根据学校对学生性教育实施开展的内容来构建。学科渗透内容框架的构建便于各个学科在学科渗透内容框架中找到可以结合并能在课堂教学实施中开展的内容，为学科渗透性教育内容提供方向。培智学校性教育实施学科渗透内容框架见表8-3。

表8-3 培智学校性教育实施学科渗透内容框架

内容板块	教学目标	内容
我从哪里来	1. 知道人生命的形成及诞生过程； 2. 知道人一生不同的发展阶段及特点。	1.《小威向前冲》：生命的诞生过程，我从哪里来； 2.《我是怎么诞生的》：妈妈生育的过程； 3. 人的生长会有哪些阶段以及不同阶段的特点等。

续表

内容板块	教学目标	内容
我的身体	1. 能分辨性别：男、女； 2. 能认识身体器官及其功能。	1. 我的身体：男、女； 2. 绘画自己的身体； 3. 生活中的男、女； 4. 我的身体：外部器官的认识； 5. 《豆豆的旅行》：身体内部器官的认识；
保护自己	1. 能说出隐私部位的名称； 2. 知道为什么要保护隐私部位； 3. 知道如何才能保护自己身体的隐私部位； 4. 知道一些避孕相关的知识。	1. 男女不同的隐私部位； 2. 保护隐私部位； 3. 建立我的人际圈； 4. 我的身体我做主； 5. 不侵害他们的隐私部位； 6. 如何应对坏人； 7. 避孕工具及其使用。
社会生活	1. 文明使用厕所； 2. 会拒绝他人及寻求帮助； 3. 能适当处理自己的情感； 4. 具备一定的家庭观念。	1. 男女卫生间的分辨； 2. 卫生间的正确选择及文明如厕； 3. 学会说不； 4. 寻求帮助； 5. 喜欢与爱的表达； 6. 如果我被拒接； 7. 我的一家人。

为了帮助各个学科更好地选择性教育渗透的内容、选择合适的形式开展性教育活动，在学科渗透内容框架的基础上，还需要将这些内容与具体学科的学习方式进行对应整理，部分学科渗透性教育目标、内容一览见表8-4。

表8-4 部分学科渗透性教育目标、内容一览

性教育目标	渗透学科	内容
知道并认识家庭中的主要成员	生活语文	通过《全家福》等课文的学习认识家庭成员，学习家庭成员的称谓
	生活适应	学习家人之间要互相帮助、照顾
	劳动技能	学习做力所能及的家务
	绘画与手工	画一画我的家人
	亲子活动	亲子游戏
能在与人交往活动中尊重他人、友善相处	生活语文	《我的好朋友》《客人到我家》《我的班级》等
	运动与保健	学习合作、轮替与等待，例如接力赛、球类等运动
会识别身体的各个部位	生活语文	《我的身体》《认识五官》《成长的秘密》
	绘画与手工	画人像
	运动与保健	听指令完成身体各部位运动
	唱游与律动	《手指运动》《我的身体》《螃蟹体操》等

第八章 培智学校性教育指导

续表

性教育目标	渗透学科	内容
知道青春期身体发育	劳动技能	遗精、月经的处理
	绘画与手工	画一画不同时期的身体
	运动与保健	身体锻炼与营养补充
	生活数学	身高、体重、三围的测量
认识男女	生活语文	学习认识生字"男""女"并进行应用
	生活适应	知道自己的性别，会判断他人的性别，学习基本的男女生相处的社会规则
	绘画与手工	画男生、女生像，通过穿着、头发等外部特征来分辨男女
选择与自己性别相符的厕所，能文明如厕	生活适应	认识男女厕所标志并会分辨
	劳动技能	学习脱裤子、提裤子、擦屁股、冲厕所
	绘画与手工	画一画男女厕所的标志
隐私部位的认识、保护	生活适应	隐私部位的认识、保护，身体的界限，拒绝别人等
	亲子活动	在家中如何融入隐私部位教育
	运动与保健	游泳训练中男女生泳衣的选择和穿着
树立对陌生人的防范意识	生活语文	《放学路上》：注意陌生人
	综合实践	外出活动时如何应对陌生人
	主题班队会	针对性的主题班会课，利用情景模拟、角色扮演等方式帮助学生树立自我保护意识

2. 学科渗透性教育的实施要求

（1）教师接受专业并持续的性教育知识及教学技能培训。

多学科渗透性教育首先考虑的因素是教师因素，这些教师都必须接受专业并持续的性教育知识及教学技能培训。

（2）发掘学生需求，制定学习目标及内容。

《国际性教育技术指导纲要（修订版）》及《中国青少年性健康教育指导纲要（试行版）》中都按照核心概念及不同学段列出了儿童及青少年性教育的学习目标及核心内容，给予了性教育实施者很好的指引。但是在培智学校，学生障碍类型包括自闭症、中重度智力障碍、脑瘫、唐氏综合征等，他们的认知及社会发展水平都有很大的局限，所以纲要中的目标及内容并不完全适用于培智学校学生，而需要教师发掘学生需求，在纲要的框架中筛选和重新制定适合他们的教育目标。

例如，在《国际性教育技术指导纲要（修订版）》核心概念3"理解社会性别"中，加入了男生女生的认识、如何正确如厕等。对于普通儿童来讲，其在学龄前就已经知道了相关知识，而对于培智学校学生来说，自己是男生女生、怎样判断该去哪个厕所上厕所及怎么样文明如厕，都需要教师及家长很长时间的教学。在核心概念6"人体与发育之人体意向"中，结合学生均存在障碍的情况，制定了"每个人都是独一无二的，都有优点与缺点,不用在意自己的不完美之处"的目标,帮助培智学校学生正视和接纳自己,应对他人的排斥。大部分孩子没有自我形象整理的意识,因此将"欣赏自己的身体(态度)"的目标改为"知道合理的、适度的注意自己的形象,如经常洗澡、剪头发(梳头发)、剪指甲、衣服保持干净整洁"。

3. 实施学科渗透性教育的建议

(1) 先选取试点年级,再逐步进行推广。

由于以多学科渗透为途径的性教育涉及的学生、教师、家长人数较多,如果在一开始就在全校开展,主导者难以调控全局,教学质量及效果得不到保障。所以要先从班主任专业素养较高、班级学生能力水平整体较高、家校合作氛围较好这几个维度去选择试点的年级,通过试点实验,可以发现性教育目标、内容、实际实施中的问题,发现哪些是无效的并加强相对薄弱的部分,以做更科学的调整。在进行一段时间的试点后,再进行从年级到全校的推广。

(2) 班级授课与个别化教育相结合。

班级授课为主要的教学方式,便于教师以常规教学为载体融入性教育。根据学校制定的总的性教育目标及内容,结合全班同学的实际情况来修订性教育教学目标。但由于培智学校学生的个体差异较大,要根据学生的生理、心理发展及认知水平来进行个别化教学。除此以外,还需要性教育课题组教师、班主任针对个案进行个别处理。

三、培智学校性教育的特殊方法与技巧

(一) 培智学校学生性教育以情境体验和技能培训提高为主

在根据上述内容对培智学校学生进行性教育活动中,进行复杂的知识讲解几乎起不到什么作用,因为他们难以理解,而且很快便遗忘。而通过相关活动的技能训练,手、眼、脑共同参与,他们能比较好、比较快地接受与学会。所以,在对培智学校学生实施性教育的时候,主要以情境体验和技能培训提高为主。

例如,"文明上厕所"这一主题内容教学的出发点就是基于学生在学校生活时,没有走进卫生间就开始脱裤子,没有将衣服整理好就从卫生间出来这一状况。教师在实施性教育时可以通过给同学们播放这些不文明行为的图片和视频,让他们说说看到这样的事情发生,或者在自己身上发生了这样的事情好不好,自己有什么样的体验;并动脑想一想别人看到会有什么感受,别人会怎么说;然后再带学生到实际的情境中去进行技能的训练,明确进入卫生间后才能脱裤子,穿好裤子才能从卫生间出来等。在后期技能训练时,教师需要对学生进行多次训练并观察效果,及时根据实际情境中出现的问题再进行有针对性的一对一的教学辅助;同时教师还要让家长参与,让孩子在家中、参与社会活动时都能按照这样的要求来做,多方协同促进他们技能的形成。

(二) 注重对培智学校学生良好生活习惯的培养

正确良好的行为习惯养成对于一个人的成长极为重要。对于培智学校学生来说,

良好的行为习惯养成对他们今后适应社会生活、立足于社会显得更为重要，例如，对他人有礼貌，保持合适的社交距离，注重自我清洁卫生，衣着得体，文明用语，妥善保管自身物品，养成积极、健康休闲的生活方式等。这些良好的生活习惯看似跟性教育没有太大的关系，但是其对培智学校学生性行为及其表达都会产生重大的影响。如适当的社交距离保持可以避免培智学校学生与他人的社交距离过近或者去触碰他人等，衣着得体可以避免一些暴露身体的情况出现。

（三）将社交故事教学法引入培智学校学生性教育活动中

社交故事教学法是根据培智学校学生的学习特点，以故事的形式为其呈现日常生活中发生的社交事件，通过对事件中环境状况、人物行为与感受的描述与解释，帮助他们正确理解事件中的信息，并在此基础上引导他们学习社交技能与适宜的行为。通过社交故事教学法，可有效改善培智学校学生的问题行为及负面情绪等。

对于培智学校学生而言，单纯的知识讲授难以在他们的头脑中留下深刻的印象，他们也难以理解，在真实情境中遇到相关问题时难以正确运用教师讲过的知识予以灵活应对。社交故事教学法通过针对当前学生面临的主要问题或者需要教学的主要内容进行真实生活情境中故事情节的创编与教学，让培智学校学生更好地理解故事主人翁可能会遇到的情况，以及在这种情况下主人翁是如何处理的。然后，教师再在教学中让每一个培智学校学生思考如果主人翁是自己，自己该怎么做并进一步演示自己的做法，或者在真实的情境中再去进行演练。这样的社交故事教学活动能对培智学校学生的性教育活动起到良好的效果。

（四）注重对培智学校学生视觉支持环境的创设

视觉提示，顾名思义就是能够看得到的提示。在日常生活中，我们几乎无时无刻不在利用视觉提示。最常见的例子就是交通红绿灯，就算大街上再嘈杂，它也能静静地把交通信号传递给我们。

培智学校学生由于自身障碍的限制在处理有些活动的时候记不住程序，或者忘记某些程序，这个时候如果在他可以看到的范围内有一个视觉提示的材料对他进行帮助，那么他就可以很好地完成这些活动，减少问题行为或者不规范行为的发生。所以在对培智学校学生进行性教育活动的时候，在学校或者家庭为其建立视觉支持的环境至关重要。在培智学校的卫生间内设置视觉提示图片就可以帮助培智学校学生独立完成大小便，增强其独立性，降低陪护人员对其的辅助作用。

附：

培智学校性教育课程设计案例
"认识隐私部位"系列专题课程教学设计案例
第一课时

一、课前准备

1. 静息，听到音乐停的时候开始上课。

2. 教师与学生相互问好。

3. 教师点名，了解哪些学生没有来上课，是什么原因。

二、情景引入

出示两个没穿衣服的洋娃娃——男孩和女孩。

讨论：这个男孩和女孩可以这样出去玩吗？为什么？

引出身体的隐私部位。

三、授课

说说身体的哪些部位不能给人随便看随便摸。请每位学生都来说一说。教师观察谁没有说完整的就及时补充。

引导学生给男孩和女孩穿上衣服和裤子。教师先示范帮男孩和女孩穿衣服。

让学生来操作怎么帮男孩和女孩穿衣服。请男生帮男孩穿衣服，女生帮女孩穿衣服。

四、小结

让学生知道自己的胸部、腿、屁股、生殖器等部位都是身体的隐私部位，不能随便露出来，不能让人随便看、随便摸。

五、整理、下课

第二课时

一、课前准备

1. 静息，听到音乐停的时候开始上课。

2. 教师与学生相互问好。

3. 教师点名，了解哪些学生没有来上课，是什么原因。

二、复习

上节课我们学习了有关隐私部位的器官，那么学生知道它们的名称吗？请两位学生来回答。

三、教授新课

观看视频《安全教育之保护身体的隐私部位》。第一次完整地观看视频，第二次带着问题来具体讲解这些问题。妈妈告诉了小朋友什么事情？请学生来说一说。

四、小结

一个人的身体，从头到脚都是属于自己一个人的，身体上的一些部位是特别私密的，就是你去游泳时穿泳衣遮住的地方，除非有正当理由，否则，绝对不能允许别人触摸那些地方，当然，我们也不能随意触摸别人的隐私部位。

五、整理、下课

第三课时

一、课前准备

1. 静息，听到音乐停的时候开始上课。

2. 教师与学生相互问好。

3. 教师点名，了解哪些学生没有来上课，是什么原因。

二、复习

上节课的视频中讲解了哪些隐私部位，请学生来回答。

三、授课

分组讨论：如果遇到骚扰应该怎么办呢？如何保护自己的隐私部位？

教师引导学生大胆地发表自己的看法，请每个学生都来回答。

（打电话给父母、报警、向可信任的成人求助、大声呼叫求救……）

四、小结

如果身边有可能保护的人，就一定要勇敢地大声斥责对方，不要因为不好意思而忍让那种坏人，一定要大声呼救。如果势单力薄，就尽可能躲避这种人，或用随身的物品用来遮挡。如果遇到有人对你们性骚扰，一定要及时地回避和报警，要在第一时间保护自己不受伤害才是最重要的。

五、整理、下课

第四课时

一、课前准备

1. 静息，听到音乐停的时候开始上课。
2. 教师与学生相互问好。
3. 教师点名，了解哪些学生没有来上课，是什么原因。

二、复习

上节课中讲解了哪些隐私知识，我们应该怎么来保护自己，请学生来回答。

三、授课

实际操作，加深记忆。

1. 让学生在一张纸上画出男孩和女孩。
2. 让学生用红笔标记出男孩和女孩身体的隐私部位。
3. 让学生说出"用红色的笔标记出的是自己的隐私部位，是不可以随便让别人看、随便让人摸的部位"。

四、延伸活动

观看绘本《不要随便摸我》。

五、小结

如果遇到有人对你们性骚扰，一定要及时地回避和报警，要在第一时间保护自己不受伤害才是最重要的。大声说"放开我""我不舒服""我要喊人啦"。

六、整理、下课

"月经及正确使用卫生巾"专题课程教学设计案例

第一课时

一、课前准备

1. 静息，听到音乐停的时候开始上课。
2. 教师与学生相互问好。
3. 教师点名，了解哪些学生没有来上课，是什么原因。

二、问题引入

1. 同学们，你们知道什么是月经吗？请学生和家长来回答，了解家长与学生对于月经知识的掌握情况。

2. 你们知道月经来了如何处理吗？请家长来回答。

3. 引出我们今天要了解月经是怎么回事。

三、授课

1. 请学生和家长完整地观看视频《大姨妈来了》，了解月经形成的过程。

2. 教师一边播放视频一边讲解月经形成的原因及注意事项。月经是由子宫内膜脱落出血形成的，此时全身或局部的抵抗力会下降，所以要特别注意经期卫生。

3. 个人的身体发育有早有晚，所以月经来潮也是有早有晚。一般女学生在12岁左右就来月经了，有些女学生早至9岁就来月经，有的则迟至18岁才有月经，同学们不要在背后随便议论别人，不要互相猜疑。

四、小结

月经来潮是女性正常的生理现象，同学们不要害羞、不要紧张，要告知家长，家长会帮助我们进行正确的处理。遇到上运动保健课时要主动向老师说明情况，单独报告老师，因为这是我们的隐私。

五、整理、下课

第二课时

一、课前准备

1. 静息，听到音乐停的时候开始上课。

2. 教师与学生相互问好。

3. 教师点名，了解哪些学生没有来上课，是什么原因。

二、复习引入

上节课我们讲了月经是怎么回事，那么我们在月经期应该怎么来处理？引出本节课的内容——正确使用卫生巾。

三、教授新课

1. 在月经来的时候，我们就需要使用卫生巾来保障女性私密处的卫生干净，阻止更多的细菌感染。有没有学生知道怎么正确使用卫生巾？请来了月经的学生来回答。教师观察一下她们是否会正确使用。

2. 教师示范正确使用卫生巾。出示卫生巾和内裤，先撕去后面的隔离纸，再撕去护翼的隔离纸，粘贴在内裤最窄的地方，导致不会移位，后抚平一下。教师再将红墨水倒在卫生巾上，让学生来观察卫生巾是如何吸收液体的。最后将卫生巾从内裤上取下来，展示内裤上不会沾上液体，再把卫生巾扔到垃圾桶里面。提示学生我们在做这些事情的时候是要在厕所或者家里面自己的房间。

3. 请每位学生把自己准备的内裤拿出来，教师给每位学生发卫生巾，让学生自己来操作练习。部分学生在家长的辅助下练习，家长要正确地指导，教师观察指导做得不到位的地方。

四、小结

在使用卫生巾的时候,要注意粘贴到内裤上了要抚平一下,并且要黏牢实一点,免得它移位了。

五、布置作业

请学生回家再练习一下正确使用卫生巾的方法。注意要在厕所或者自己的房间里面进行。

六、整理、下课

第三课时

一、课前准备

1. 静息,听到音乐停的时候开始上课。

2. 教师与学生相互问好。

3. 教师点名,了解哪些学生没有来上课,是什么原因。

二、复习引入

上节课我们练习了怎么使用卫生巾,请问学生自己会不会粘贴了呀?让学生来回答,了解一下学生有没有在家里练习。

我们今天要来了解一下在月经期间的一些注意事项,这是为了我们的身体健康做准备。

三、授课

1. 在使用卫生巾的时候要注意勤于更换,因为阴部的皮肤比较娇嫩,它需要一个透气的环境,如果封闭得太严实,湿气聚集,就容易滋生病菌,造成各种健康问题。所以卫生巾一定要勤换,一般2~3小时更换一次,夏季则不应超过2小时。也就是我们上两节课之后就要及时去更换卫生巾。

2. 在选择卫生巾的时候注意不要使用有药物或者含有香味的卫生巾,尤其是过敏体质的学生。这个需要家长们引起重视。

3. 每天用温水淋浴,不要坐在盆里清洗隐私部位;不要游泳、防止污水进入阴道引起逆行感染;避免剧烈运动或重体力劳动。

4. 不吃刺激性食品,如辣椒、生葱、生蒜等,防止流血过多,延长经期。要多吃蛋、鱼、肉、豆类、蔬菜等。

5. 不要坐湿地、不要淋雨、不要受凉;少吃生冷食品,防止经血流出不畅引起腹痛。

6. 女学生如果到了18岁还没有月经来潮,或经期出现严重的腹痛,要找医生治疗。

四、小结

在以后的学习和生活中,我们要正确对待月经,养成良好的卫生习惯。

五、整理、下课

"月经与遗精"专题活动教学设计案例

一、课程简介

这一节课的目的是让学生认识到青春期的男孩和女孩所发生的不同的身体变化：月经和遗精。

二、教学时间

180分钟。

三、教学材料

1. 姓名贴纸签、姓名贴纸签盒子。
2. 课堂规则（在第一课中创建的课堂规则列表）。
3. 透明胶带。
4. 女性生殖系统指南（授课前须先熟悉这些内容）。
5. 男性生殖系统指南（授课前须先熟悉这些内容）。
6. 黑板、电子课件、粉笔。
7. "青春期卡片"复印件一份。
8. 三张分别写有"男性""女性""共同"的大白纸，贴在黑板上。
9. 几包卫生巾、水、红色颜料、一条女用内裤。
10. "生理知识词汇游戏"复印件若干份，每个小组一份。
11. 发给"生理知识词汇游戏"中获得第一名的小组的奖品（必须有趣）。
12. 匿名问题盒。
13. 同样规格的空白小纸片，用于学生写匿名问题。

四、教学步骤

（一）热身

1. 佩戴姓名贴纸签。
2. 依次点名，询问被点到名的学生，他/她想把姓名贴纸签放置在身体的什么地方。
3. 学生给出回答后，教师说："但是，我觉得你应该贴在这里。"同时，手指指向对方身体的对应部位。当学生回应"不，我的身体我做主"时，教师引导全体学生鼓掌，并将姓名贴纸签递给他/她。

（二）复习

1. 复习生殖系统知识。
2. 复习青春期知识。

"青春期卡片"活动。

将"青春期卡片"中的除写有梦遗、阴道分泌物、开始产生性冲动、产生浪漫的感觉、情绪波动文字的卡片之外，其余的卡片分发给学生，请持有卡片的学生依次读出上面的文字，并说出该变化会出现在什么性别身上，或者男女都有。教师参照以下方框中的正确回答，引导学生讨论每位学生的回答，直到将所有卡片都正确地贴到写有"男性""女性""共同"的大白纸上。

认识青春期开始的时间存在个体差异性。

（三）月经与月经周期

1. 对月经和月经周期做简要的解释，同时在黑板上画出图解。
2. 演示。自己亲自或者请一位女生演示过程：将卫生巾放入道具内裤上，将红色液体倒在卫生巾上，展示卫生巾如何吸收液体，然后将卫生巾从内裤上取出，展示内裤上不会沾上液体。

将学生分成几个小组，每个小组分一位教师进行指导。请学生练习以上步骤。

（四）遗精

讲解男孩的梦遗，请包括下列内容：

1. 梦遗是完全正常的。
2. 第一次出现梦遗，有些男孩以为是"尿床"了。但是，床单上的东西看起来不像尿液，闻起来也不像。它是白色的、黏稠的。
3. 有些男孩经常出现梦遗，有些就比较少，还有人完全不会梦遗。
4. 有些成年男性也会梦遗。
5. 梦遗只会在睡眠中发生。
6. 梦遗是将体内积存的精液排出体外的一种方式。
7. 如果发生梦遗，用纸巾或者干毛巾将床单清理干净。起床后，告诉父母你发生梦遗了，需要换床单。

注意：提醒男生，无论有没有发生梦遗，都要注意保持阴茎清洁。如果男生有包皮，在清洗阴茎的时候，把包皮退后加以清洗。

（五）使用正确的生殖器官名称

1. 举起一张"生理知识词汇游戏"表格。讲解游戏规则，告诉学生你预备了奖品。
2. 将学生分成2~4个小组（最好每组由4位学生组成），每组分派一位教师，负责组织游戏，但不要提示答案。分发"生理知识词汇游戏"表格，要求在10分钟内完成。
3. 完成表格后，每个小组派代表念出本组的答案，由教师最终评分。
4. 各小组将每项得分进行统计，得分最高的小组将获得奖品。
5. 问问学生参与游戏的感受。

这个游戏有趣吗？从前有没有想过，你可以这么大声地说出这些词语？使用正确的生殖器官名称感觉是不是很好？

（六）结束

1. 匿名提问。

派发空白纸条给每个学生，并向学生说明活动规则。

关于这节课的知识，你可能还有疑问但是又不好意思大声提问，那么现在把你所有的问题都写在这张纸上。不要把你的名字写在上面。我不需要知道是谁提的那个问题，你的同学也不需要知道。写好后，把你的纸条放在这个"匿名问题盒"里。我随后会打乱盒子里纸条的顺序，然后回答你们的问题。

注意：如果学生无法书写，教师可以帮助书写。虽然由教师帮助写下学生的问题已经不是完全"匿名"的，但是通过这种方式，学生还是会提出很棒的问题。

2. 回收姓名贴纸签。

"我从哪里来"专题课教学设计案例

一、课前准备

1. 静息，听到音乐停的时候开始上课。

2. 教师与学生相互问好。

3. 教师点名，了解哪些学生没有来上课，是什么原因。

二、引入

1. 有没有学生知道自己是从哪里来的呀？

2. 根据学生的回答来引出今天上课的主要内容——了解自己是从什么地方来的。

三、授课

1. 先看视频《小孩是从哪里来的》，再根据视频来了解精子和卵子结合会形成受精卵，在妈妈的肚子里面进行细胞的分裂，形成我们的身体各个器官，最终变成小宝宝。教师在讲解的同时提问学生，进一步加深学生对于自己是从妈妈的肚子里面来到这个世界的概念认知。

2. 通过绘本《我们的身体》进行讲解，小孩子在妈妈的肚子里面2个月、5个月、8个月的时候是什么情况。

3. 通过PPT上面的内容来告诉学生还有双胞胎的情况发生，这是什么原因。还有妈妈在生产的过程中会很辛苦，有剖宫产和顺产的两种情况出现，我们要孝顺自己的妈妈。

四、布置作业

发放作业纸给学生，让学生自己来判断对错。

五、整理、小结、下课

"我的隐私部位"生活适应课渗透教学设计案例

活动目标：

1. 了解男孩女孩的区别，建立性别意识。

2. 通过小视频、粘贴画的形式知道男女生身体的隐私部位，积极引导学生哪些是不可以暴露的隐私部位。

3. 科学、正确、积极地面对身体的变化，学会认识自己的身体并且尊重自己和别人的身体。

活动重点：学生可以正确认识男女生的隐私部位。

活动难点：教育学生正确认识自己的隐私部位，积极健康地度过青春期。

授课年级：三年级。

活动准备：图片、视频、教学具、多媒体等。

活动过程：

一、课前准备

1. 听音乐静息。

第八章 培智学校性教育指导

2. 师生问好。
（1）集体问好。
（2）个别问好。

二、教学过程

1. 学生男女分两组，每组派一个代表来讲台，复习巩固男生、女生的性别区分。

师：请同学们观察并告诉老师，××是男生还是女生？（穿着、头发长短区分）总结上节课要点，说出男女生从外貌着装上的区分点。

2. 故事导入，今天班里来了两位新朋友（出示男女两张图片），我们来看看他是谁呢？请学生观察，引发讨论。（是弟弟、妹妹，或是男生、女生）

学生阐述自己不同性别的看法，男女生有哪些区别？（男生短头发，女生长头发）提出：除了头发长短不同可以判断性别的，更重要的是我们身体的某些部位，是代表着性别差异的，是哪些部位呢？就是我们背心短裤遮住的部位。

3. 出示图片，男女生穿泳装的图片，请学生继续观察，男生女生的区别，男生有几件衣服，女生有几件衣服，因为男生女生隐私部位不同，所以他们遮盖的部分也不同。

4. 小游戏：给娃娃穿衣服。
（1）教师用投影仪展示男女生图片，用魔术贴给男娃娃、女娃娃穿衣服。
（2）请个别学生上黑板去给娃娃穿衣服，强调男女生隐私部位遮盖部位的不同，其他学生分发相应的学具一起练习，共同学习。

三、课堂练习

给不同组别的学生分发不同的课堂练习，如 A 组学生分发图画美术纸，用铅笔给男生、女生的隐私部位画衣服（裤子、裙子）；B 组学生分发魔术贴，给男生、女生隐私部位贴衣服；C 组学生在画有衣服的男生、女生的裤子、裙子上涂色。

四、小结，下课

回顾本节课的主要内容，对每位学生的表现情况进行总结评价。

附：

A

B

C

"提防陌生人"生活语文课渗透教学设计案例

一、准备

请一位学生带头朗诵古诗,进入学习状态。

上课起立,问好(单独)。

二、导入

今天来了很多客人老师,大家跟客人老师打招呼。除了客人老师,今天还要认识一位朋友,看照片,引入"涛涛"(播放"涛涛"自我介绍视频),"他在放学的路上遇到了一件事……"

三、看视频(按照课文内容拍的)

提问:"涛涛"遇到了一件什么事情?(引入课题,板书课题:放学路上)

四、讲授新课

1. 回归课文:看看课文里是怎么说的。(翻书,教师带领齐读课文)

2. 复习词语:"独自、陌生、纸条、问路、对面、叔叔"(PPT展示),叮嘱、谢绝(纸条粘贴在黑板上)。

3. 理解课文:看图(照片1),男女生分组读第一段。(PPT图文对照)

4. 引入第二段:图片2(照片2),男女生分组读第二段。

5. 提问:想一想,如果你是"涛涛",这个时候你怎么办?(点名提问,注意分层

引导，提要求）

6. 那"涛涛"是怎么做的？（齐读最后一段，再看此情景视频）

7. （1）想象一下，妈妈叮嘱过"涛涛"什么？（引导回答）

总结：不要跟陌生人走！（展示纸条，并齐读）

（2）视频回放，"涛涛"是怎么样谢绝陌生叔叔的？（视频回放此段）

如果陌生人让我跟着走，"对不起，我不跟你走"。（展示纸条，并诵读）

五、演一演

1. 根据课文内容，陌生叔叔问路（无诱惑物）。

2. 陌生阿姨问路（有诱惑物）。

3. 陌生婆婆要接你回家（有礼物）。

六、拓展练习

判断。

七、作业布置

下发分层作业单。

八、音乐放松活动

"说出自己的烦恼"生活语文课渗透教学设计案例

一、设计意图

1. 学生学情。

本班为培智学校六年级（2）班，共有13人，其中唐氏综合征1人，智力障碍2人，脑瘫1人，其余9人均为自闭症。他们均为12~13岁，正处于进入青春期的阶段。部分学生已经有一些特征表现，非常需要性教育，除了开展专题课程外，更多的是需要将性教育渗透、融入于学科教学中。

《把烦恼说出来》是培智学校六年级上册生活语文中的一篇课文，经过前面几课时的学习，A组学生已经能独立读课文，认读、书写生字词，并基本理解课文。B组学生能跟读课文，认读、抄写生字词，在提示下说出课文中关键语句。C组学生能跟读部分段落，在提示下认读生字词。但是，学生对"烦恼""信任"两个较抽象的词理解困难，不知道什么叫"烦恼"，哪些事是"烦恼"，也不清楚哪些人可以是自己信任的人。所以结合社交圈（人际圈）理论，借机梳理学生的社交圈（人际圈），在辅助理解此课文内容的同时，也为今后学生学习身体界限等性教育相关安全知识做准备。

2. 设计的基本理论。

参照张俊华、陈海苑、区绍祥、万莉莉在《现代特殊教育》（2015年第9期）发表的《人际圈理论应用于智障学生性教育的实践研究》，将人际圈分为培智学生方便理解、记忆的6个圈层：自己、家人、教师、其他认识的人、穿制服的人和不认识的人。

二、教学目标

1. A组学生（能力较好）：

（1）会对照社交圈（人际圈）说句子"遇到烦心事我可以对_____说出来"。

（2）能够独立根据教师的要求找出不同圈层的人的照片。

(3) 在教师引导下能逐步感知哪些人是自己最亲密的人,哪些人是需要保持距离的人,离"自己"圈层越远的人与自己关系越疏远。

2. B组学生(能力中等):

(1) 会对照社交圈(人际圈)补充句子"遇到烦心事我可以对_____说出来"。

(2) 能够在提示下根据教师的要求找出不同圈层的人的照片。

(3) 在教师引导下能初步知道家人是自己最亲密的人。

3. C组学生(能力较弱):

(1) 在辅助下指出照片模仿说出"遇到烦心事我可以对_____说出来"(只需说出人物)。

(2) 能够在辅助下根据教师的要求找出不同圈层的人。

(3) 能够在辅助下找到自己的家人的照片。

三、教学重难点

重点:能够找出不同圈层的人

难点:初步感知距离"自己"圈层越远的人与自己关系越疏远。

四、授课年级及课时

六年级,1课时。

五、教学准备

多媒体课件、图片、教学具。

六、教学过程

活动环节		教师活动	学生活动	设计意图
一、准备及导入	1. 听音乐静息	播放音乐	听音乐静息	安抚自闭症孩子的不稳定、兴奋的情绪
	2. 小老师与学生集体问好	指定一名学生当小老师,与大家集体问好:同学们早上好	与小老师问好	给学生展现自我的机会
	3. 复习导入	(1) 直接导入:前面我们学习了第4课,知道了如果有烦恼,要把烦恼说出来。(出示课题,PPT及粘贴黑板) (2) 请一位学生带领齐读课文	1. 补充:"说出来" 2. 齐读课文	导入课题 通过读课文,回忆课文内容

续表

活动环节		教师活动	学生活动	设计意图
二、教授新课	1. 说说自己的烦恼	(1) 拿出铅笔完成生字复习 (2) 认读词语：烦恼、烦心事、不顺心的事、不开心、说出来 (3) 你的烦恼/不开心的事是什么呢？ (4) 指名几个学生对照课件说自己的烦心事	1. 跟着教师圈出词语 2. 说说自己的烦恼	1. 核心词语认读、理解 2. 通过具体的事让学生加深对"烦恼"的理解，并练习说话
	2. 按要求找出相应圈层的人的照片	(1) 我们每个人都会遇到烦恼，但遇到烦恼时，怎么办？齐读课文中的句子"遇到烦恼应该找一个你信任的人说出来" (2) 我们身边有哪些人？哪些人是我们可以信任的、相信的、可以帮助我们的人？拿出照片单及人际圈板，按要求分类找到相应的照片并粘贴	思考并回答，读句子 按要求找、粘贴照片	1. 通过操作，梳理自己的人际圈 2. 通过撕下、粘贴，锻炼手部精细动作
	3. 观察人际圈板；说句式：遇到烦恼，我可以对___说	(1) 看看离自己最近的人是谁？(家人)，所以家人是我们最亲近的人，可以信任的人，句子：遇到烦恼，可以找家人说出来 (2) 学习第三圈层——教师，句子：遇到烦恼，可以找老师说出来 (3) 作业练习(可课堂可课下) (4) 了解剩余的圈层，初步感知与自己的距离	观察、思考、回答问题	1. 让学生通过观察人际圈板感知到家人是我们最亲近的人，其次可以信任、寻找帮助的人是教师 2. 了解其余圈层，为下一步学习做准备
三、拓展	遇到其他情况时，找谁？	看图片情境，对应社交圈板，当我们遇到其他情况时，该找谁？怎么处理？	根据情境拿照片、回答	拓展应用
四、结束活动	1. 总结	今天我们整理了自己身边人的照片，知道了遇到烦恼要找家人或教师说出来，还了解了离"自己"圈层越远的人与自己关系越疏远	聆听、思考、感知	
	2. 下课起立	师生再见	起立、再见	
五、板书设计	把烦恼说出来 遇到烦恼时，我可以找_____说出来			

附录 性教育指导纲要选编

附录一 国际性教育技术指导纲要

《国际性教育技术指导纲要》由联合国教育、科学及文化组织委托编写,并于2009年首次出版,适合学校、教师和健康教育工作者使用。时至今日,性教育领域发生了很多变化,为了恰当地回应年轻学习者当下的需求,并为解决这些需求的教育系统和从业人员提供支持,联合国合作出版成员扩展后的团队于2018年审议并修订了《纲要》。《国际性教育技术指导纲要(修订版)》(以下简称《纲要》)就有效的全面性教育的特征提供了翔实可靠的技术性建议,制定了全面性教育课程所需要包含的主题和学习目标,以及有效的全面性教育的规划、实施和监测方法。它在第一版纲要基础上增加了新的内容,包括更加关注健康促进中的社会性别视角和社会背景,更加强调教育在降低负面的性健康后果,包含艾滋病病毒、性传播感染、早孕和非意愿怀孕,以及基于社会性别的暴力发生的可能性等方面所起到的保护作用,以及广泛使用互联网和社交媒体所带来的影响。《纲要》重申了性教育在人权和社会性别平等框架内的地位,并倡导从年轻人的利益出发,从积极、肯定的角度,提供关于性与人际关系的结构化学习。其修订是基于对世界各地实施性教育工作的最新证据与经验教训所进行的回顾研究,反映了性教育对实现多个可持续发展目标的贡献,特别是有关健康和福祉的目标,有关全民优质教育的目标,以及有关实现社会性别平等的目标。它以积极、肯定的角度和以年轻人最大利益为核心的方式,提倡关于性和人际关系方面的系统化学习。课程开发者、教师、社区工作者可以利用《纲要》来开展性教育宣传,同时它对参与校内外性教育项目的设计、实施和评估的人员也同样有帮助,包括致力于优质教育、性与生殖健康教育的研究者等。

《纲要》内容主要包括七个部分:前四部分阐述了全面性教育的定义和基本原理,以及最新的证据基础;第五部分介绍了8个核心概念和相应的主题,以及按青少年不同年龄阶段制定的教学目标,这是读者着重要注意的内容;最后两部分对如何为推行全面性教育争取支持以及如何有效开展全面性教育提供了建议。

核心概念1：关系

1.1 家庭	
学习目标（5~8岁）	学习目标（9~12岁）
要点：世界上存在着各种各样的家庭类型 学习者将能够： ▶描述不同的家庭类型（例如双亲家庭、单亲家庭、以儿童为户主的家庭、以监护人为户主的家庭、大家庭、核心家庭和非传统家庭）（知识）； ▶表达对不同类型家庭的尊重（态度）； ▶阐述对不同类型的家庭表达尊重的方法（技能）	**要点**：父母/监护人和其他家庭成员帮助孩子建立价值观，并为孩子的决策提供指导和支持 学习者将能够： ▶描述父母/监护人和其他家庭成员如何支持孩子进行决策（知识）； ▶认同父母/监护人和其他家庭成员会影响孩子的决策（态度）； ▶反思家庭价值观是如何引导他们做出决策的（技能）
要点：家庭成员有着不同的需求，扮演着不同的家庭角色 学习者将能够： ▶识别家庭成员的不同需求和家庭角色（知识）； ▶感恩家庭成员用各种方式照顾彼此，即使有时他们并不愿意或没有能力这样做（态度）； ▶在家庭中沟通自身的需求和扮演的家庭角色（技能）	**要点**：家庭成员可以通过他们的角色和责任促进社会性别平等 学习者将能够： ▶识别不同家庭成员的角色、权利和责任（知识）； ▶列举家庭成员通过他们的家庭角色和责任支持社会性别平等的方式（知识）； ▶认识到所有的家庭成员都能够促进社会性别平等（态度）； ▶对家庭成员之间的平等角色和责任表示支持（技能）
要点：社会性别不平等现象往往会体现在家庭成员的角色和责任上 学习者将能够： ▶列举家庭中男性和女性在角色和责任方面的差异（知识）； ▶描述这些差异会如何影响家庭成员能做什么不能做什么（知识）； ▶认识到社会性别的不平等现象会影响家庭成员的角色和责任（态度）； ▶反思自己的家庭角色以及对于家庭中男性和女性的角色和责任有何感受（技能）	**要点**：健康和疾病会影响家庭结构及其成员的能力和责任 学习者将能够： ▶描述健康和疾病如何影响家庭成员的角色和责任（知识）； ▶认识到健康和疾病会影响家庭功能（态度）； ▶对受疾病影响的家庭表达同理心（技能）
要点：家庭成员对培养儿童价值观至关重要 学习者将能够： ▶定义价值观的含义（知识）； ▶列出自己及家庭成员认为重要的价值观（知识）； ▶认识到家庭成员的价值观会影响孩子的价值观（态度）； ▶表达个人的价值观（技能）	

续表

学习目标（12～15岁）	学习目标（15～18岁及以上）
要点：成长意味着要对自己和他人负责 学习者将能够： ▶识别并审视随着自身的不断成长需要对自己和他人承担的新责任（知识）； ▶认识到随着成长，自己的世界和情感将会扩展到家庭以外，朋友和同伴会变得尤为重要（态度）； ▶评估和承担新的责任和关系（技能）	要点：性关系和健康问题会影响家庭关系 学习者将能够： ▶评估当家庭成员公开敏感信息（例如感染艾滋病病毒、怀孕、结婚、拒绝包办婚姻、遭受性虐待或者目前有稳定的浪漫关系）时，家庭成员的角色和关系会如何变化（知识）； ▶反思在公开或分享自己的性关系或健康问题后，家庭成员的角色和关系会如何变化（技能）
要点：父母/监护人和孩子之间的冲突和误解十分常见，尤其是青春期阶段，但通常都是可以解决的 学习者将能够： ▶列举父母/监护人和孩子之间常见的冲突和误解（知识）； ▶描述解决父母/监护人和孩子之间的冲突或误解的方法（态度）； ▶认识到父母/监护人和孩子之间的冲突和误解十分常见，尤其是青春期阶段，但通常都是可以解决的（态度）； ▶应用各种方法来解决父母/监护人和孩子之间的冲突和误解（技能）	要点：在分享或公开性关系或性健康问题时如果遇到困难，年轻人和家庭成员可以寻求帮助 学习者将能够： ▶描述年轻人在公开或分享自己有关性关系或健康的问题时，其兄弟姐妹、父母/监护人或者大家庭能够如何提供支持（知识）； ▶认识到当家庭成员彼此尊重并相互支持时，可以克服困难（态度）； ▶获取有效且可靠的社区资源，以支持自己或其他需要帮助的家庭成员（技能）
要点：爱、协作、社会性别平等、相互关心和尊重对于健康的家庭功能和家庭关系非常重要 学习者将能够： ▶识别健康的家庭功能具有哪些特点（知识）； ▶理解为什么这些特点有助于保障健康的家庭功能（态度）； ▶评估自身对保障健康的家庭功能有什么贡献（技能）	

1.2 友谊、爱及恋爱关系

学习目标（5～8岁）	学习目标（9～12岁）
要点：友谊有很多种类型 学习者将能够： ▶定义什么是朋友（知识）； ▶珍惜友谊（态度）； ▶认识到社会性别、残障或一个人的健康状况并不影响彼此成为朋友（态度）； ▶发展丰富多样的友谊（技能）	要点：友谊和爱能够让人建立良好的自我感觉 学习者将能够： ▶列举友谊和爱的益处（知识）； ▶认识到友谊和爱能够让人感觉良好（态度）； ▶运用使他人感觉良好的方式表达友谊和爱（技能）

续表

学习目标（5~8岁）	学习目标（9~12岁）
要点：友谊建立在信任、分享、尊重、同理心和团结的基础之上 学习者将能够： ▶描述友谊包含的关键要素（例如信任、分享、尊重、支持、同理心和团结）（知识）； ▶主动建立基于上述关键要素的友谊（态度）； ▶展示朋友之间的信任、尊重、理解和分享（技能）	**要点**：青少年与儿童表达友谊和爱的表达方式有所不同 学习者将能够： ▶描述随着成长，对他人表达友谊和爱的方式的变化（知识）； ▶认识到向他人表达友谊和爱的方式多种多样（态度）； ▶反思随着年龄的增长，向他人表达友谊和爱的方式是如何变化的（技能）
要点：人际关系中包含着多种不同类型的爱（例如朋友之间的爱、父母之间的爱、恋人之间的爱），表达爱的方式也多种多样 学习者将能够： ▶识别爱的不同类型以及表达方式（知识）； ▶认识到爱可以通过多种的方式表达（态度）； ▶在友谊中表达友爱（技能）	**要点**：人际关系中的不平等会给人际关系带来消极影响 学习者将能够： ▶探索人际关系中的不平等（例如社会性别、年龄、经济地位或权力的差异）将如何影响人际关系（知识）； ▶分析人与人之间角色的平等如何促进健康的人际关系（知识）； ▶认识到人际关系中的平等是健康人际关系的一部分（态度）； ▶在人际关系中扮演平等的角色（技能）
要点：人与人之间的关系可能是健康的，也可能是不健康的 学习者将能够： ▶列举健康关系和不健康关系的特点（知识）； ▶定义恰当的身体接触和不恰当的身体接触（知识）； ▶认识到友谊可能是健康或不健康的（态度）； ▶建立并保持健康的友谊（技能）	

学习目标（12~15岁）	学习目标（15~18岁及以上）
要点：朋友之间可能会相互产生积极或消极的影响 学习者将能够： ▶比较朋友之间如何相互产生积极和消极影响（知识）； ▶认识到朋友会对个体的行为产生积极和消极影响（态度）； ▶展示如何避免受到朋友的消极影响（技能）	**要点**：人与人之间存在健康与不健康的性关系 学习者将能够： ▶比较健康与不健康的性关系所具有的特征（知识）； ▶认识到人与人之间存在健康与不健康的性关系（态度）； ▶展示避免不健康的性关系可采用的方法（技能）； ▶辨别可信赖的成年人，并展现当处于不健康的性关系中时如何向其求助（技能）

续表

学习目标（12~15 岁）	学习目标（15~18 岁及以上）
要点：人与人之间存在不同类型的关系 学习者将能够： ▶识别不同类型的关系（知识）； ▶区分爱、友谊、迷恋和性吸引所产生的不同情感（知识）； ▶讨论亲近的人际关系有时是如何转变为性关系的（技能）； ▶展示在不同类型的关系中的情感管理方法（技能）	**要点**：一个人在成长过程中会用不同的方式表达喜欢和爱 学习者将能够： ▶描述在健康的性关系中表达喜爱的一系列方法（知识）； ▶认识到性行为并不是表达爱的必要方式（态度）； ▶运用合适的方式表达喜欢和爱（技能）
要点：不平等地位和权力的差异（由于社会性别、年龄、经济、社交或健康状况等）会严重影响恋爱关系 学习者将能够： ▶分析不平等地位和权力的差异如何对恋爱关系产生消极影响（知识）； ▶回忆社会性别规范和社会性别刻板印象如何影响恋爱关系（知识）； ▶认识到关系中的不平等和权力的差异可能是有害的（态度）； ▶对人际关系中的不平等和权力不平衡提出质疑（技能）	

1.3 宽容、包容及尊重

学习目标（5~8 岁）	学习目标（9~12 岁）
要点：每一个人都是独一无二的，都能够为社会做出贡献，并有被尊重的权利 学习者将能够： ▶描述以公正、公平、有尊严、尊重的态度对待他人所具有的含义（知识）； ▶举例说明尽管人与人之间存在差异，但每个人都可以为社会做出贡献（知识）； ▶列举嘲笑他人所带来的各种害处（知识）； ▶认识到所有人都是独一无二且有价值的，都享有尊严并应该受到尊重（态度）； ▶展示向他人表达宽容、包容和尊重的不同方式（技能）	**要点**：污名和歧视是有害的 学习者将能够： ▶定义污名和歧视，并认识到它们的危害（知识）； ▶描述自我污名及其导致的后果（例如沉默、自我否定和封闭）（知识）； ▶想到有支持机制能够帮助遭到污名和歧视的人（知识）； ▶明白以宽容、包容和尊重的态度对待他人的重要性（态度）； ▶为遭受污名和歧视的人们提供支持（技能）
	要点：由于社会地位、经济和健康状况、民族、种族、出身、性倾向、社会性别身份或其他差异而对他人进行骚扰和欺凌是无礼且伤人的 学习者将能够： ▶解释什么是骚扰和欺凌（知识）； ▶描述为什么对他人进行骚扰和欺凌是无礼且伤人的（知识）； ▶认识到每个人都有责任公开反对骚扰和欺凌（态度）； ▶展示多种应对骚扰和欺凌的方法（技能）

续表

学习目标（12~15岁）	学习目标（15~18岁及以上）
要点：基于差异（例如艾滋病病毒感染、怀孕或健康状况、经济状况、民族、种族、出身、性别、性倾向、社会性别认同或其他差异）的污名和歧视是缺乏尊重的表现，会危害他人的福祉，并且是对其人权的侵犯 学习者将能够： ▶掌握污名、歧视、偏见、成见、不宽容和排斥的概念（知识）； ▶分析污名和歧视对他人的性与生殖健康和权利所带来的后果（知识）； ▶认同每个人都有责任保护正遭受污名和歧视的人（态度）； ▶深刻体会到包容、非歧视和多元的重要性（态度）； ▶在遭受污名和歧视时寻求帮助（技能）； ▶练习如何为包容、非歧视和尊重多元发声（技能）	**要点**：挑战污名和歧视，提倡包容、非歧视和多元，这一点非常重要 学习者将能够： ▶分析污名和歧视如何给个人、社区和社会带来负面影响（知识）； ▶总结目前反对污名和歧视的法律法规（知识）； ▶认识到对那些被认为"不一样"的人所遭受的歧视提出挑战很重要（态度）； ▶表达对受到排斥的人的支持（技能）； ▶开展倡导活动，反对污名和歧视，提倡包容、非歧视以及对多元的尊重（技能）

1.4 长期承诺及子女养育

学习目标（5~8岁）	学习目标（9~12岁）
要点：家庭结构和婚姻概念有许多种类 学习者将能够： ▶描述"家庭"和"婚姻"的概念（知识）； ▶列举不同的婚姻方式（例如自由婚姻或包办婚姻）（知识）； ▶回忆一些婚姻关系会因分居、离婚或者死亡而结束（知识）； ▶认同尽管人们在家庭结构和婚姻方式上可能存在差异，但这些都是有价值的（态度）	**要点**：童婚、早婚和强迫婚姻是有害的，并且在大多数国家是违法的 学习者将能够： ▶定义童婚、早婚和强迫婚姻（知识）； ▶列举童婚、早婚和强迫婚姻对儿童、家庭和社会的消极影响（知识）； ▶认同童婚、早婚和强迫婚姻是有害的这一观点（态度）； ▶在面临童婚、早婚和强迫婚姻的风险时，找出可以为自己提供帮助的父母/监护人或其他可信赖的成年人（技能） **要点**：长期承诺、婚姻及养育子女的方式存在差异，且受到社会、宗教、文化和法律的影响 学习者将能够： ▶列举长期承诺、婚姻及养育子女的关键特征（知识）； ▶描述文化、宗教、社会和法律如何影响长期承诺、婚姻及对子女的养育（知识）； ▶认同每个人都有权利选择是否、何时以及与谁结婚（态度）； ▶表达自己对长期承诺、婚姻及子女养育的看法（技能）

续表

学习目标（5~8岁）	学习目标（9~12岁）
	要点：文化和社会性别角色影响子女养育 学习者将能够： ▶讨论文化和社会性别角色如何影响子女养育（知识）； ▶反思自己对于什么是称职的父母所持有的价值观和信念（技能）

学习目标（12~15岁）	学习目标（15~18岁及以上）
要点：婚姻和长期承诺伴随着许多责任 学习者将能够： ▶总结婚姻和长期承诺需要承担的关键责任（知识）； ▶回忆成功的婚姻和长期承诺的关键特征（知识）； ▶认同爱、宽容、平等和尊重对于实现婚姻和长期承诺的重要性（态度）	要点：婚姻和长期承诺可能是有益的，也可能充满挑战 学习者将能够： ▶评估婚姻和长期承诺所带来的益处和挑战（知识）； ▶认识到父母享有继续接受教育的权利（态度）
要点：人们可以通过不同的方式成为父母，并且亲子关系包含多种不同的责任 学习者将能够： ▶列举父母需要承担的责任（知识）； ▶比较成年人成为父母的不同方式（例如意愿和非意愿怀孕、领养、寄养、借助辅助生育技术以及代孕）（知识）； ▶明确表示每个人都应该能决定自己是否要成为父母以及何时成为父母，包括但不限于残障人士和艾滋病病毒感染者（态度）	要点：人们在决定是否、为何以及何时生养孩子等方面会受到多种因素的影响 学习者将能够： ▶阐述影响人们决定是否生养孩子的不同原因（知识）； ▶认识到每个人都可以养育子女，不论其属于何种社会性别、性倾向和社会性别身份，以及是否感染艾滋病病毒（态度）； ▶了解有些人想成为父母，有些人不想；并不是所有人都能够成为父母；有些人成为父母却并非出于自愿（态度）； ▶批判性地评估哪些因素会影响自己关于是否、为何以及何时生养孩子的想法（技能）
要点：童婚、早婚和强迫婚姻以及因非意愿怀孕而成为父母会带来负面的社会和健康后果 学习者将能够： ▶描述童婚、早婚和强迫婚姻以及因非意愿怀孕而成为父母所带来的社会和健康层面的后果（知识）； ▶认识到童婚、早婚和强迫婚姻以及因非意愿怀孕而成为父母是有害的（态度）； ▶寻求帮助和支持，以解决由童婚、早婚和强迫婚姻以及因非意愿怀孕而成为父母等情况所带来的担忧（技能）	要点：父母/监护人有责任满足儿童的多种需求 学习者将能够： ▶对儿童的生理、情感、经济、健康和教育需求，以及父母的相关责任进行分类（知识）； ▶阐明家庭关系中的困难如何影响儿童的福祉（知识）； ▶认识到健康的家庭关系对子女养育的重要性（态度）； ▶就自身的生理、情感、经济和教育需求与父母/监护人进行沟通（技能）

附录 性教育指导纲要选编

核心概念 2：价值观、权利、文化与性

2.1 价值观与性	
学习目标（5~8 岁）	学习目标（9~12 岁）
要点：价值观是个人、家庭和社区对重要问题所秉持的坚定信念 学习者将能够： ▶定义价值观（知识）； ▶确定重要的个人价值观，如平等、尊重、接纳和宽容（知识）； ▶解释价值观和信念如何指导人们做出关于生活和人际关系的决定（知识）； ▶认识到个人、同伴、家庭和社区可能有不同的价值观（态度）； ▶分享自己的价值观（技能）	要点：家庭和社区赋予我们的价值观和态度是我们了解广义的性与狭义的性的来源，影响着我们的个人行为和决策 学习者将能够： ▶确定一个人从哪里（例如父母、监护人、家庭和社区）获得价值观和态度，以及这如何影响你们对于性（包括狭义和广义的性）的了解（知识）； ▶描述父母/监护人如何对孩子进行价值观的教育和示范（知识）； ▶描述会对社会性别角色期望和平等造成影响的价值观（知识）； ▶认识到家庭和社区的价值观和态度会影响个人行为和决策（态度）； ▶反思自己从家庭中学到的价值观（技能）
学习目标（12~15 岁）	学习目标（15~18 岁及以上）
要点：了解自己的价值观、信念和态度，了解它们如何影响他人的权利以及如何捍卫它们，这一点非常重要 学习者将能够： ▶描述一系列和性与生殖健康问题相关的个人价值观（知识）； ▶说明个人价值观如何影响自身的决策和行为（知识）； ▶了解个人价值观可能会如何影响他人权利（知识）； ▶认识到包容和尊重不同价值观、信念和态度的重要性（态度）； ▶捍卫自己的个人价值观（技能）	要点：了解自己的价值观、信仰和态度，从而采取与之相符的性行为非常重要 学习者将能够： ▶比较和对比在性与生殖健康方面与自己的个人价值观相符和不相符的行为（知识）； ▶体会自己的价值观是如何引导性行为的（态度）； ▶采取由自身价值观引导的性行为（技能） 要点：随着儿童的成长，他们可能会形成与他们父母/监护人不同的价值观 学习者将能够： ▶区分自己和父母/监护人关于性的价值观（知识）； ▶认识到自己的一些价值观可能与父母/监护人的价值观不同（态度）； ▶展示如何解决家庭成员之间因不同的价值观所引起的冲突（技能）

2.2 人权与性

学习目标（5~8岁）	学习目标（9~12岁）
要点：每个人都享有人权 学习者将能够： ▶定义人权（知识）； ▶认同每个人都享有人权，且都应得到尊重（态度）； ▶表达对人权的支持（技能）	**要点：了解自己的权利，并知道国家法律和国际协议对于人权的规定非常重要** 学习者将能够： ▶回忆人权的定义及其普遍性（知识）； ▶列举含有普遍性人权和儿童权利的国家法律和国际协议（知识）； ▶了解国家法律和国际协议中概述的儿童权利（例如《世界人权宣言》和《儿童权利公约》）（知识）； ▶珍视人权，并深知人人享有人权（态度）； ▶反思自己享有的权利（技能）
学习目标（12~15岁）	学习目标（15~18岁及以上）
要点：每个人的人权都包括影响其性与生殖健康的权利 学习者将能够： ▶描述影响性与生殖健康的人权（知识）； ▶讨论影响这些权利的地方或国家法律（知识）； ▶识别权利遭到侵犯的情况（知识）； ▶认同社会上有一些群体的人权特别容易遭受侵犯（态度）； ▶尊重所有人的人权，包括性与生殖健康相关权利（技能）	**要点：有很多地方或国家法律以及国际协议中提及了影响性与生殖健康的人权** 学习者将能够： ▶分析有关童婚、早婚和强迫婚姻、女性生殖器损毁/切割、间性儿童的非自愿手术、强制绝育、性同意年龄、社会性别平等、性倾向、社会性别身份、人工流产、强奸、性虐待、性贩卖的地方或国家法律和政策；以及人们获取性与生殖健康服务和捍卫生殖权利的途径（知识）； ▶说明人权遭到侵犯并影响到性与生殖健康的情况（知识）； ▶认同人权对性与生殖健康的影响（态度）； ▶倡导制定支持性与生殖健康人权的地方或国家法律（技能） **要点：了解和促进性与生殖健康人权非常重要** 学习者将能够： ▶探究在朋友、家庭、学校和社区中促进人权的方法（知识）； ▶认识到促进性与生殖健康权利，以及在无歧视、非强迫和非暴力的情况下进行生育决策的重要性（态度）； ▶采取行动以促进性与生殖健康权利（技能）

2.3 文化、社会与性	
学习目标（5~8岁）	学习目标（9~12岁）
要点：有许多信息来源可以帮助我们了解自我、自己的感受和身体 学习者将能够： ▶列举能够帮助人们了解自我、自己的感受和身体的信息来源（例如家庭、个人、同伴、社区、媒体包括社交媒体）（知识）； ▶认同我们从家庭和社区中学到的价值观和观念对我们了解自我、自己的感受和身体有指导作用（态度）； ▶找出一个值得信赖的成年人，并展示如何向其询问有关自身感受和身体的问题（技能）	**要点**：文化、宗教和社会影响我们对性的理解 学习者将能够： ▶举例说明文化、宗教和社会如何影响我们对性的理解（知识）； ▶描述当地以及不同文化中的成人仪式（知识）； ▶了解随着时间推移而发生改变的，与性有关的文化、宗教或社会观念与实践（知识）； ▶认同性观念是多元的（态度）； ▶对性的多元化实践和所有人的人权展示尊重（技能）
学习目标（12~15岁）	学习目标（15~18岁及以上）
要点：对性行为的接受与否，受社会、文化、宗教等因素的影响，并且这些因素会随着时间的推移而改变 学习者将能够： ▶定义社会和文化规范（知识）； ▶审视哪些社会和文化规范会影响性行为，以及它们是如何随时间而变化的（知识）； ▶认识到社会和文化规范会随时间的推移而改变（态度）； ▶质疑影响性行为的社会和文化规范（技能）	**要点**：在发展自己的观点的同时，了解社会和文化规范如何影响性行为，这一点非常重要 学习者将能够： ▶比较和对照社会和文化规范对性行为和性健康的积极影响和消极影响（知识）； ▶领会培养在性行为方面的个人观点的重要性（态度）； ▶反思自己所重视的社会和文化规范，以及这些规范如何影响自己在性和性行为方面的个人观点和感受（技能）

核心概念 3：理解社会性别

3.1 社会性别及其规范的社会建构	
学习目标（5~8岁）	学习目标（9~12岁）
要点：了解生理性别与社会性别之间的差异十分重要 学习者将能够： ▶定义社会性别和生理性别，并描述这两个概念的不同（知识）； ▶反思对自己的生理性别和社会性别的感受（技能）	**要点**：社会与文化规范以及宗教信仰都是影响社会性别角色的因素 学习者将能够： ▶定义社会性别角色（知识）； ▶举例说明社会规范、文化规范和宗教信仰如何影响社会性别角色（知识）； ▶认同有很多因素会影响社会性别角色（态度）； ▶反思社会规范、文化规范和宗教信仰如何影响人们对社会性别角色的看法（技能）

续表

学习目标（5~8岁）	学习目标（9~12岁）
要点：家庭、个人、同伴和社区都是了解生理性别与社会性别的信息来源 学习者将能够： ▶说出了解生理性别和社会性别的几种信息来源（知识）； ▶认识到对生理性别和社会性别的看法受到许多不同信息来源的影响（态度）	要点：每个人看待自己的社会性别或向别人描述自己的社会性别的方式都是独特的，应该受到尊重 学习者将能够： ▶定义社会性别身份（知识）； ▶解释一个人的社会性别身份可能与其生理性别不相符（知识）； ▶认同每个人都有自己的社会性别身份（态度）； ▶欣赏自己的社会性别身份，并尊重他人的社会性别身份（技能）
学习目标（12~15岁）	学习目标（15~18岁及以上）
要点：社会性别角色和社会性别规范影响人们的生活 学习者将能够： ▶确定社会性别规范如何塑造身份、愿望、实践和行为（知识）； ▶检视社会性别规范如何产生危害，以及如何对人们的选择和行为产生负面影响（知识）； ▶认识到关于社会性别规范的信念是由社会构建的（态度）； ▶认同社会性别角色和社会性别期待可以改变（态度）； ▶在家庭、学校和社区的日常生活中采取行动，在社会性别角色方面产生更积极的影响（技能）	要点：敢于挑战自己和他人的社会性别偏见很重要 学习者将能够： ▶回忆关于对男性、女性、具有不同性倾向和社会性别身份者有偏见的事例（知识）； ▶认识到自己和他人的社会性别偏见可能对他人造成伤害（态度）； ▶批判性地评估自己的社会性别偏见程度，并分析所在社区内存在哪些社会性别偏见（技能）； ▶演练应对自己和他人的社会性别偏见的策略（技能）
要点：恋爱关系可能会受到社会性别角色和社会性别刻板印象的负面影响 学习者将能够： ▶分析社会性别规范和社会性别刻板印象对恋爱关系的影响（包括传统的男性气质规范和传统的女性气质规范）（知识）； ▶说明恋爱关系中的虐待和暴力与社会性别角色和社会性别刻板印象有着怎样的紧密联系（知识）； ▶认识到社会性别角色和社会性别刻板印象对恋爱关系造成的负面影响（态度）； ▶质疑恋爱关系中的社会性别角色和社会性别刻板印象（技能）	要点：恐同和恐跨会对具有不同性倾向和社会性别身份的人造成伤害 学习者将能够： ▶定义恐同和恐跨（知识）； ▶分析导致恐同和恐跨的社会规范及其后果（知识）； ▶认识到所有人都应该能够爱他们所爱的人，而不必受到暴力、强迫或歧视（态度）； ▶展示对受到恐同和恐跨伤害的人表示支持的方法（技能）

3.2 社会性别平等、刻板印象与偏见

学习目标（5~8 岁）	学习目标（9~12 岁）
要点：每个人都同样有价值，不论其属于何种社会性别 学习者将能够： ▶说出人们会如何因为自己的社会性别而受到不公平、不平等的对待（知识）； ▶描述在家庭、学校和社区中如何使属于不同社会性别的个体之间的关系更加公平和平等（知识）； ▶认识到对不同社会性别的人表示不公平、不平等的对待是错误的，并且违背人权（态度）； ▶认识到无论社会性别如何，尊重他人的人权很重要（态度）	**要点**：在家庭、朋友、恋爱关系、社区和社会中存在着社会性别不平等和权力差异 学习者将能够： ▶定义社会性别不平等（知识）； ▶描述在家庭、朋友、社区和社会中，社会性别不平等与权力差异有着怎样的联系（知识）； ▶回忆人际关系中的社会性别不平等和权力差异带来的消极后果（如基于社会性别的暴力）（知识）； ▶培养每个人都有责任克服社会性别不平等的观念（态度）； ▶展示在家庭、学校和社区的人际关系中促进社会性别平等的方法（技能） **要点**：社会性别刻板印象会导致偏见和不平等 学习者将能够： ▶定义与社会性别有关的刻板印象和偏见（知识）； ▶认识到社会性别刻板印象和社会性别期待会对人们的生活方式造成很大的积极和消极影响（知识）； ▶认同由社会性别产生的差异可能导致剥削或不平等对待，尤其是当人们的行为不符合预期的规范时（态度）； ▶敢于质疑社会性别角色的公平与否，并展示如何挑战不公正和有害的行径（技能）

学习目标（12~15 岁）	学习目标（15~18 岁及以上）
要点：社会性别刻板印象和偏见影响了男性、女性以及具有不同性倾向和社会性别身份的人被对待的方式，也影响了他们所能做出的选择 学习者将能够： ▶回忆社会规范如何影响社会对于男性、女性以及具有不同性倾向和社会性别身份者进行描述的方式（知识）； ▶举例说明社会性别偏见的各种形式（知识）； ▶认同平等对待所有人的重要性（态度）； ▶认识到对不符合社会性别规范者持有偏见会损害他们做出选择的能力，包括关于健康的选择（知识）； ▶展示如何在对待他人时不持有社会性别偏见（技能）； ▶反思自己的价值观如何影响自身的观念和社会性别偏见（技能）	**要点**：社会性别不平等、社会规范和权力差异影响性行为，并可能增加性胁迫、性虐待和基于社会性别的暴力的风险 学习者将能够： ▶说出社会性别不平等和权力差异如何影响性行为，以及性胁迫、性虐待和基于社会性别的暴力的风险（知识）； ▶认同社会性别不平等和权力差异会影响性行为，并影响人们做出安全选择和采取安全行为的能力，例如使用安全套、获取性与生殖健康服务等（态度）； ▶当自己或他人遭受性胁迫、性虐待，或社会性别暴力时，主动寻求支持或帮助他人寻求支持（技能）

3.3 基于社会性别的暴力

学习目标（5~8岁）	学习目标（9~12岁）
要点：了解基于社会性别的暴力和寻求帮助的途径非常重要 学习者将能够： ▶ 定义基于社会性别的暴力，并认识到它在许多场所都可能发生（如学校、家庭或公共场所）（知识）； ▶ 了解社会性别观念和社会性别刻板印象会影响我们对待他人的方式，包括歧视和暴力（知识）； ▶ 认同所有形式的基于社会性别的暴力都是错误的（态度）； ▶ 如果自己或认识的人正在经历基于社会性别的暴力，包括在学校内或学校周边发生的暴力，描述在这种情况下该如何找到一个值得信赖的成年人并向其诉说该遭遇（技能）	**要点：所有形式的基于社会性别的暴力都是错误的，是对人权的侵犯** 学习者将能够： ▶ 举例说明什么是基于社会性别的暴力（例如欺凌、性骚扰、情感暴力、家庭暴力、强奸、女性生殖器损毁/切割、童婚、早婚和强迫婚姻、恐同暴力），并说出社会性别暴力可能发生的场所，包括学校、家庭、公共场所或网络（知识）； ▶ 认同所有形式的性暴力都是对人权的侵犯（态度）； ▶ 如自己或认识的人正在经历基于社会性别的暴力，或担心可能会遭遇基于社会性别的暴力，展示在这种情况下如何识别值得信赖的成年人并向其诉说相关经历（技能） **要点：社会性别刻板印象可能是暴力和歧视的根源** 学习者将能够： ▶ 解释社会性别刻板印象如何导致欺凌、歧视、虐待和性暴力（知识）； ▶ 认识到社会性别不平等和社会性别刻板印象会导致性暴力（态度）； ▶ 展示如何主张社会性别平等、反抗社会性别歧视或基于社会性别的暴力（技能）
学习目标（12~15岁）	学习目标（15~18岁及以上）
要点：任何形式的基于社会性别的暴力都是对人权的侵犯，无论施暴者是成年人、青少年还是权威人士 学习者将能够： ▶ 了解性虐待和社会性别暴力，包括来自性伴侣的暴力和强奸都是源于权力和支配的犯罪，并非由于性欲控制能力低下（知识）； ▶ 为发现和减少社会性别暴力制定具体策略（知识）； ▶ 认识到暴力行为的旁观者和目击者可以采取安全措施干预暴力行为，并且也可能受到暴力的影响（知识）； ▶ 认识到社会性别暴力永远是错误的，且施暴者可以是成年人、当权者或青少年（态度）； ▶ 展示如何与预防社会性别暴力和提供社会性别暴力受害者支持的可信赖的成年人和服务机构取得联系（技能）	**要点：亲密伴侣之间的暴力是有害的，如遇到这种暴力可以寻求相应的帮助** 学习者将能够： ▶ 认识到亲密伴侣之间的暴力可以有很多不同的形式（例如在心理层面、身体层面、性层面）（知识）； ▶ 认识到亲密伴侣之间的暴力是错误的，并且可以摆脱这种虐待关系（态度）； ▶ 展示在自己经历此类暴力时如何向一个值得信赖的成年人寻求支持（技能） **要点：每个人都有责任倡导社会性别平等，并公开反对侵犯人权的行为，包括性虐待、有害行径和其他形式的基于社会性别的暴力** 学习者将能够： ▶ 分析在倡导促进社会性别平等和减少基于社会性别的暴力方面的一些成功案例（知识）； ▶ 意识到在公共和私人空间，包括在网络上公开反对侵犯人权和社会性别不平等的重要性（态度）； ▶ 倡导社会性别平等，消除基于社会性别的暴力（技能）

核心概念 4：暴力与安全保障

4.1 暴力	
学习目标（5~8 岁）	学习目标（9~12 岁）
要点：能够识别欺凌和暴力，并认识到这是错误行为，这一点非常重要 学习者将能够： ▶定义取笑、欺凌和暴力（知识）； ▶明白来自家庭成员或其他成年人的欺凌和暴力是错误的，且欺凌和暴力并非受害者的过错（态度）； ▶示范如何安全应对同伴间的欺凌或暴力（技能）	**要点**：性虐待、性骚扰和欺凌（包括网络欺凌）是有害的，在这些情况下懂得寻求帮助非常重要 学习者将能够： ▶描述性虐待（包括强奸、乱伦和网络性剥削）、性骚扰和欺凌（包括网络欺凌）的例子（知识）； ▶明白儿童性虐待是违法的，并且有许多权威机构和相关服务能够帮助正在遭受性虐待的儿童（知识）； ▶认同在遭受性虐待、性骚扰、乱伦或欺凌时，寻求支持的重要性（态度）； ▶示范在知道有人正在遭受欺凌、性虐待或性骚扰时如何有效应对（技能）； ▶展示在自己或认识的人受到性虐待、性骚扰、乱伦和欺凌时，如何寻求帮助（技能）
要点：能够识别儿童虐待，并认识到这是错误行为，这一点十分重要 学习者将能够： ▶定义儿童虐待，包括性虐待和利用网络对儿童进行的性剥削（知识）； ▶认同虐待儿童的行径是对儿童权利的侵犯而不是受害者的过错，这包括由相识且信赖的成年人，甚至是家庭成员对儿童的性虐待（态度）； ▶示范当一个成年人试图对自己进行性虐待时，自己可以采取的行动（例如说"不"或"走开"，并将遭遇告诉值得信赖的成年人）（技能）； ▶识别父母/监护人或值得信赖的成年人，并示范遭受虐待时如何与这些人沟通（技能）	
要点：能够认识到父母或亲密伴侣之间的暴力是错误的，这一点非常重要 学习者将能够： ▶识别可能发生在父母或亲密伴侣之间的暴力类型（例如身体伤害、恶毒的言语，或强迫做某些事）（知识）； ▶认识到父母或者亲密伴侣之间的暴力是错误的（态度）； ▶描述当在家庭中目睹这种暴力时将如何向可信赖的成年人寻求支持（技能）	**要点**：亲密伴侣之间的暴力是错误的，在目睹这种暴力时，寻求帮助非常重要 学习者将能够： ▶定义亲密伴侣暴力（知识）； ▶列举亲密伴侣暴力的例子（知识）； ▶认识到亲密伴侣暴力是错误的，儿童在目睹这种暴力时主动寻求帮助将对他们有益（态度）； ▶示范如果在家庭中经历这种暴力，将如何向值得信赖的成年人寻求支持（技能）

续表

学习目标（12~15 岁）	学习目标（15~18 岁以上）
要点：性虐待、性侵害、亲密伴侣暴力和欺凌是对人权的侵犯 学习者将能够： ▶比较和对比欺凌、情感暴力、身体暴力、性虐待、性侵害和亲密伴侣暴力（知识）； ▶认同遭受由成年人、年轻人或权威者实施的性虐待、性侵害、亲密伴侣暴力和欺凌并非受害者的过错，并认同这些行为是对人权的侵犯（态度）； ▶示范如何举报性虐待、性侵害、亲密伴侣暴力和欺凌等现象（技能）； ▶示范如何向可信赖的成年人和机构寻求帮助，以防止性虐待、性侵害、亲密伴侣暴力和欺凌的发生，并为幸存者提供支持（技能）	**要点**：每个人都有责任倡导人人享有健康与福祉并且不受暴力影响 学习者将能够： ▶分析有效减少身体暴力、情感暴力和性暴力等暴力行为的成功范例（知识）； ▶体会到公开反对所有场合下（包括学校、家庭、网络和社区）的暴力和侵犯人权的行为非常重要（态度）； ▶倡导创建安全环境，以鼓励每个人都能获得尊严和尊重（技能）

4.2 许可、隐私及身体完整性

学习目标（5~8 岁）	学习目标（9~12 岁）
要点：每个人都有权决定谁能以何种方式触摸他们身体的哪些部位 学习者将能够： ▶描述"身体权"的含义（知识）； ▶识别身体的隐私部位（知识）； ▶认识到每个人都有"身体权"（态度）； ▶示范如何应对让自己感到不舒服的身体接触（例如说"不""走开"，告诉可信赖的成年人）（技能）； ▶识别并描述当经历不舒服的身体接触时，应如何与父母/监护人或可信赖的成年人沟通（技能）	**要点**：在成长过程中，我们需要了解什么是不受欢迎的性关注以及什么是隐私需求 学习者将能够： ▶解释对于青春期的男孩和女孩来说，身体隐私和私密空间变得更为重要；对女孩来说，厕所和水的使用尤其重要（知识）； ▶定义不受欢迎的性关注（知识）； ▶认识到无论男孩女孩，不受欢迎的性关注是对他们的隐私和身体权的侵犯（态度）； ▶通过果断和自信的沟通来保护自己的隐私并对抗不受欢迎的性关注（技能）

学习目标（12~15 岁）	学习目标（15~18 岁及以上）
要点：每个人都有保障自身隐私和身体完整性的权利 学习者将能够： ▶描述隐私权和身体完整权的含义（知识）； ▶认同每个人都有保护自身隐私和身体完整性的权利（态度）； ▶表达对自身的隐私权和身体完整权的看法（技能）	**要点**：许可是与伴侣健康、愉快且自愿发生性行为的关键 学习者将能够： ▶分析自己或他人在性行为方面表示许可和拒绝，以及认同他人给予或不给予性许可可能带来哪些好处（知识）； ▶比较并对比男性和女性的身体如何被区别对待，以及可能影响双方自愿性行为的双重标准（知识）； ▶认识到基于双方自愿的性行为是健康性关系的重要组成部分（态度）； ▶展示如何表示许可与拒绝，以及如何解读他人的许可或拒绝（技能）

附录　性教育指导纲要选编

续表

学习目标（12~15 岁）	学习目标（15~18 岁及以上）
要点：每个人都有权决定在性方面做什么和不做什么，并且应该积极地与伴侣沟通，获得对方的许可 学习者将能够： ▶描述什么是许可，并解释其对性决策的影响（知识）； ▶认同给予性许可和感知性许可的重要性（态度）； ▶根据个人界限对性行为表示许可或拒绝（技能）	要点：了解是哪些因素在影响人们解读或给予许可的能力 学习者将能够： ▶讨论在决定是否发生性行为时，听取和尊重他人的许可意味着什么（知识）； ▶比较和对比在认同或表达性许可方面的成功和失败的事例（知识）； ▶分析可能影响表达和认同许可的能力的因素（比如酒精和其他物质、社会性别暴力、贫穷、权力关系）（知识）； ▶认识到规避可能损害性许可有效性的因素很重要（态度）； ▶展现出表达许可和拒绝的能力（技能）； ▶展现出认同别人的许可或拒绝的能力（技能）

4.3　信息与通信技术（ICTs）的安全使用

学习目标（5~8 岁）	学习目标（9~12 岁）
要点：互联网和社交媒体可以帮助人们获取信息并与他人交流，这可能是安全的，也可能会使用户（包括儿童）暴露在危险之中 学习者将能够： ▶描述什么是互联网和社交媒体（知识）； ▶列举互联网和社交媒体带来哪些益处和潜在危险（知识）； ▶欣赏互联网和社交媒体的价值，同时也意识到它们可能是不安全的（态度）； ▶当在互联网或社交媒体上做过的事情或看过的东西让自己感到不舒服或者害怕时，展示如何找到可信赖的成年人并与其沟通（技能）	要点：在互联网和社交媒体的使用方面需要谨慎小心 学习者将能够： ▶举例说明互联网和社交媒体带来的益处和可能的危险（知识）； ▶认识到谨慎使用互联网和社交媒体的重要性（态度）； ▶展示如何决定在社交媒体上与谁分享何种信息（技能） 要点：通过社交媒体可以轻松获取色情图片和色情媒介，这可能促成有害的社会性别刻板印象 学习者将能够： ▶描述什么是色情媒介（色情产品）和色情短信（知识）； ▶解释色情媒介对男性、女性和性关系的描绘往往是不真实的（知识）； ▶认识到色情媒介对男性、女性和性关系的错误描述可能会误导人们（态度）； ▶展示如何与可信赖的成年人谈论色情媒介或色情短信（技能）

续表

学习目标（12~15 岁）	学习目标（15~18 岁及以上）
要点：互联网、手机和社交媒体可能会带来大量不受欢迎的性关注 学习者将能够： ▶ 举例说明为何互联网、手机和社交媒体可能会带来不受欢迎的性关注（知识）； ▶ 认识到有办法阻止来自互联网、手机和社交媒体的不受欢迎的性关注（态度）； ▶ 制订并实施安全使用网络、手机和社交媒体的计划（技能）	要点：使用社交媒体可以带来很多好处，但需要在道德、伦理和法律方面谨慎对待 学习者将能够： ▶ 分析安全、合法和谨慎使用社交媒体的策略（知识）； ▶ 认识到社交媒体的使用有很多好处，但也可能导致不安全或违反法律的情况（态度）； ▶ 制订并实施负责任地使用社交媒体的计划（技能）
要点：色情媒介和色情图片可能引发性唤起，具有潜在危险 学习者将能够： ▶ 分析色情媒介（色情产品）为何如此普遍（知识）； ▶ 总结色情媒介可能会造成怎样的危害，以及如何举报并获得帮助（知识）； ▶ 区分哪些情况下未成年人发送、接收、购买或拥有色情图片可能是非法的行为（知识）； ▶ 认识到了解与色情图片的分享或获取有关的法律非常重要（态度）； ▶ 表达使用色情媒介的感受（技能）	要点：色情媒介可能导致对性行为、性反应和身体外表不切实际的想法 学习者将能够： ▶ 评估色情媒介如何导致人们对男性、女性、性行为、性反应和身体外表产生不切实际的想法（知识）； ▶ 认同认识到色情媒介可能会强化有害的社会性别刻板印象，并使暴力或非意愿性行为正常化（态度）； ▶ 反思色情媒介中对男性、女性和性行为的不真实的描述如何对人的自我形象、自信、自尊以及对他人的看法造成负面影响（技能）

核心概念 5：健康与福祉技能

5.1 社会规范和同伴对性行为的影响

学习目标（5~8 岁）	学习目标（9~12 岁以上）
要点：同伴影响以各种形式存在，并产生或好或坏的结果 学习者将能够： ▶ 定义同伴压力（知识）； ▶ 举例描述好的或坏的同伴影响（知识）； ▶ 认识到同伴影响可能会带来好或者坏的结果（态度）； ▶ 展示应对同伴压力的方法（技能）； ▶ 示范可以产生积极同伴影响的行为（技能）	要点：同伴可以影响与青春期和性有关的决策和行为 学习者将能够： ▶ 描述同伴如何对与青春期和性有关的决策和行为产生积极和消极影响（知识）； ▶ 认识到同伴能够影响与青春期和性有关的决策和行为（态度）； ▶ 质疑来自同伴的影响（技能） 要点：在青春期和性方面，有应对消极同伴压力的措施，也有接受和促进积极同伴影响的方法 学习者将能够： ▶ 列举在青春期和性方面，应对消极同伴压力和促进积极同伴影响的方法（知识）； ▶ 认识到有能力应对与青春期和性有关的消极同伴压力非常重要（态度）； ▶ 展现对不想做的事说"不"的能力（技能）； ▶ 展示如何接受和促进积极的同伴影响（技能）

续表

学习目标（12~15岁）	学习目标（15~18岁以上）
要点：社会性别和社会规范以及同伴会影响性决策和性行为 学习者将能够： ▶定义社会性别和社会规范（知识）； ▶描述社会性别和社会规范以及同伴如何影响性决策和性行为（知识）； ▶认识到性决策和性行为受到社会性别和社会规范以及同伴的影响（态度）； ▶展现集体主张彼此包容、支持和尊重的方法（技能） **要点：同伴能够影响性决策和性行为** 学习者将能够： ▶比较和对比同伴对性决策和性行为的积极和消极影响（知识） **要点：有一些策略能够应对同伴对性决策和性行为的负面影响** 学习者将能够： ▶描述当同伴影响对性决策和性行为产生消极作用时，保持坚定和自信意味着什么（知识）； ▶努力挑战同伴对性决策和性行为的消极影响（态度）； ▶展现在遇到欺凌或被迫做出不情愿的性决策时，能够果断自信，大胆发声（技能）	**要点：对性行为做出理性决策是可能的** 学习者将能够： ▶比较受到和未受到社会性别和社会规范或消极同伴影响的年轻人所做出的性行为决策有何不同（知识）； ▶评估是哪些因素使人更容易或更难做出理性的性行为决策（知识）； ▶渴望在性行为方面做出理性决策（态度）； ▶展现在性决策中如何应对消极的社会性别和社会规范以及同伴影响（技能）

5.2 决策

学习目标（5~8岁）	学习目标（9~12岁）
要点：每个人都有权自己做决策，并且所有决策都会产生后果 学习者将能够： ▶描述一个自己做出的并感到自豪的决策（知识）； ▶说出自己和别人所做的决策带来好或者坏的结果的例子（知识）； ▶认识到有时儿童和年轻人需要父母/监护人或可信赖的成年人来帮他们做出某些决策（态度）； ▶表现出理解哪些情境会有助于自己做出更好的决策（技能）； ▶识别可以帮助做出明智决策的父母/监护人或可信赖的成年人（技能）	**要点：决策是一项可以学习和练习的技能** 学习者将能够： ▶描述决策过程的主要步骤（知识）； ▶认识到决策是一项可以学习的技能（态度）； ▶利用决策过程来解决问题（技能）； ▶说出一个可以帮助自己做出决策的父母/监护人或可信赖的成年人（技能） **要点：影响决策的因素有很多，包括朋友、文化、社会性别刻板印象、同伴以及媒体** 学习者将能够： ▶列举影响决策的因素（知识）； ▶意识到决策会受到很多因素的影响（态度）； ▶就不同因素如何影响自己的决策表达自己的看法（技能）

续表

学习目标（12~15 岁）	学习目标（15~18 岁及以上）
要点：在做性行为决策过程中应考虑到所有积极和消极的潜在后果 学习者将能够： ▶评价与性行为相关的不同决策所带来的积极和消极影响（知识）； ▶解释性行为决策如何影响人的健康、未来和生活规划（知识）； ▶通过决策过程处理性与生殖健康的相关问题（技能）	要点：性决策会对自己和他人造成影响，包括社会影响和健康影响 学习者将能够： ▶分析性行为决策会给个人、家庭和社会带来哪些潜在的社会和健康影响（知识）； ▶意识到性决策会影响个人、家庭和社会（态度）； ▶对受到性决策影响的人表达同理心（技能）； ▶做出负责任的性行为决策（技能）
要点：有些因素会增加做出理性性行为决策的难度 学习者将能够： ▶识别一系列对性行为决策产生影响的情感因素（知识）； ▶描述酒精和毒品如何影响理性的性行为决策（知识）； ▶解释贫穷、社会性别不平等以及暴力如何影响性行为决策（知识）； ▶理解在众多影响性行为决策的因素中，有一些是不可控的（态度）； ▶展示如何评估和管理影响性行为决策的情感因素（技能）	要点：性决策可能会带来法律后果 学习者将能够： ▶识别国家法律中关于年轻人在性行为上可以做什么和不可以做什么的规定（例如最低合法性交年龄，获得健康医疗服务，如在避孕、性传播感染/艾滋病病毒、同性性行为等方面）（知识）； ▶认同知晓个人有性行为决策权非常重要（态度）； ▶评估基于性行为决策的行动会带来哪些潜在的法律后果（技能）

5.3 沟通、拒绝和协商技巧

学习目标（5~8 岁）	学习目标（9~12 岁）
要点：沟通在所有关系中都非常重要，包括儿童与父母/监护人或可信赖的成年人之间的关系，以及朋友关系和其他关系 学习者将能够： ▶识别不同形式的沟通（包括语言和非语言沟通）（知识）； ▶识别健康的沟通方式和不健康的沟通方式有什么区别（知识）； ▶列举出儿童与父母/监护人或可信赖的成年人之间的关系，以及朋友关系和其他关系中的健康沟通所带来的益处（知识）； ▶回顾如何清晰地表达"是"或"不"以保护个人的隐私以及身体的完整性，以此作为构建幸福关系的核心（知识）； ▶认同所有人都有权表达自己（态度）； ▶展示言语和非言语的沟通方式，以及说"是"或"不"的方式（技能）	要点：有效的沟通有不同的模式和风格，其中，表达和理解愿望、需求以及个人界限非常重要 学习者将能够： ▶描述有效和无效、语言和非语言沟通的特征（例如积极倾听、表达感觉、表明理解、有直接的眼神交流与不倾听、不表达感觉、不表明理解、没有眼神交流之间的对比）（知识）； ▶认识到能够表达愿望、需求、个人界限并对他人表示理解非常重要（态度）； ▶意识到协商需要双方的尊重、合作，并经常需要各方的妥协（态度）； ▶展现在愿望、需求、个人界限方面如何有效与他人沟通，以及如何倾听和尊重他人（技能）

续表

学习目标（5~8岁）	学习目标（9~12岁）
要点：社会性别角色能够影响人们之间的沟通 学习者将能够： ▶回忆社会性别角色的例子（知识）； ▶认识到社会性别角色可以影响人们之间的沟通（态度）	

学习目标（12~15岁）	学习目标（15~18岁及以上）
要点：良好的沟通对于人际关系、家庭关系、学校关系、恋爱关系以及工作关系都至关重要 学习者将能够： ▶列举有效沟通对于个人、家庭、学校、工作及亲密关系的益处（知识）； ▶分析相互矛盾的语言和非语言沟通的潜在含义（知识）； ▶列举与恋人协商时存在的障碍（包括社会性别角色和社会性别期待）（知识）； ▶展现在恋爱关系中如何自信地运用协商和拒绝技能（技能）	**要点：有效沟通是表达个人需求和性界限的关键** 学习者将能够： ▶分析有效表达个人需求和性界限的案例（知识）； ▶举例说明如何同意或拒绝发生性行为，以及如何聆听别人对性行为表示的许可（知识）； ▶解释为什么需要通过有效沟通实现双方同意的安全性行为（知识）； ▶认识到果断的态度及协商技巧有助于应对非自愿的性压力，强化安全性行为意图（态度）； ▶展示表达个人需求与性界限的有效交流方式（技能）

5.4 媒介素养与性

学习目标（5~8岁）	学习目标（9~12岁）
要点：不同形式的媒介传播的信息有正确的也有错误的 学习者将能够： ▶列举不同类型的媒介（例如收音机、电视、书籍、报纸、网络和社交媒介）（知识）； ▶讨论媒介传播中真实或虚假信息的案例（知识）； ▶认识到并不是所有媒介传播的信息都是真实的（态度）； ▶辨识不同类型的媒介所传播的信息（技能）	**要点：媒介能够对与性和社会性别有关的价值观、态度以及规范产生积极或消极的影响** 学习者将能够： ▶定义媒介的不同类型（例如社交媒介、传统媒介）（知识）； ▶列举媒介刻画男性、女性及人际关系的案例（知识）； ▶描述媒介对与性和社会性别相关的个人价值观、态度及行为所产生的影响（知识）； ▶意识到媒介能够影响与性和社会性别相关的个人价值观、态度及行为（态度）； ▶质疑大众媒介对男性和女性的刻画（技能）

续表

学习目标（12～15岁）	学习目标（15～18岁及以上）
要点：媒介中有关性和性关系的虚假形象会影响人们的社会性别观念和自尊 学习者将能够： ▶ 识别和批判媒介中有关性和性关系的虚假形象（知识）； ▶ 审视这些形象对社会性别刻板印象造成的影响（知识）； ▶ 认同媒介会影响人们对美的评判标准，形成社会性别刻板印象（态度）； ▶ 反思有关性和性关系的虚假描述如何影响人们对社会性别和自尊的看法（技能）	**要点**：质疑媒介对男性和女性的错误和负面刻画，将能够对行为产生积极影响，并促进社会性别平等 学习者将能够： ▶ 说出媒介如何能够为促进安全性行为和社会性别平等做出积极贡献（知识）； ▶ 意识到媒介对于性、性关系和社会性别有关的观念能够产生积极影响（态度）； ▶ 理性分析媒介中有关性和性关系的信息带来的潜在积极或消极影响（技能）； ▶ 质疑媒介中的社会性别刻板印象，以及媒介对性与性关系的错误描述（技能）

5.5 寻求帮助与支持

学习目标（5～8岁）	学习目标（9～12岁）
要点：朋友、家庭、教师、宗教领袖及社区成员能够且应该相互帮助 学习者将能够： ▶ 描述什么是可信赖的成年人（知识）； ▶ 描述人们相互帮助的具体方式（知识）； ▶ 认同所有人都有受到保护并得到支持的权利（态度）； ▶ 展示如何向可信赖的成年人寻求帮助（技能）	**要点**：学校和广泛的社区可以提供多种帮助和支持渠道 学习者将能够： ▶ 意识到儿童需要就某些问题（例如虐待、骚扰、欺凌、疾病）寻求帮助，并知道从何处获得帮助（知识）； ▶ 回忆受到虐待、骚扰、欺凌的时候需要告知可信赖的人员或机构（知识）； ▶ 认识到有些问题需要寻求学校和社区之外的帮助（态度）； ▶ 展示在更广泛的社区中寻求和接受帮助的方式（技能）

学习目标（12～15岁）	学习目标（15～18岁及以上）
要点：对服务机构和媒体等提供的帮助和支持进行评估非常重要，这有助于获取优质的信息和服务 学习者将能够： ▶ 列举提供性与生殖健康及权利方面的帮助和支持的个人或机构（知识）； ▶ 描述提供良好的支持和帮助的个人或机构的特征（包括保密性和隐私保护）（知识）； ▶ 理解人们可以从一些机构获取有关生殖健康服务（例如进行性传播感染/艾滋病病毒的咨询、检测及治疗；现代避孕、性虐待、强奸、家庭暴力和社会性别暴力，人工流产和人工流产后护理，以及污名与歧视等方面的服务）（知识）； ▶ 列举能提供帮助和支持的可靠的媒体资源（例如网站）所具有的特征（知识）； ▶ 意识到对健康和支持来源进行批判性评估的重要性（态度）	**要点**：每个人都有权利获得平价、真实、尊重且能保密和保护隐私的帮助 学习者将能够： ▶ 说出获取性与生殖健康服务或帮助的渠道（知识）； ▶ 认识到年轻人有权获取平价、真实、无偏见且能够保密和保护隐私的服务和支持（知识）； ▶ 展示寻求帮助的恰当行为（技能）； ▶ 练习如何在寻求帮助或支持时不感到愧疚和羞耻（技能）

核心概念6：人体与发育

6.1 性与生殖解剖及生理

学习目标（5～8岁）	学习目标（9～12岁）
要点：知道包括性与生殖器官在内的人体器官的名称和功能是十分重要的，同时也明白对此感到好奇是很自然的 学习者将能够： ▶认识关键的内外生殖器官，并描述它们的基本功能（知识）； ▶认识到对身体，包括对生殖器官产生好奇，是完全正常的（态度）； ▶练习对自己感到好奇的身体部位进行提问或回答别人的问题（技能）	**要点**：每个人的身体都有与性健康和生殖有关的部位，儿童对于这些部位有疑问是很正常的 学习者将能够： ▶描述与性健康和生殖有关的身体部位（知识）； ▶知道对于自己的身体和性功能产生好奇和疑问是正常的（态度）； ▶认同每一个人的身体都是独一无二的，可能存在身高、体型、机能和外貌特征方面的差异（态度）； ▶找出一位可以向其咨询的可信赖的成年人，并展示如何询问关于性与生殖解剖和生理的问题（技能）
要点：包括残障人在内，每个人的身体都是独一无二的，都应该被尊重 学习者将能够： ▶识别出男人、女人、男孩和女孩的身体有何相同点与不同点，以及如何随时间而变化（知识）； ▶解释每一种文化看待身体的方式各不相同（知识）； ▶认同包括残障人士在内的每个人的身体都应该被尊重（态度）； ▶对自己的身体表达喜爱（技能）	**要点**：女性月经周期中的排卵和男性精子的产生与射精，是生殖过程中不可缺失的环节 学习者将能够： ▶解释生殖所需的关键身体机能（例如月经周期、精子的产生和射精）（知识）； ▶解释在生殖过程中男性和女性的身体都发挥了非常重要的作用（态度）； ▶对月经周期或射精是如何发生的这一问题的理解表示出信心（技能）
学习目标（12～15岁）	学习目标（15～18岁及以上）
要点：在青春发育期和怀孕过程中，激素在成熟和生殖过程中发挥了重要作用 学习者将能够： ▶解释胎儿的生理性别由染色体决定，并在受精初期已经确定（知识）； ▶描述激素在生殖器官和性功能的形成、发展和调节方面发挥的作用（知识）； ▶认识到激素在青春发育期和怀孕期间的重要作用（态度）	**要点**：男性和女性的身体会随着时间而产生变化，包括他们的生殖和性能力及功能 学习者将能够： ▶总结男性和女性在生命周期各阶段的性与生殖能力（知识）； ▶认同性伴随着人的各个生命周期（态度）； ▶表达对于生命周期各阶段生殖能力变化的个人感受（技能）
要点：不同文化对于生理性别、社会性别、生殖以及合适的性活跃年龄的理解各不相同 学习者将能够： ▶区分生理性别、社会性别和生殖在生物层面和社会层面的不同含义（知识）； ▶比较和对比文化和宗教如何影响社会对于生理性别、社会性别和生殖问题的看法（知识）； ▶认识到文化、宗教、社会和个人对生理性别、社会性别和生殖的看法可能有所不同（态度）； ▶反思并明确表达个人对于生理性别、社会性别以及生殖的看法（技能）	

6.2 生殖

学习目标（5~8岁）	学习目标（9~12岁）
要点：精子和卵细胞结合并在子宫着床是怀孕的开始 学习者将能够： ▶描述生殖的过程，特别强调怀孕过程需要一个精子和一个卵细胞结合并在子宫着床（知识）	**要点**：精子必须恰好和卵细胞结合并着床才能导致怀孕 学习者将能够： ▶列举生殖的必要步骤（知识）； ▶了解在发生性交行为时，如果男性的阴茎在女性阴道内射精，就可能导致怀孕（知识）； ▶回忆性交行为并不必然导致怀孕（知识）
要点：怀孕一般持续40周，在怀孕期间，女性的身体会经历很多变化 学习者将能够： ▶描述女性在怀孕期间身体经历的变化（知识） ▶表达自己对于女性怀孕期间的身体变化有何种感受（技能）	**要点**：女性月经周期分为多个阶段，其中包括最容易受孕的排卵期 学习者将能够： ▶解释月经周期，包括月经周期中最容易受孕的阶段（知识）； ▶了解激素的变化会调节月经周期，影响容易受孕的时期（知识）； ▶认同月经周期的规律（态度）； ▶反思自己对月经的感受（技能）
学习目标（12~15岁）	学习目标（15~18岁及以上）
要点：生殖功能与性感觉之间存在差异，而且会随着时间产生变化 学习者将能够： ▶了解怀孕是可以计划和预防的（知识）； ▶理解生殖功能和性感觉之间的差异（知识）； ▶认同男性和女性的性与生殖功能和性欲望在一生中会发生变化（态度）； ▶对未来如何预防意外怀孕做出计划（技能）	**要点**：并非所有人都有生育能力，想要怀孕的人可以尝试用一些方法来解决不孕不育的问题 学习者将能够： ▶列举没有生育能力但希望怀孕的人可以有哪些选择（知识）； ▶认识到不孕不育问题的解决有可选方案（态度）； ▶对有生育需求但面临不孕不育问题的人能够表达共情（技能）

6.3 青春发育期

学习目标（5~8岁）	学习目标（9~12岁以上）
要点：青春发育期会随着儿童的成长和成熟而来临，在这段时间里，身体和情感都会发生变化 学习者将能够： ▶定义青春发育期（知识）； ▶理解生长发育会带来身体和情感的变化（知识）； ▶认同青春发育期是青少年成长过程中正常、健康的一部分（态度）	**要点**：青春发育期标志着一个人生殖能力的变化 学习者将能够： ▶描述青春发育期和性与生殖系统发育成熟的过程（知识）； ▶列举青春发育期出现的身体和情感上的主要变化（知识）； ▶展示如何获取与青春发育期相关的可靠信息（技能） **要点**：在青春发育期中，良好的卫生习惯对于保持性与生殖器官清洁和健康尤为重要 学习者将能够： ▶描述保持个人卫生的方法（知识）； ▶深刻体会到保持良好个人卫生的重要性（态度）； ▶应用保持卫生的相关知识制订个人计划，从而在生长发育阶段保持健康（技能）

续表

学习目标（5~8岁）	学习目标（9~12岁以上）
	要点：月经是女孩生理发育过程中正常而又自然的一部分，不应该被神秘化或污名化 学习者将能够： ▶描述月经周期，并描述女性在此期间可能出现的身体症状和感觉（知识）； ▶描述如何获得、使用和处理卫生巾和其他经期用品（知识）； ▶回忆社会性别不平等是如何让女性对月经产生羞耻感和恐惧感的（知识）； ▶认识到对所有女性来说，在月经期间能够获得卫生巾和其他经期用品、干净的水源和独立卫生间是非常重要的（态度）； ▶展示帮助女性在月经期间保持舒适感觉的积极策略（技能）
	要点：在青春发育期，青少年可能会经历一系列生理反应（例如阴茎勃起和梦遗） 学习者将能够： ▶理解年轻的男性因为性唤起或没有特定原因而发生阴茎勃起是一种正常现象（知识）； ▶回忆一些青少年会在晚上发生性唤起并分泌体液，这种现象通常被称为梦遗，是一种正常的现象（知识）； ▶认同不论勃起、梦遗还是其他性反应都是青春发育期的正常现象（态度）

学习目标（12~15岁）	学习目标（15~18岁以上）
要点：青春发育期是一个性成熟时期，青少年在身体、情感、社会交往和认知方面会发生较大变化，容易感到兴奋，并伴随压力 学习者将能够： ▶区分青春发育期和青春期（知识）； ▶回忆青春发育期的开始时间因人而异，对男孩和女孩的影响也不一样（知识）； ▶评估青春期出现的不同变化，并能够将其归类（例如身体、情感、社会交往、认知方面的变化）（知识）； ▶比较男孩和女孩在青春发育期变化中表现出哪些异同（知识）； ▶认识到青春发育期对于某些儿童具有更大的挑战性，包括不符合传统社会性别规范的儿童、跨性别儿童或双性儿童（知识）； ▶认识到关于身体、情感、社会交往和认知方面的变化是青春期的正常现象（态度）； ▶认识到针对青春发育期变化的玩笑、羞辱和污名会对他人造成极大伤害，这种伤害甚至可能在很长一段时间内会持续产生负面的心理影响（态度）； ▶展示应对上述变化的方式（技能）	**要点**：激素在人一生中的情感和身体变化方面发挥着重要作用 学习者将能够： ▶分析激素如何影响人一生中的情感和身体变化（知识）

6.4 身体意象	
学习目标（5~8岁）	学习目标（9~12岁）
要点：所有人的身体都是特殊且独一无二的，每个人都应该喜爱自己的身体 学习者将能够： ▶记住所有人的身体都是特殊和独一无二的（知识）； ▶解释对自己身体感到骄傲意味着什么（知识）； ▶欣赏自己的身体（态度）； ▶表达对自己身体的感受（技能）	要点：一个人的价值不由其外貌决定 学习者将能够： ▶解释外貌是由遗传、环境和健康习惯等因素决定的（知识）； ▶认识到一个人的价值不由其外貌决定（态度）； ▶接纳外貌的多样性，包括对同龄人不同外貌的接纳（态度） 要点：每个人对有吸引力的外貌有着不同的理解和标准 学习者将能够： ▶描述人们对有吸引力的外貌的判定标准有何不同（知识）； ▶认识到人们所认为的有吸引力的外貌会随着时间而变化，在不同文化之间也会存在差异（态度）； ▶反思自己认为有吸引力的外貌，以及自己对此的理解可能与他人的理解有所不同（技能）
学习目标（12~15岁）	学习目标（15~18岁及以上）
要点：人们对于自己身体的感受会影响他们的健康、自我意象和行为 学习者将能够： ▶讨论欣赏自己身体能带来哪些好处（知识）； ▶描述一个人的外貌会如何影响其他人对他的感觉和对待，以及这种影响对男性和女性来说有什么差异（知识）； ▶分析人们尝试改变外貌的常见手段（例如用减肥药、类固醇或使用染发/美白产品），并评估它们对身体的危害（知识）； ▶批判性分析那些可能会导致一个人产生改变外貌的想法的、基于社会性别的"美"的标准（知识）； ▶解释与身体意象有关的各种失调症状（例如焦虑症和厌食症、贪食症等饮食失调症状）（知识）； ▶认识到通过药物改变身体意象可能是有害的（态度）； ▶展示如何获得为那些受身体意象问题困扰的人所提供的相关服务（技能）	要点：人们可以挑战不切实际的体貌标准 学习者将能够： ▶分析特定的文化和社会性别刻板印象，以及它们如何影响人们的身体意象和人际关系（知识）； ▶认识到不切实际的体貌标准可能是有害的（态度）； ▶反思自己的身体意象及其对自尊、性决策和将来的性行为的影响（技能）； ▶展示如何质疑不切实际的体貌标准（技能）

核心概念 7：性与性行为

7.1 性与性的生命周期

学习目标（5~8 岁）	学习目标（9~12 岁）
要点：人在一生中享受身体和亲近他人是十分自然的 学习者将能够： ▶ 理解身体上的享受和兴奋是人类自然的感觉，这包括与他人身体的亲密接触（知识）； ▶ 了解用来描述身体感觉的多种词语，包括一些对他人表达感情和亲近的词语（知识）； ▶ 认识到措辞和行为会影响我们对他人的情感表达和与他人之间的亲密感（态度）	**要点**：人类天生具备终生享受性的能力 学习者将能够： ▶ 理解性意味着对他人产生情感和身体上的吸引（知识）； ▶ 描述人们如何终其一生都可以通过身体接触（如亲吻、触摸、爱抚、性接触）感受到愉悦（知识）； ▶ 认识到性是人类健康的一部分（态度）； ▶ 认识到歧视那些确定或被怀疑具有同性性倾向的人是错误的，并认识到歧视会对这些人产生负面影响（态度）； ▶ 表达和理解不同的性感觉，并用合适的方式谈论性（技能） **要点**：对性感到好奇很正常，向可信赖的成年人询问与性相关的问题非常重要 学习者将能够： ▶ 认识到对性感到好奇并产生疑问是很自然的（态度）； ▶ 找到一个容易相处且值得信赖的成年人，并向他们询问与性有关的问题（技能）
学习目标（12~15 岁）	学习目标（15~18 岁以上）
要点：性感觉、性幻想和性欲都是自然现象，伴随人的一生，尽管人们并不总是选择凭感觉行事 学习者将能够： ▶ 列举人们表达性的方式（知识）； ▶ 陈述性感觉、性幻想和性欲是自然而不是令人羞耻的，并且伴随人的一生（知识）； ▶ 解释为什么不是所有人都会选择依照自己的性感觉、性幻想和性欲行事（知识）； ▶ 认识到人们对性的兴趣可能会随着年龄发生变化，并可能终其一生都会有性的表达（知识）； ▶ 知道尊重人们在不同文化和环境中不同的性表达是非常重要的（态度）； ▶ 展示如何管理与性感觉、性幻想和性欲有关的情感（技能）	**要点**：性是复杂的，它包含生理、社会、心理、精神、伦理和文化等多个层面，并贯穿人一生的发展 学习者将能够： ▶ 解释和分析性的复杂性和多面性，即包含生理、社会、心理、精神、伦理和文化等多个层面内容（知识）； ▶ 认同性是人类的天性，能提升人类的福祉（态度）； ▶ 反思自己的性及影响它的因素（技能）

7.2 性行为与性反应

学习目标（5~8岁）	学习目标（9~12岁）
要点：人们可以通过触摸和其他亲密行为表达对他人的爱 学习者将能够： ▶说出人们对他人表达爱和关心的各种方式，包括亲吻、拥抱、触摸，或性行为（知识）	要点：人们具有性反应周期，即对（身体或精神上的）性刺激产生生理反应 学习者将能够： ▶描述男性和女性对性刺激的反应（知识）； ▶了解在青春发育期，男孩和女孩会更加意识到自己对性吸引和性刺激的反应（知识）； ▶解释很多男孩和女孩会在青春发育期，或更早的时候开始出现自慰行为（知识）； ▶认同自慰并不会对身体或情感造成伤害，但应该在私密的环境中进行（知识）
要点：儿童应理解什么是恰当的和不恰当的触摸 学习者将能够： ▶定义"恰当的触摸"和"不恰当的触摸"（知识）； ▶认识到有一些触摸儿童的方式是有害的（态度）； ▶展示当别人用有害的方式触摸自己时该如何处理（技能）	要点：在性行为上做出明智决策很重要，包括决定是否推迟性行为 学习者将能够： ▶对推迟性行为和开始性活动的利弊做出比较或对比（知识）； ▶理解禁欲是指选择不与他人发生性关系，或自行决定什么时候与谁发生性关系；禁欲是避免怀孕和包括艾滋病病毒感染在内的性传播感染的最安全的方式（知识）； ▶反思个人在性和人际关系问题上的决策会如何影响自己对未来的规划（态度）

学习目标（12~15岁）	学习目标（15~18岁以上）
要点：对自己的性行为做出明智的决策很重要 学习者将能够： ▶认识到明智的性决策（例如有足够的知识和自信来决定是否、何时以及与何人发生性行为）会影响个人的健康和福祉（态度）； ▶认识到是否要开始性活动是个人的决定，这个决定会随时间而变化，同时该决定在任何时候都应受到尊重（态度）； ▶对自己的性行为做出负责任的决策（技能）	要点：性行为能带来愉悦，同时伴随着与健康和福祉相关的责任 学习者将能够： ▶总结性愉悦和性责任的关键要素（知识）； ▶知道很多人在一生当中会有性接触空白期（知识）； ▶解释为什么良好的沟通有助于改善性关系（知识）； ▶反思社会性别规范和刻板印象如何影响人们对于性愉悦的期待和体验（知识）； ▶认识到了解身体的性反应可以帮助人们认识自己的身体，并确定身体各项机能是否良好，在必要的时候寻求帮助（知识）； ▶认同作为性伴侣的双方均有责任避免非意愿怀孕，以及包括艾滋病病毒在内的性传播感染（态度）； ▶就性的需求和底线进行沟通和交流（技能）
要点：可以通过采取措施避免或减少危害健康和福祉的性行为 学习者将能够： ▶解释有哪些方法可以帮助人们减少性行为带来的风险，实现人生规划（知识）； ▶解释安全套和其他避孕措施可以降低性行为带来的风险（如艾滋病病毒感染、性传播感染或非意愿怀孕）（知识）； ▶明白非插入式性行为不会导致非意愿怀孕，而且能够降低包括艾滋病病毒在内的性传播感染的风险，同时也能带来性愉悦（知识）； ▶认识到人们可以选择减少性行为带来的风险并实现人生规划（态度）； ▶做出明智的性行为决策（技能）	

续表

学习目标（12~15岁）	学习目标（15~18岁以上）
要点：以金钱或商品获取性利益的性交易活动，会对一个人的健康和福祉带来风险 学习者将能够： ▶定义性交易活动（知识）； ▶描述性交易活动可能产生的风险（知识）； ▶认识到援助交际，即亲密关系中涉及金钱或商品交易活动，会加剧不平等的权力关系，增加自身的脆弱性，限制协商安全性行为的能力（态度）； ▶展示果断自信的沟通及拒绝性交易活动的技能（技能）	要点：做出性决策之前需要考虑降低风险的策略，以预防非意愿怀孕和包括艾滋病病毒感染在内的性传播感染 学习者将能够： ▶分析风险降低策略对于预防非意愿怀孕和性传播感染的重要性，包括减少已通过分娩、性虐待或者无保护性行为等途径的性传播感染（包括艾滋病病毒）（知识）； ▶了解援助交际会削弱协商安全性行为的能力（知识）； ▶认识到可以通过正确的决策减少非意愿怀孕和性传播感染，包括艾滋病病毒的感染（态度）； ▶思考并应用风险降低策略来预防非意愿怀孕，避免感染和传播包括艾滋病病毒在内的性传播感染（技能）

核心概念8：性与生殖健康

8.1 怀孕与避孕

学习目标（5~8岁）	学习目标（9~12岁）
要点：怀孕是一个自然的且可以被计划的生理过程 学习者将能够： ▶了解受孕始于精子和卵细胞结合并在子宫着床（知识）； ▶解释怀孕和生殖都是自然的生理过程，并且人能够计划自己的怀孕时间（知识）； ▶认识到并非所有夫妻都有孩子（知识）； ▶解释所有孩子都应该被需要并且得到照顾和爱（态度）	要点：理解怀孕的关键特征非常重要 学习者将能够： ▶列出怀孕的基本特征（知识）； ▶描述验孕方法（知识）； ▶列出与早婚（自愿或被迫）、早孕和早育有关的健康风险（知识）； ▶意识到过早发生非意愿怀孕会带来健康层面和社会层面的消极后果（态度）； ▶有怀孕的迹象时，找到一位可信赖的成年人（包括父母或监护人）并可与之沟通（技能） 要点：现代避孕措施可以帮助人们避免怀孕或计划怀孕 学习者将能够： ▶纠正关于现代避孕药、安全套和其他避孕方式的错误观念（知识）； ▶解释不发生性交是最有效的避孕方式（知识）； ▶描述正确使用男用和女用安全套进行避孕的步骤（知识）

续表

学习目标（5~8岁）	学习目标（9~12岁）
	要点：社会性别角色和同伴规范可能会影响与避孕有关的决策 学习者将能够： ▶讨论社会性别角色和同伴规范如何影响与避孕有关的决策（知识）； ▶认识到决定使用安全套或其他避孕措施是性关系双方的共同责任（态度）； ▶认识到预防怀孕是男性和女性共同的责任（态度）； ▶反思自身对于避孕的感受，以及社会性别角色和同伴规范如何影响这些感受（技能）

学习目标（12~15岁）	学习目标（15~18岁以上）
要点：不同形式的避孕措施有着不同的有效率、功效、益处和副作用 学习者将能够： ▶分析预防非意愿怀孕的有效方法和与之相关的其他功效（例如男用和女用安全套、口服避孕药、避孕针、皮下埋植、紧急避孕药）（知识）； ▶解释什么是非意愿怀孕的个人脆弱性（知识）； ▶说明以正确的方式坚持不发生性交是防止非意愿怀孕的有效方式（知识）； ▶说明以正确的方式坚持使用安全套和现代避孕措施能够预防性活跃人群的非意愿怀孕（知识）； ▶解释紧急避孕措施（在合法和可获得的情况下）能够预防非意愿怀孕，包括因未采用避孕措施、避孕措施不当或避孕失败以及因遭受性侵害导致的非意愿怀孕（知识）； ▶说明自然避孕法并不像现代避孕措施那样可靠，但当无法采用现代避孕措施时，自然避孕法好于完全不避孕，可以在专业卫生人员的建议下使用该方法（知识）； ▶说明绝育是一种永久的避孕手段（知识）； ▶展示如何正确使用安全套（技能）	**要点：进入性活跃期的人通过采用避孕措施可以避免怀孕，也可以计划是否以及何时养育后代，这可以给个人和社会带来重大益处** 学习者将能够： ▶评估可使用的现代避孕方法对个人的益处与可能带来的副作用或风险（例如男用和女用安全套、口服避孕药、避孕针、皮下埋植、紧急避孕措施）（知识）； ▶审视性活跃人群在决定采用最恰当的避孕措施或多种避孕措施时受到哪些不同因素的影响（例如感知到的风险、花费、可及性）（知识）； ▶意识到正确采取避孕措施的重要性，包括安全套和紧急避孕方法的使用（态度）； ▶展示有充分的自信讨论和采用不同避孕措施（技能）； ▶针对自己所偏好的现代避孕方法制订一个使用计划，以备将来之需（技能）

续表

学习目标（12~15 岁）	学习目标（15~18 岁以上）
要点：无论能力、婚姻状况、社会性别、社会性别认同或性倾向如何，进入性活跃期且有避孕需求的年轻人都应该能够顺利获取避孕工具 学习者将能够： ▶分析通常从当地哪些地方可以获取安全套和其他避孕措施——虽然年轻人在获取这些措施时可能仍然面临某些障碍或限制（知识）； ▶意识到不应根据婚姻状况、生理性别或社会性别而否定任何进入性活跃期的年轻人获取避孕措施或安全套的权利（态度）； ▶展示获取避孕措施的多种方法（技能）	要点：非意愿怀孕时有发生的，在这种情况下所有年轻人都应该能够获取维持自身健康与福祉所需的服务和保护 学习者将能够： ▶审视相关的法律法规和政策，了解它们如何保护未成年母亲继续完成学业、获得生殖健康服务、不受歧视（知识）； ▶识别在非意愿或有计划怀孕的情况下，针对怀孕妇女或少女的一系列卫生保健和支持服务（知识）； ▶理解不安全人工流产会给妇女和少女带来严重的健康风险（知识）； ▶认识到少女因怀孕而被学校排斥或开除是对她们人权的侵犯（态度）； ▶意识到即使发生早孕或非意愿怀孕，怀孕的妇女或少女也应该获得高质量、安全和全面的医疗保健和支持（态度）； ▶展示当朋友或爱人经历有计划怀孕、非意愿怀孕或养育子女时，自己如何在健康、福祉和教育方面为她们提供支持（技能）
要点：过早生育和生育间隔时间过短存在健康风险 学习者将能够： ▶识别什么是过早生育，并解释与之相关的健康风险（知识）； ▶描述生育间隔的益处（知识）； ▶意识到推迟生育和间隔怀孕的重要性（态度）； ▶表达自己对于是否和何时怀孕有什么倾向（技能）	要点：当一些人没有打算，或没有能力做父母时，把孩子送给别人领养是一种解决办法 学习者将能够： ▶评估领养的益处和风险（知识）； ▶认识到对于没有做好为人父母的准备，或没有能力做父母的人，把孩子送给别人领养是一种重要的解决办法（态度）
	要点：一些做法会促进或威胁到健康的怀孕过程 学习者将能够： ▶评估哪些产前行为会促进或威胁健康的怀孕过程（知识）； ▶认识到确保怀孕过程的健康不仅仅是母亲的责任（态度）； ▶制订计划支持健康怀孕过程（技能）； ▶展示如何获得产前服务（技能）

8.2 艾滋病病毒和艾滋病的污名、关爱、治疗及支持

学习目标（5~8岁）	学习目标（9~12岁）
要点：艾滋病病毒感染者享有平等的权利，也可以有所作为 学习者将能够： ▶说明在正确的护理、治疗和支持下，艾滋病病毒感染者也可以过上美满的生活，如果愿意，他们也可以拥有自己的孩子（知识）； ▶意识到和所有人一样，艾滋病病毒感染者有权利获得平等的爱、尊重、关怀和支持（以及及时的治疗）（态度）	**要点**：对于艾滋病病毒感染者来说，能够在安全的支持性环境中谈论自己的感染者身份非常重要 学习者将能够： ▶描述艾滋病病毒感染者坦诚谈论自己的感染者身份会有哪些益处以及会面临哪些挑战（知识）； ▶明白一些人出生时即携带艾滋病病毒，而另一些人则是后天感染的（知识）； ▶认识到每个人都有责任确保艾滋病病毒感染者享有安全的支持性环境（态度）； ▶展示如何创建安全的支持性环境（技能）
要点：有许多有效医疗手段可以帮助艾滋病病毒感染者 学习者将能够： ▶说明在得到关爱、尊重和支持的情况下，艾滋病病毒感染者能够通过有效的医疗手段控制自己的状况（知识）	**要点**：艾滋病病毒感染者具有特殊的护理和治疗需求，其中的一些治疗可能有副作用 学习者将能够： ▶解释为什么艾滋病病毒感染者具有特殊的护理和治疗需求，包括一些可能的副作用（知识）； ▶明白艾滋病的治疗将贯穿一生，而且常常会带来副作用和其他挑战，并可能需要关注营养问题（知识）； ▶说明感染艾滋病病毒的儿童和年轻人也可以从治疗中受益，但在青春发育期需要重点注意药量和用药依从性问题，并且要控制副作用（如骨密度和抗逆转录病毒药物的耐药性）（知识）； ▶列举并展示人们可以如何获取艾滋病的护理和治疗服务（技能）
	要点：艾滋病病毒和艾滋病会影响家庭结构、家庭角色和家庭责任 学习者将能够： ▶解释艾滋病病毒并不是建立亲密关系、享有家庭或性生活的障碍，因为无论是否感染艾滋病病毒，人们都可以一起生活，发生性关系，也可以生育并保证孩子不携带艾滋病病毒（知识）； ▶阐述艾滋病病毒和艾滋病如何影响家庭，包括家庭结构、家庭成员的角色和责任（知识）； ▶解释在获得来自家庭与社区的支持以及服务和治疗的前提下，女性艾滋病病毒感染者可以保持健康，生下健康的孩子并进行母乳喂养（知识）

续表

学习目标（12~15岁）	学习目标（15~18岁以上）
要点：在恰当的关爱、尊重和支持下，艾滋病病毒感染者能够有意义地生活并且不受到歧视 学习者将能够： ▶断定基于艾滋病病毒感染状况而歧视他人是违法的（知识）； ▶意识到一些人从出生开始就感染了艾滋病病毒，但通过获得治疗和支持，他们可以过上美满、健康而有意义的生活（态度）	
要点：只要愿意，包括艾滋病病毒感染者在内的每一个人都有平等的权利通过婚姻或长期承诺向别人表达性感觉和爱 学习者将能够： ▶解释为什么包括艾滋病病毒感染者在内的每个人都有权利对别人表达性感觉和爱（知识）； ▶支持包括艾滋病病毒感染者在内的每个人向他人表达自己的性感觉和爱的权利（态度）	**要点：在恰当的关爱、尊重和支持下，艾滋病病毒感染者可以在一生中充分实现自己的价值** 学习者将能够： ▶分析针对艾滋病病毒感染者或受艾滋病影响的人群的污名和歧视为何产生以及造成的影响（知识）； ▶找出本国艾滋病病毒感染者的主要倡导者（男性、女性和跨性别），并描述他们在改变人们对艾滋病病毒的认识和保护其他艾滋病病毒感染者等方面做出的贡献（知识）； ▶欣赏艾滋病病毒感染者取得的成就（态度）； ▶开展权利倡导活动，支持包括艾滋病病毒感染者在内的每个人免受污名和歧视的影响（技能）
要点：由艾滋病病毒感染者组织或有他们参与的支持小组和项目可以提供帮助 学习者将能够： ▶解释由艾滋病病毒感染者组织或有他们参与的支持小组和项目能够提供什么帮助，并描述他们所能提供的服务（知识）； ▶理解并赞许由艾滋病病毒感染者组织或参与的项目所提供的帮助（态度）； ▶展示如何找到当地的支持小组和项目（技能）	

8.3 理解、认识与减少包括艾滋病病毒在内的性传播感染风险

学习目标（5~8岁）	学习目标（9~12岁）
要点：免疫系统能够保护人体免受疾病的侵害并帮助人们保持健康 学习者将能够： ▶描述"健康"和"疾病"的概念（知识）； ▶解释人体有免疫系统，可以保护人体免受疾病的侵害（知识）； ▶列举人们保护自身健康的不同方式（知识）	**要点：人们可能会因为和性传播感染者发生性行为感染艾滋病病毒或发生其他性传播感染。人们可以通过一些方法降低感染的风险** 学习者将能够： ▶列举在青年群体中最常见的性传播感染类型（例如艾滋病病毒、人类乳头瘤病毒、单纯疱疹病毒、沙眼衣原体和淋病奈瑟菌感染等）和最常见的传播途径（知识）； ▶描述为什么艾滋病病毒不会通过日常接触传播（如握手、拥抱、共同一个杯子喝水等）（知识）

续表

学习目标（5~8岁）	学习目标（9~12岁）
要点：人们可能会在生病时仍然看起来很健康 学习者将能够： ▶想到有些人即使生病，也可能会看起来很健康或感觉自己仍然很健康（知识）	要点：艾滋病病毒可以通过不同的途径传播，包括与艾滋病病毒感染者发生无保护的性行为 学习者将能够： ▶列举艾滋病病毒的不同传播途径（例如与被感染者发生无保护性行为；输入含有艾滋病病毒的血液；与他人共用注射器、针头或其他锋利器具；在怀孕、分娩和哺乳期间）（知识）； ▶说明绝大部分人感染或传播艾滋病病毒都是由于和被感染者发生了无保护的插入式性交（知识）
要点：无论生病与否，每个人都需要爱、关心和支持 学习者将能够： ▶描述人们无论在何种健康状况下都需要爱、关心和支持（知识）	要点：有一些方法可以降低艾滋病病毒或其他性传播感染的风险 学习者将能够： ▶描述降低艾滋病病毒感染或传播风险的不同方法，包括病毒暴露之前（例如使用安全套，在有条件的情况下进行男性自愿包皮环切手术，或采取艾滋病病毒暴露前预防并同时使用安全套）和之后（在有条件的情况下采取艾滋病病毒暴露后预防）（知识）； ▶描述正确使用安全套的步骤（知识）； ▶（在有供应的地方）描述在什么年龄以及在什么地点可以接种生殖器人类乳头瘤病毒疫苗（知识）； ▶展示通过沟通、协商和拒绝等技能来抵御违背个人意愿的性压力，或果断表达采取安全性行为的意图，包括坚持正确使用安全套或其他避孕措施（技能）
	要点：检测是确定一个人是否感染艾滋病病毒或发生其他性传播感染的唯一途径，针对艾滋病病毒和绝大多数性传播感染都已经有治疗手段 学习者将能够： ▶展示对于自己所在社区中针对大多数常见性传播感染（包括艾滋病病毒在内）的检测和治疗都有所了解（知识）； ▶列举对想要进行检测的人表示支持的不同方式（知识）； ▶认识到为接受检测的人创建安全的支持性环境是非常重要的（态度）； ▶知道哪里可以进行检测（技能）

续表

学习目标（12~15岁）	学习目标（15~18岁以上）
要点：各种性传播感染，如沙眼衣原体、淋病奈瑟菌感染（淋病）、苍白螺旋体感染（梅毒）、艾滋病病毒和人类乳头瘤病毒感染（尖锐湿疣）等，都是可以被预防的，治疗或控制的 学习者将能够： ▶描述发生包括艾滋病病毒在内的性传播感染的不同途径（如通过性接触传播；在怀孕、生产或哺乳时传播；通过含有病原体的血液传播；共用注射器、针头或其他锋利器具而传播等）（知识）； ▶描述不发生性交是预防艾滋病病毒和其他性传播感染的最有效手段（知识）； ▶解释如果一个人处于性活跃期，也有一些特定的方式可以降低艾滋病病毒或其他性传播感染的风险，其中包括：坚持正确使用安全套；避免插入式性交行为；实行"双方保持单一配偶"；减少性伴侣的数量；避免同时拥有多名性伴侣；接受性传播感染的检测和治疗（知识）； ▶解释在某些艾滋病病毒和其他性传播感染发生率很高的环境下，年龄差距很大的个体之间的亲密关系或代际亲密关系会增加感染艾滋病病毒和其他性传播感染的风险（知识）； ▶展示如何协商安全的性行为和拒绝不安全性行为（技能）； ▶展示正确使用安全套的步骤（技能）	要点：沟通、协商和拒绝技巧可以帮助年轻人抵御违背个人意愿的性压力，或强化其采取安全性行为的意图（比如坚持使用安全套或其他避孕措施） 学习者将能够： ▶回忆一个人的协商技巧会受到社会规范、权力不平等、关于自我决策权的个人信念和信心的影响（知识）； ▶使用有效的沟通、协商和拒绝技巧以抵御违背个人意愿的性压力、采取更加安全的性行为策略（技能） 要点：对进入性活跃期的人，采用何种策略降低感染风险会受多方面影响，包括个人的自我效能、感知到的风险水平、社会性别角色、文化和同伴规范的影响 学习者将能够： ▶对可能影响处在性活跃期的人做出降低自身感染风险的决定的所有因素进行批判性分析（知识）； ▶认识到对一些群体的社会排斥和歧视会增加其感染艾滋病病毒和其他性传播感染的风险（态度）； ▶制订和执行提升个人健康与福祉的计划（技能）； ▶展示获取安全套的不同方法（技能）

续表

学习目标（12~15岁）	学习目标（15~18岁以上）
要点：性健康服务机构可以提供艾滋病病毒的检测和治疗并提供安全套，一些机构可能会提供艾滋病病毒暴露前后预防用药或男性自愿包皮环切手术，还有一些机构可以帮助人们评估自身感染艾滋病病毒的风险，也可以帮助人们获取所需的检测和治疗 学习者将能够： ▶审视如何通过医疗系统获得艾滋病病毒检测，以及为艾滋病病毒感染者提供支持的不同项目（知识）； ▶列举不同的艾滋病病毒检测方式，以及这些检测是如何进行的（知识）； ▶描述男性自愿包皮环切手术，以及这种手术如何降低男性感染艾滋病病毒的风险（知识）； ▶在当地可以获取的情况下，明确表述艾滋病病毒暴露前后口服预防用药可以在艾滋病病毒暴露之前和之后降低艾滋病病毒感染的可能性（知识）； ▶阐明每个人都有权利接受自愿的、知情的、保密的艾滋病病毒检测，而且不应该被要求公开自己的感染状况（知识） ▶认识到检测在评估艾滋病病毒易感性和获取所需治疗方面非常重要（态度）； ▶展示如何对一个想要进行检测的朋友表示支持（技能）	要点：性健康服务机构可以提供安全套、艾滋病病毒检测和治疗；一些机构可能会提供艾滋病病毒暴露前后口服预防用药或男性自愿包皮环切手术，还有一些服务机构可以检测并治疗其他性传播感染，提供避孕措施，处理基于社会性别的暴力，从而帮助人们评估自身感染艾滋病病毒的风险，帮助他们获得所需的检测和治疗 学习者将能够： ▶评估可以帮助人们预防和最大程度降低艾滋病病毒感染风险的性健康服务（知识）； ▶识别在什么地方可以获取安全和保密的艾滋病病毒检测以及其他服务（包括艾滋病病毒暴露前后预防）（知识）

附录二 中国青少年性健康教育指导纲要

《中国青少年性健康教育指导纲要（试行版）》是中国性学会青少年性健康教育分会在《中小学健康教育指导纲要》的基础上，参考我国港台地区和国外性教育大纲及各种教材形成的。本纲要作为中国青少年全面的性健康教育指南，主要在教育部门、学校、教师、家长和社会各界对在小学和中学的青少年进行性教育时使用。由于很多人在中小学没有受过相应的性健康教育，因此，对大专院校学生进行性教育也可以参考本纲要。当然此纲要也适用于对校外的青少年进行全面的性教育，特别是对那些由于各种因素被边缘化、处于弱势或受过性侵害的青少年。随着在线教育的普及，本纲要也为在网络媒体上对青少年进行性教育提供了帮助。

本纲要内容分为四个年龄组编写：小学低年级（6～9岁）、小学高年级（9～12岁）、初中（12～15岁）、高中（15～18岁）。每个年龄组包括五个方面内容：第一部分是关系，包括家庭关系、同伴关系、人际关系、婚姻与养育；第二部分是沟通与决策，包括对性问题的沟通，社会规范、家庭意见和同伴压力对个体性行为的影响，性行为决策的技能，寻求性问题帮助和支持的技能；第三部分是性别，包括性别的概念、性别与文化、性别与法律、性别与媒体；第四部分是人体发育与生殖健康，包括生殖解剖学和生殖生理学、生殖和预防怀孕、正确对待青春期的变化、预防性侵犯、预防性病和艾滋病；第五部分是性行为，包括持续一生的性、性行为和性反应、自慰与性梦、节欲、毒品。每个部分都有相应的目标，这些目标是根据学生心理和身体发展不同阶段而设计的，是一种递进的关系，这为进行全面的性教育提供了一套完整的思路。

1 关系

水平一：小学低年级

1.1 家庭关系

学习目标：

什么建构了家庭关系；了解不同结构的家庭类型。

核心内容：

了解家庭的实质是以婚姻和血缘为纽带的基本社会单位；了解不同的家庭结构会影响孩子的生活、社会角色的定位和责任感的形成；家庭对孩子价值观的形成起着十分重要的作用，对孩子来说，只要能获得安全感和爱，就是一个好的家庭；明白家庭成员有不同的需求和角色，这与他们的性别角色密切相关；知道家庭的所有成员不一定生活在一起，但家庭成员间应该懂得相互照顾；了解每个家庭成员在家庭中都应当承担各自的责任。

1.2 同伴关系

学习目标：

了解什么是友谊，什么是朋友。

核心内容：

朋友是除情人或亲属之外彼此有交情的人；友谊是人们在交往活动中产生的一种特殊情感，是一种来自双向（或交互）关系的情感，即双方共同凝结的情感，任何单方面的良好，不能称为友谊；了解不同类型的爱和不同类型的表达方式及其主要特点；一个人健康与否并不影响他与别人建立友谊；朋友间可以表达不满，有时朋友会伤害彼此的感情，但朋友间应当互相帮助、彼此分享感情、增进互相了解、彼此原谅。

1.3 人际关系

学习目标：

了解人际关系的含义，懂得人际交往中的一些技巧。

核心内容：

人际关系是指社会人群中因交往而构成的相互联系的社会关系；与人相处应以相互尊重为基础；帮助孩子建立一些基本的观念，如每个人都是有价值的、值得被尊重的，当你尊重别人时才能得到别人的尊重；教给孩子们一些社交的技巧，如微笑、倾听，赞扬别人的优点，不嘲笑别人等。

1.4 婚姻与养育

学习目标：

了解婚姻的含义。

核心内容：

解释婚姻的概念；理想的婚姻是建立在爱情和责任的基础上的；绝大多数已婚者打算将婚姻关系维系一生，当他们不想在一起时，已婚者可以离婚；父母的离异并不是孩子的错；离婚后，父母和孩子以新的方式继续生活，父母对孩子的感情是不会变的；强迫婚姻和童婚是有害的，甚至是违法的。

水平二：小学高年级

1.1 家庭关系

学习目标：

进一步认识到不同家庭成员的角色、权利和责任，了解家庭的矛盾和变故。

核心内容：

在家庭角色和责任的分配上，既要体现性别平等的原则，又要发挥不同性别的优势，互相取长补短；家庭在个体的发展中起着重要的作用，帮助孩子形成价值观和个性；家庭成员间的沟通十分重要；父母指导和支持孩子做出决定是十分重要的，但家长需要认识到自己不应该替孩子做主，也不能放纵孩子自己做主；家庭是一个整体，任何成员的健康状况都会对其他成员的生活造成一定的影响，爱惜自己的身体，保护自己的健康是对家庭的责任；了解家庭中可能出现的矛盾、变故；学习如何面对家庭的矛盾和变故；当家庭矛盾和变故给自己带来伤害时，学会寻求帮助。

1.2 同伴关系

学习目标：

了解和掌握交友所需要的技能。

核心内容：

友谊和爱都可以帮助别人，都会让人感觉很好，但表达友谊与爱的方式是不同的；让孩子们明确友情和爱情之间的区别，避免误解；男女是平等的，健康交友；学会以适当的方式向家人、朋友表达爱；友谊必须建立在相互尊重的基础上。

1.3　人际关系

学习目标：

避免在人际交往中伤害他人。

核心内容：

了解偏见、歧视、侮辱、骚扰、排斥等行为；明确所有的人都是平等的，在与他人交往时要学会换位思考，接纳别人不同于自己的地方；不要在与他人的交往中采取伤害他人的手段；不要鼓动同伴去伤害自己不喜欢的人；鼓励孩子去保护那些受到歧视、侮辱和排斥的人。

1.4　婚姻与养育

学习目标：

解释婚姻和养育的重要功能。

核心内容：

了解法律和社会习俗对婚姻关系成立的影响；婚姻是建立在承诺和法律保障的基础上的，两个人结婚就意味着要共同生活、彼此帮助和支持，共同组成一个家庭并对它负责；养育是家庭的一个重要功能，大多数家庭都会养育孩子，孩子是两人爱情的结晶，是血缘和家族精神的延续，是人类继续繁衍生息、不断向前发展的原动力；每个人都有权决定是否成为父母，残疾人和艾滋病毒携带者也有这种权利；父母的标准在每个人心目中是不相同的；人们为了成为好父母需要不断学习。

水平三：初中

1.1　家庭关系

学习目标：

（1）了解家庭成员间关系随着家庭成员的成熟而情感需求的变化。

（2）理解家庭成员间责任的差异。

核心内容：

（1）家庭成员间要相互了解与接纳因成熟而带来的情感需求。

（2）家庭成员间的关系以爱、理解、关心、合作、包容和性别平等为基础，不以社会角色不同、地位贵贱之分而影响情感关系。

（3）尊重个体成员的独立性需求与行为方式，主动创造沟通路径而信息对称。

（4）尊重是相互的要求，尊重、理解呈现在任何表达方式上。承担责任是尊重的重要内容。

（5）当家庭出现问题的时候也可以考虑借助外界的帮助如心理咨询来使问题得到解决。

1.2 同伴关系

学习目标：

（1）了解不同类型的同伴关系。

（2）理解良好同伴关系对自己成长的积极意义。

核心内容：

（1）同伴友情是除家人以外最重要的情感需求，学会建立深厚的同伴友情是自己学会社会生活的一种重要能力。友情没有贫富、贵贱之分。

（2）同伴友情可以建立在同性之间，也可以建立在异性之间。友情的基础是相互尊重、相互关爱。

（3）同伴友情如果没有心理、行为界限有时也会发生消极作用。

（4）异性同伴交往会有"性吸引力"影响，了解积极交往的技术、建立健康交往方式是满足需求、保护友情、远离"早恋"的有效行动。

1.3 人际关系

学习目标：

（1）了解人际关系对个体人身心健康发展的积极意义。

（2）理解良好关系一定建立在良好沟通之上，理解建立良好的亲子关系是自己走向独立最积极的支持系统。

核心内容：

（1）人际关系是人与人之间最基本的关系，是社会发展的根本；良好的人际关系可以增强人的幸福感，利于人的身心健康。

（2）人际关系可以帮助人们更好地了解自我，人际关系缺失的人会产生孤独感，甚至会产生不良情绪。

（3）良好的人际关系建立在良好人际沟通之上，同性交往与异性交往有不同的体验、不同的交往原则与交往方法。

（4）亲子关系的处理也反映人际交往的能力。

1.4 婚姻与养育

学习目标：

（1）理解婚姻是"性、情、爱"的归宿和法律形式。

（2）了解婚姻关系下的情感承诺与家庭、社会主要责任。

核心内容：

（1）婚姻是夫妻双方"性、情、爱"的归属与法律保障，婚姻作为一种契约决定双方必须在婚姻生活中担任何种角色及承担什么责任。

（2）结婚意味着两人愿意在今后的生活中互相支持，努力克服相处中的困难和矛盾，尽力去营造幸福的生活。

（3）幸福婚姻需要独立的生存能力与对下一代的抚养与教育能力来保障。青少年时期尚不具备幸福婚姻的必要条件。

（4）青少年处在人际交往能力的发展阶段，缺乏对适合自己的伴侣的认识；为人父母会中断学业、中断社交。在婚姻中成为父母是对双方及孩子最好的选择。

（5）离婚是婚姻的法律终止，孩子要学会应对父母的离异。

水平四：高中

1.1　家庭关系

学习目标：

了解家庭成员之间的关系，学会处理自己家庭中的问题的技能和方法。

核心内容：

了解父亲母亲在家庭中的地位与关系，学会分析自己与父亲母亲之间的关系，并学会建设健康的亲子关系。理解家庭成员之间应该保持平等、尊重的关系，每个人都要有对家庭的责任感。家庭成员遇到危机时可向家人寻求帮助；家人的支持和尊重可以帮助彼此更好地渡过危机。

1.2　同伴关系

学习目标：

理解高中阶段同性及异性同伴关系的性质，学会分辨友情和爱情。理解同伴关系在个人发展中的重要性，以及同伴关系对个人心理健康的影响。

核心内容：

同伴关系对人格塑造、心理健康的影响。异性同伴交往中的平等原则、尊重原则。个体家庭中亲密关系的经历对发展友情和爱情的影响。理解爱情与责任、婚姻与承诺的关系。学会处理同伴关系对自我概念的影响。在同伴关系中的自我保护技巧。

1.3　人际关系

学习目标：

理解丰富健康的人际关系对个人身心发展的重要性。理解健康的性观念在建立丰富健康的人际关系中的重要性。

核心内容：

高中阶段除了应对高考，还应该主动地学会建立丰富健康的人际关系。学会在需要帮助的时候主动向值得信任的人求助，包括自己的老师、同学、家长、朋友。理解健康的性观念在建立人际关系中的重要性，在树立积极的自我概念中的重要性，学会与不同性别不同年龄的人沟通。

1.4　婚姻与养育

学习目标：

理解步入婚姻、组建家庭所需要的身心准备。

核心内容：

成功的亲密关系建立在爱的基础上；婚姻是有益处的，但也有挑战性的；婚姻需要双方共同不懈努力，坦诚沟通，学会处理分歧和矛盾，这对于维护两人的感情和关系至关重要；父母是否要生孩子是有很多决定因素的；孩子的幸福会受到父母关系的影响；了解爱情和亲情的区别；美满婚姻的特征。

2 沟通与决策

水平一：小学低年级

2.1 对性问题的沟通

学习目标：

知道什么叫沟通，能表述不同的沟通方式。

核心内容：

每个人都有权表达自己对性问题的观点、都需要沟通；孩子与朋友、父母、教师以及信任的成人之间沟通性的问题不是耻辱和肮脏的；清楚地向他人表达对性问题的观点："是"或者"否"，能保护自己身体的隐私和安全；初步学习与不同对象在不同地点、场合进行性问题沟通的方式，包括言语、非言语、符号和文字的沟通方式。

2.2 社会规范、家庭意见和同伴压力对个体性行为的影响

学习目标：

能表述在性问题上的一些社会规范、家庭意见和同伴压力。

核心内容：

社会规范、家庭意见和同伴压力对青少年性行为具有很大的影响；这些影响对青少年可能是积极的也可能是消极的，初步学会抵抗这些意见产生的消极影响。

2.3 性行为决策的技能

学习目标：

能够举例说明什么是正确的决定、错误的决定及其后果。

核心内容：

了解决策的含义；每个人都应该有做决策的权利；懂得不同的决策会导致不同的结果；决策是一项需要通过学习不断提高的技能；青少年需要得到成人的帮助来做出性决策。

2.4 寻求性问题帮助和支持的技能

学习目标：

了解人们互相帮助的具体方式。

核心内容：

所有人都有获得帮助和支持的权利；人们在遇到困难时可以从家庭、朋友、老师和专业人士那里获得帮助；家庭成员、朋友、老师以及有交往的人需要互相帮助；值得信赖的成年人可以为孩子提供可靠的支持和帮助。

水平二：小学高年级

2.1 对性问题的沟通

学习目标：

学会尊重不同的感受和观点，知道沟通的有效和无效两种结果，初步学习进行性问题的有效沟通方式。

核心内容：

父母、老师和同伴对性问题的感受和观点有很大的不同，要尊重人们对沟通性问题的不同观点和感受；并非所有的沟通都会有效，学会有效的沟通方式能了解对方的想法和表达自己对性问题知晓的权利；能够清晰地表达自己的意愿；有时沟通需要协商、尊重、合作和拒绝；要学习与不同对象在不同地点、场合进行性问题沟通的方式，包括运用言语、非言语、符号和文字进行有效沟通的方式。

2.2 社会规范、家庭意见和同伴压力对个体性行为的影响

学习目标：

能够描述社会规范、家庭意见、同伴压力对个体性行为的影响。

核心内容：

理解社会规范、家庭意见和同伴压力对个体性价值观和性行为的影响；学会坚定而自信地拒绝负面的社会风气、家庭意见和同伴压力的影响。

2.3 性行为决策的技能

学习目标：

了解决策的过程；应用决策过程来解决问题。

核心内容：

做决策有一定的步骤和过程；不同的人可能有不同的决策方法；不同的抉择会产生不同的后果；理智和成熟的人能够预测所作决策带来的后果，因而能够据此做出带来最优后果的行为选择；每个人都要对自己的决策后果负责；很多因素会影响人们的决策（如朋友、文化、性别角色定型、同伴压力和媒体）；未成年人在做决策时可以从信任的成年人那里寻求帮助。

2.4 寻求性问题帮助和支持的技能

学习目标：

明确遇到具体的性问题时寻求帮助的途径。

核心内容：

在学校和社区中有解决性问题的渠道和多方面的帮助；有些性问题可以通过学校和社区意外的途径（如法律机构、专业人士）解决；安全套和避孕措施（包括紧急避孕）有助于性行为的安全，保护性与生殖健康；未成年人遇到来自成年人的性关注、性骚扰和性虐待要向可信赖的机构和成年人报告，以获得法律的保护和支持。

水平三：初中

2.1 对性问题的沟通

学习目标：

通过对性问题的有效沟通，选择符合个人需求的以及可接受的性行为。

核心内容：

有效的沟通对于建立未来的恋爱关系、家庭关系，以及恋爱、婚姻之外的两性关系至关重要；良好的恋爱、家庭关系能够克服与不同的对象进行性问题沟通的障碍；有效的沟通能够有效帮助青少年拒绝来自同伴的性压力及来自强势地位的人和其他成年人的

性侵害；社会性别的观念会影响性问题的沟通。

2.2 社会规范、家庭意见和同伴压力对个体性行为的影响

学习目标：

能够交流和展示自己具备了抵御社会规范、家庭意见和同伴压力对性决定产生负面影响的技能。

核心内容：

坚信自己能够抵御各种负面的影响，在性行为和性决定方面做出理性的选择。

2.3 性行为决策的技能

学习目标：

能够运用决策的步骤和过程来解决性或生殖健康的问题，并对所作决策的优缺点及结果进行评估。

核心内容：

青少年要理性地认识到对性行为做出决策会遇到障碍，青春期性萌动产生的"爱恋情感"是影响性行为决策的重要因素，在酒精和毒品的作用下不利于对性行为和性关系做出决策，青春期的青少年在对性行为做出决策之前应考虑所有可能产生的后果，青春期孩子在性行为方面的决策会影响其健康、未来发展和生活规划。

2.4 寻求性问题帮助和支持的技能

学习目标：

能够确认获得性帮助的来源。

核心内容：

遇到性问题寻求帮助是明智的决定，对性的羞耻感会成为寻求帮助的障碍；值得信任的成年人可以为孩子提供性保护；未成年人也可以为同伴提供性保护的帮助；知道何时何地可以获得性与生殖健康支持（包括 HIV 和 STIs 咨询、检查和治疗）；青少年在寻求帮助与支持时应该注意保密、尊重和信任；了解借助媒体（比如互联网）来获得信息或解决问题的方法，也要明确互联网的帮助会带来诸如隐私曝光、二次伤害等风险；知道性传播疾病的感染/艾滋病病毒的咨询、检测和治疗，针对避孕、性虐待、强奸、家庭暴力和基于社会性别的暴力、堕胎和堕胎后的护理，以及性羞辱和歧视等问题，都有获得相应社会支持与法律帮助的途径；明确好的帮助和支持能够保守秘密、保护隐私。

水平四：高中

2.1 对性问题的沟通

学习目标：

掌握进行性问题的有效沟通方式。

核心内容：

有效的沟通技巧才能让自己获得自愿的、安全的性行为，学会有效的沟通技巧才能自信地拒绝非意愿的性行为。

2.2 社会规范、家庭意见和同伴压力对个体性行为的影响

学习目标：

了解抵制不良社会风气、家庭或同伴压力的技巧，并学会运用该技巧。

核心内容：

每个人都应该坚持自己的自主权，人应该能够做出理性的性决定，人应该拒绝不好的社会风气、家庭或同伴压力对他们决策的影响。

2.3 性行为决策的技能

学习目标：

理解性问题的决策可能引起的性与生殖健康、社会和法律等方面的问题。

核心内容：

每个人都有自己做出决策的权利，但同时要履行享受权利的义务和责任；每个人都要尊重他人自我决策的权利；对性行为的决策会影响到当事人双方的身心健康，可能会导致意外的怀孕、性传播疾病等社会问题，还可能导致性侵害与性犯罪等法律问题；国家法律对年轻人在性方面能做什么、不能做什么产生直接影响；几乎所有国家的法律都对违背他人意志的性行为有严格的禁止（如我国的妇女儿童权利保护法对与未成年人发生性行为的严格法律禁止条款）；一些国际公约（如《儿童权利公约》《消除对妇女的一切歧视公约》）对青少年性与生殖健康的人权标准提供了正确的引导，对性健康服务的资源、法定性行为认可的年龄等问题做出了明确的法律规定。

2.4 寻求性问题帮助和支持的技能

学习目标：

能够交流和展示寻求性问题帮助和支持的行为。

核心内容：

寻求适当的帮助有助于问题的解决；寻求专业人士的帮助是一种明智的选择；在寻求帮助过程中需要注意保护自己隐私，同时尊重他人的隐私权；自信是寻求有效帮助的必要条件；有些问题需要人们依靠自己来解决。

3 性别

水平一：小学低年级

3.1 性别的概念

学习目标：

初步认识男孩、女孩的相同与不同。初步认识生理性别、心理性别和社会性别的含义。

核心内容：

(1) 男孩女孩生理性别的异同。

(2) 悦纳自己的生理性别。

(3) 认识男女平等的各种表现。

3.2 性别与文化

学习目标：

初步认识性别受文化影响的方面。

核心内容：

（1）从家庭中的性别关系了解性别平等与不平等。

（2）从学校的课程要求中了解性别平等的含义。

（3）从神话故事、童话故事中了解性别平等与不平等。

3.3 性别与法律

学习目标：

掌握用法律保护自己身体的方法。

核心内容：

（1）学会保护自己的隐私部位。

（2）知道自己有维护自己身体完整性的权利。

3.4 性别与媒体

学习目标：

认识和辨别媒体信息中与性别平等有关的内容。

核心内容：

（1）学习从动画片中分析性别平等与不平等的信息。

（2）能够区分真实世界和虚拟世界（例如电视、网络）中发生的事情，以及虚拟世界信息的功用。

水平二：小学高年级

3.1 性别的概念

学习目标：

了解性别的概念，从生理、心理、社会三个角度理解性别。

核心内容：

（1）了解自己的生理性别特点，了解男性与女性的生理差异。

（2）了解男性与女性心理活动的相同与不同，了解男性和女性共有的优秀特质。

（3）理解社会对每个人性别角色形成的影响，自己所处的环境中与性别平等或不平等有关的信息，学会从课本、故事书、动画片中分析性别平等或性别不平等有关的信息。

（4）在心理上接纳自己的性别，并学会接纳人的行为的多样性。

（5）了解如何能够不受刻板的性别角色的影响，充分发挥自己的潜能。

3.2 性别与文化

学习目标：

了解哪些文化现象对个体的性别角色有影响以及如何影响。

核心内容：

（1）了解与个体密切相关的亚文化圈，如家庭、学校、社区、朋友。

(2) 了解自己家庭的发展史，祖辈、父辈家庭结构的变化与性别平等的关系。

(3) 了解不同时期学校中老师和学生的性别构成以及不同性别学生的行为。

(4) 学习如何分析上述环境中所包含的性别平等相关的信息以及人的行为如何受到环境中所包含的性别信息的影响。

(5) 学习分析自己的行为如何受到环境中包含的性别信息的影响。

3.3 性别与法律

学习目标：

学会保护自己的身体。初步了解与性别有关的法律。

核心内容：

(1) 了解中国传统礼义廉耻教育与隐私部位的关系。

(2) 学会区分隐私部位，学会区分适当的和不适当的身体接触。

(3) 学会适当的行为规范，以避免受到侵犯。

(4) 学会遇到不当的身体接触时的自我保护方式以及求助的渠道。

(5) 树立自尊心，抵制不文明行为。初步了解男女平等基本国策及其相关法律。

3.4 性别与媒体

学习目标：

学习分析传媒信息中的性别误区。

核心内容：

(1) 了解传媒与传媒中的性与性别相关的信息。

(2) 明白理解广告、影视、动画、故事中的信息的多样性及其原因。

(3) 理解媒体信息对个体性别角色形成的影响。

(4) 学习分析媒体中与性别有关的信息，懂得什么样的性信息对儿童成长是不利的，学会区分健康和不健康的性信息；拒绝淫秽色情。

(5) 初步理解传媒中的性与性别相关的信息所包含的性别不平等的含义。

水平三：初中

3.1 性别的概念

学习目标：

理解个体生理、心理、社会性别在青春期的特点。

核心内容：

(1) 青春期的生理发育与个体性别角色发展的关系；科学看待青春期的生理发育及其对心理的影响；体象对青春期身心健康的影响，初步了解体象障碍；个体性别角色在初中阶段的发展性和选择性，自主选择在性别角色发展中发挥的重要作用。

(2) 树立平等的同性及异性审美视角，区别同性依恋与同性恋。

(3) 性别角色发展过程中个体心理特质、家庭关系、同伴关系的影响，单亲、家庭冲突严重、家教不得当对初中生异性交往的影响。

(4) 个体性别角色发展的过程中受社会流行元素、明星偶像、影视作品、网络信息等含有性别平等相关信息的影响。

（5）学会审视自己的性别角色发展及相关的影响因素。学习更具有适应性的行为模式。

3.2 性别与文化

学习目标：

了解人类发展历史中在家庭、社会中两性地位的变迁。

核心内容：

（1）我国历史不同阶段中两性地位的变迁，其他文化中在历史发展的不同阶段两性地位的变迁。

（2）当前中国家庭中两性地位和两性关系的现状，分析自己家庭中的两性地位并通过与同伴交流了解更多家庭中的现状。

（3）学习、能力、人际关系方面存在的性别刻板印象及家庭中的性别刻板印象对自己的影响，分析家庭中的性别刻板印象与当前社会要求的冲突。

（4）学习就性别刻板印象的问题以及与父母及家人的沟通方法。

3.3 性别与法律

学习目标：

维护自己的身体权，理解性别平等在法律层面的体现。

核心内容：

（1）廉耻观的内涵，通过建立适应性的人际关系维护自尊。

（2）性别刻板印象在建立平等的两性关系中的影响，男孩和女孩拥有大致相同的优秀品质。

（3）保护自己身体的权利受到法律的保护，法律中关于性别平等的内容，家庭暴力的相关法律，利用法律手段解决实际问题。

（4）性骚扰的特征，学会求助。黄色信息对性别意识和行为的影响。

（5）理解男女平等基本国策相关的法律。

3.4 性别与媒体

学习目标：

学会甄别媒体中有关性与性别的信息。

核心内容：

（1）科学的性信息的来源，利用科学的信息鉴别媒体信息的偏差。

（2）媒体运作的动力及媒体信息的个别性与渲染性特征。

（3）人们对美的诉求及被媒体信息的误导，健康与美的关系，整容、减肥的得失。

（4）学习对媒体塑造的性别角色批判性地接受，学会分析其中包含的性别平等/不平等的信息。

水平四：高中

3.1 性别的概念

学习目标：

理解在性别角色发展过程中生理、心理、社会因素相互作用的机制，深入理解生理性别、心理性别和社会性别的概念。

核心内容：

（1）了解生理、心理、社会三者不可分割、相互交织的作用机制；区别同性恋与同性依恋；理解家庭和社会中的两性关系。

（2）避免片面强调生理、心理、社会任何一个因素的影响力。

（3）理解性别角色发展在个体毕生发展中的重要性。

（4）理解体象身心健康的影响，认识体象障碍的危害。理解性别角色如何影响亲密关系的建立。学会处理学习和恋爱之间的关系。

（5）在对性别角色的正确理解上，建立适应性的人际关系。学会鉴别海量的社会信息中反映的性别平等/不平等现象。

3.2 性别与文化

学习目标：

理解个体性别角色的发展如何受到文化的影响。

核心内容：

（1）理解当前中国社会文化中怎样的性别角色更具有适应性。

（2）理解当代社会文化多样性与每个人性别角色的独特性的关系。

（3）理解每个个体成长环境及文化如何影响个体的性别角色发展。

（4）学会分析性别刻板印象对个体成长的危害。

（5）理解片面强调社会文化对个体性别角色的塑造作用是对个体成长有害的。

（6）学会分析中外文化中的性别平等/不平等信息，通过了解历史与宗教的发展来理解性别不平等的危害。

3.3 性别与法律

学习目标：

理解与性及性别平等相关的法律。

核心内容：

（1）学会建立适应性的人际关系，学会在人际交往中维护自尊。

（2）理解性别刻板印象在建立平等的两性关系中的危害。

（3）理解保护自己身体的重要性，并且这种权利受到法律的保护。

（4）理解法律中与性伤害有关的条例。

（5）理解黄色信息对性别意识和行为的影响，并可能导致犯罪。

（6）理解男女平等基本国策及其相关法律，学会利用法律手段解决实际问题。

3.4 性别与媒体

学习目标：

学会识别媒体中有关性与性别的虚假信息。

核心内容：

（1）理解媒体中性与性别的信息存在的偏差。

（2）学会利用科学的信息鉴别媒体信息的偏差。

（3）理解一些媒体所反映的并不是大多数人的情况。

（4）理解人们对美的需求，避免媒体信息利用此点对美的误导。

（5）理解媒体塑造的性别角色需要批判性地接受，能够分析媒体信息中包含的性别平等/不平等的信息。

（6）对于媒体所宣扬的错误的价值观要加以鉴别，学会鉴别正确的择偶观。掌握科学的性信息的来源。

4　人体发育与生殖健康

水平一：小学低年级

4.1　生殖解剖学和生殖生理学

学习目标：

能够通过体表性征识别男性和女性。

核心内容：

人类生育后代的功能由生殖器官完成；男孩和成年男性一样，有阴茎、阴囊和睾丸；女孩和成年女性一样，有乳房、阴蒂、阴道、子宫和卵巢；男孩和女孩的生殖器官尚未发育成熟；男孩和女孩的身体都有一些部位，既不能让别人随意看和碰触，也不能偷看或触摸他人的这些部位，这些部位叫隐私部位。

4.2　生殖和预防怀孕

学习目标：

知道"我是从哪里来的"，懂得生命来之不易。

核心内容：

生殖需要两性共同参与；每一个新生命都是从受精卵开始的，需要一个精子和一个卵子的结合；受精卵形成的过程，怀孕和分娩的概念；当女性怀孕时，胎儿在她的子宫内生长；婴儿通常从母亲的阴道（产道）分娩；某些婴儿是经剖宫产手术出生的；女性的乳房能够分泌乳汁，哺育婴儿；热爱母亲和父亲，珍惜自己生命。

4.3　正确对待青春期的变化

该水平不讲授。

4.4　预防性侵犯

学习目标：

认识性侵犯。

核心内容：

了解什么是性侵犯，知道男孩和女孩都有可能被性侵犯；了解身体"隐私部位"；如果有人试图看或触摸自己身体的隐私部位，要拒绝、离开，并告诉信任的成年人；每个人，包括孩子，在他们不想被触摸的时候，有权利阻止别人（包括家庭成员和亲友等）触摸自己的身体；受到性侵犯的儿童是无辜的；受到性侵犯后要告诉可信任的成年人。

4.5　预防性病和艾滋病

该水平不讲授。

水平二：小学高年级

4.1 生殖解剖学和生殖生理学

学习目标：

了解男性和女性内、外生殖器官的结构特征和功能。

核心内容：

男性和女性内、外生殖器官的结构特征和功能；女性乳房的发育过程，卵巢的功能，月经初潮和正常月经周期；男性睾丸的功能，遗精。

4.2 生殖和预防怀孕

学习目标：

了解怀孕和生育知识。

核心内容：

了解排卵周期；排卵可能发生在一个月当中的任何时间，因此，女性在任何时间都有可能怀孕；了解他为什么是男孩，她为何是女孩；了解双胞胎、连体儿、畸形儿是怎么形成的；了解剖宫产是怎么回事。

4.3 正确对待青春期的变化

学习目标：

了解青春期时男孩和女孩的生理变化与心理变化。

核心内容：

（1）了解青春期的概念；了解女性、男性青春期身体的变化；了解青春期与生殖能力的关系，女孩应正确看待和应对月经初潮，男孩应正确看待和应对遗精；接纳自己的变化，以科学的态度对待青春期生理的变化；以健康的心态迎接青春期的到来；养成良好的卫生习惯（例如，清洗外阴部的方法，男性包皮过长的清洗方法，经期卫生）对于正在发育成熟的身体非常重要；女孩应学会正确使用卫生巾和其他经期用品。

（2）了解因为青春期生理变化而出现的害羞、好奇、焦虑、害怕和困惑等复杂心理变化；学习如何正确对待对异性产生的好奇、好感等心理；学会处理与异性同学的关系，懂得交往分寸；学会处理与同性伙伴的关系和交往。（见性别部分）

4.4 预防性侵犯

学习目标：

提高应对性侵犯的能力。

核心内容：

性侵犯不仅包括身体上的或心理上的，还包括在电话上和网络上被性侵犯；学习预防性侵犯的方法；受到性伤害后要告诉自己的父母或信任的老师，报警，到医院检查，积极寻求心理帮助；不做伤害他人的事。

4.5 预防性病和艾滋病

学习目标：

了解预防艾滋病的基本知识。

核心内容：

（1）了解什么是艾滋病病毒，什么是艾滋病。

（2）了解艾滋病的传播途径，日常生活中不进行可能传播艾滋病的活动。

（3）不去无行医执照或无消毒措施的街头诊所、美容所等场所打针、输液、穿耳、刺青等；不与他人共用牙刷、牙签、剃须刀等极有可能刺破皮肤、黏膜的日常生活用品。

（4）知道什么是歧视。不歧视艾滋病病毒感染者和艾滋病患者。

水平三：初中

4.1 生殖解剖学和生殖生理学

学习目标：

能够描述男性和女性在生物学特征上的差别。

核心内容：

（1）胎儿的性别是由染色体决定的。

（2）激素在生长发育和调节生殖系统功能方面的作用。

4.2 生殖和预防怀孕

学习目标：

（1）能够描述怀孕的征象。

（2）了解早孕、早产带来的风险和健康问题。

核心内容：

（1）生育适宜期。

（2）大多数的怀孕是性交的结果，怀孕早期的症状和体征。

（3）预防非意愿怀孕的方法，这些方法包括不发生性交行为和使用避孕措施。

（4）意外怀孕青少年获得帮助的途径。

4.3 正确对待青春期的变化

学习目标：

能描述青春期的男孩和女孩在身体方面的特点。

核心内容：

（1）青春期的概念，进入青春期的时间因人而异。

（2）两性交往中的愉悦感是青春期男孩和女孩在成长发育阶段重要的人生体验；要体会两性之间交往的愉悦感，不一定要通过性行为来实现，还有其他的实现途径。

4.4 预防性侵犯

学习目标：

（1）抵制淫秽色情的诱惑。

（2）如何应对性暴力。

核心内容：

（1）发生性行为应该建立在双方自愿的基础上，任何违背自己意愿的性行为都是性暴力。

(2) 与互联网有关的风险，如一些色情淫秽的图片、视频或者是通过电话和网络的性侵犯；强奸是犯罪；性侵犯受害者没有过错，不应该受到歧视。

(3) 了解受害者寻求帮助的途径。

4.5 预防性病和艾滋病

学习目标：

预防艾滋病。

核心内容：

(1) 艾滋病的发生、发展过程、检查及治疗。

(2) 艾滋病在世界和中国流行的情况，艾滋病对人类社会的危害。

(3) 懂得并能够运用艾滋病的预防措施，远离毒品；增强抵御不良行为和侵犯的能力，提高生活技能。

(4) 判断安全行为与不安全行为。

(5) 拒绝不安全行为的技能。

(6) 主动寻求帮助的方法。

水平四：高中

4.1 生殖解剖学和生殖生理学

学习目标：

能够描述在整个生命周期中，男性和女性的生殖能力的发展变化。

核心内容：

(1) 女性的排卵和月经周期与激素的关系。

(2) 激素对于男性精子形成的作用。

(3) 随着年龄的增长，男性和女性的身体会发生变化，其生殖能力也会发生变化。

4.2 生殖和预防怀孕

学习目标：

(1) 了解基本的避孕方法。

(2) 知道意外怀孕后应采取哪些措施，了解意外怀孕对身心健康的影响。

核心内容：

(1) 青少年危险的性行为导致有意外怀孕和性传播疾病的可能。

(2) 正确使用避孕套可以降低意外怀孕、感染艾滋病和其他性传播疾病的危险；正确使用避孕套的方法；如果有性交行为发生，男女双方都有责任使用避孕套或其他避孕工具；同伴的压力会影响避孕套和其他避孕用品的使用以及危险性行为的发生。

(3) 其他避孕方法。

(4) 年轻人应当知道获得避孕套或其他避孕用品的方法。

(5) 紧急避孕法。

(6) 人工流产的定义和原因；在正规医疗机构，由正规医疗人员操作的人工流产是安全的；安全人工流产和不安全人工流产的健康风险；获得安全人工流产的方法。

(7) 计划生育对于个人、家庭和社会的重要作用，性别期望对计划生育的影响，不孕和治疗不孕的方法，不能生育的人可以选择收养孩子。

4.3 正确对待青春期的变化

学习目标：

能描述处于青春期阶段的男孩和女孩的体内激素变化对身体发育的影响。

核心内容：

青春期的男孩和女孩应该正确看待身体上的变化。

4.4 预防性侵犯

学习目标：

了解发生性侵犯的社会文化、法律和性别角色的影响因素。

核心内容：

（1）性行为的双重标准以及对社会交往和性行为的作用。

（2）提倡男女平等对预防基于性别的性暴力的作用（见性别部分）。

4.5 预防性病和艾滋病

学习目标：

预防艾滋病，学会健康的生活方式。

核心内容：

（1）艾滋病的流行趋势，以及艾滋病对社会、经济所带来的危害。

（2）艾滋病病毒感染者与艾滋病病人的区别。

（3）艾滋病的窗口期、潜伏期。

（4）吸毒与艾滋病。

（5）无偿献血知识。

（6）预防艾滋病的方法和措施（初中基础上扩展内容）。

①在与异性交往中，自尊、自爱，增强自我保护意识，对自己负责，对他人负责。

②学会拒绝的技能，避免婚前性行为。

③需要输血时，避免输入未经检验的血液及血液制品。

（7）了解歧视对艾滋病防治工作的影响，如何正确对待和关爱艾滋病病毒感染者与艾滋病病人（在对艾滋病患者提供帮助时，如何进行自我保护）。

（8）我国预防控制艾滋病的相关政策。

5 性行为

水平一：小学低年级

5.1 持续一生的性

学习目标：

儿童都有好奇心，探索自己身体的某些隐私部位是可以理解的，是一种自然的行为。

核心内容：

触摸身体的某些部位会有舒服的感觉，大多数儿童都会对自己的身体感到好奇。

5.2 性行为和性反应

该水平不讲授。

5.3 自慰（手淫）与性梦

该水平不讲授。

5.4 节欲

该水平不讲授。

5.5 毒品

该水平不讲授。

水平二：小学高年级

5.1 持续一生的性

学习目标：

了解人类的性欲是普遍存在的。

核心内容：

儿童在成熟的过程中逐渐开始对性感到好奇，这是性心理发展的起始阶段；儿童探索性的感觉是常见的现象，应该鼓励他们向父母或老师以及可以信赖的成年人谈论他们生活中遇到的或感到困惑的性问题。

5.2 性行为和性反应

学习目标：

描述男性和女性对性刺激的反应。

核心内容：

人类对性刺激会有自然的生理反应；在青少年期，男孩和女孩的生理逐渐发育成熟，他们已经能够对性刺激产生反应；表达爱情的方式不仅仅只有性，伴侣之间有很多表达爱情的方式；理想和健康的性关系是应该建立在双方心理和生理都发育成熟的基础之上。

5.3 自慰（即手淫）与性梦

学习目标：

了解自慰和性梦的概念。

核心内容：

科学认识自慰，自慰是用手或者其他物体抚摸或摩擦自己的外生殖器官获得性快感的行为；了解自慰产生的原因；了解造成身心危害的不是自慰本身，而是自慰带来心理压力以及性欲冲动与社会道德之间的心理矛盾；性梦是指梦的内容与性有关，性梦是不由人自控的、潜意识的性心理活动；了解性梦是青春期发育过程中出现的正常心理和生理现象。

5.4 节欲

学习目标：

明确性行为多数发生在成年阶段。

核心内容：

树立儿童期不应该发生性行为的观念。

5.5 毒品

学习目标：

认识毒品，拒绝毒品。

核心内容：

了解毒品，了解毒品对人身体和心理的伤害，了解全世界禁毒工作的开展和有关法律知识，远离毒品、拒绝毒品。

水平三：初中

5.1 持续一生的性

学习目标：

了解在日常生活中有性感觉、性幻想和性欲是自然的。

核心内容：

性感觉、性幻想和性欲是人类普遍存在的，所以每个人有性感觉、性幻想和性欲是极其自然的事情，而且可以发生在生命的各个阶段，青少年处于性心理和生理的发育期，性感觉、性幻想和性欲有时更为强烈。有了性欲并不等于就要发生性行为或靠性行为来缓解性欲，多数时候我们需要控制我们的性欲，因为人类具有自我调节的生理功能。

5.2 性行为和性反应

学习目标：

描述常见的性行为和性反应。

核心内容：

人们不一定在他们有性欲的时候就发生性行为，对于青少年更是如此。男性和女性都有性反应周期，了解性高潮是男性或女性在发生性行为时的一种愉悦的高峰体验，持续的时间只有几秒或十几秒。了解互联网得到性信息的利弊以及网络交友难以克服的性骚扰、性侵犯以及财产损失等风险。

除西方有礼仪性接吻之外，一般来说性行为主要包括拥抱、接吻、爱抚和性交。而严格的性行为就是指性交行为。目前性交应该包括阴茎插入阴道的性交、阴茎插入口腔的性交（口交）和阴茎插入肛门的性交（肛交）三种。社会上通常说的性交就是指阴道性交，也是最典型的性行为，也是唯一能够导致怀孕的性行为。同性恋是指相同性别的人相爱，同性性行为是指相同性别的人之间发生性行为，有同性性行为的人并不一定将他们自己定义为同性恋。肛交多数发生于同性性行为群体，肛交容易引起直肠黏膜的破裂，在预防艾滋病方面具有重要意义。

5.3 自慰（手淫）与性梦

学习目标：

了解自慰是青少年在性生理和性心理发育成熟过程中的一种正常现象。

核心内容：

自慰通常是青少年初次性体验的方式；在青春期一些孩子开始有自慰并且体验了性快感（男孩可以射精）；某些男孩和女孩从不自慰也是正常的，适度、有节制的自慰对身体健康没有任何损害。自慰的频率因人而异，因为自慰而紧张害怕的人应该找专业人士咨询。

性梦是指梦的内容与性有关，性梦是青春期性成熟的标志之一。女孩在性梦之中可以有性高潮的体验。男孩在梦境之中有时会发生射精，也有些人醒后发现自己有精液流出，俗称梦遗。男性"精满自溢"是一个自然规律，没有自慰的男生遗精会多一些。

多数青少年是在没有性交对象的情况下才自慰的，自慰时多数伴有性幻想，性幻想的内容自然是与性交有关，如果性幻想的内容涉及以往称为性变态的内容，可能会对性心理发育有影响，而使用一些特殊的女性用品自慰也有形成恋物症的潜在危险。

5.4 节欲

学习目标：

理解青春期不发生性行为的益处。

核心内容：

青少年虽然生理发育已经接近成熟，但是他们在心智成熟和生活的独立性方面还难以应对性行为所带来的相关问题，包括意外怀孕的风险、社会和家庭的压力、感染性病和艾滋病的风险、人际关系的纠纷以及难以克服的继续交往等。另外学校和家长也有保护儿童健康成长的义务和责任。

5.5 毒品

学习目标：

了解毒品的种类和危害以及与艾滋病感染的关系。

核心内容：

（1）了解药物滥用和精神依赖性的定义。

药物滥用：通常是指人们反复、大量使用与医疗目的无关的具有依赖性潜力的物质。一旦产生依赖性，个体便会不可自制地、不断地追求药物，以感受药物产生的精神效应，同时避免一旦断药产生的"戒断症状"。其实药物滥用完全可以理解为吸毒，因为西方文化中 drug 已经是毒品的代名词，而不是药物了。Drug dealer 就是毒贩，而不能翻译为卖药的小贩。

精神依赖性：是指对药物的强烈心理渴求，也称为心瘾。阿片类药物通过两种方式引起心理渴求。其一，用药后产生强烈的欣快感和松弛宁静感。这种感觉能够满足依赖者的心理需要，称之为正性强化；其二，停药后产生难以忍受的痛苦，这是药物依赖者想尽力避免的，只能继续使用药物，称之为负性强化。这两种强化进一步使吸毒者深陷苦海难以自拔。身体依赖消除之后，精神依赖长期存在，这是导致复吸的主要原因。心瘾是心理依赖的通俗说法，是吸毒者对于毒品的不可遏制的渴望。

（2）了解毒品的种类。

目前学术界经常使用的药物分类包括：①麻醉性镇痛药：吗啡及其他镇痛药；②酒；③镇静催眠药：巴比妥类和抗焦虑药；④中枢神经兴奋剂：苯丙胺、冰毒和可卡因；⑤大麻类药物；⑥麦角酰二乙胺和其他致幻剂：肾上腺素类致幻剂和其他合成致幻剂；⑦挥发性有机溶剂；⑧烟草；⑨非麻醉性镇痛药；⑩多种药物混合滥用。

（3）了解共用针头可以传播艾滋病。

阿片类吸毒者在吸毒的晚期多数使用肌肉或静脉注射毒品的吸毒方式，如果其中有一人是艾滋病患者或感染者（HIV 阳性）就可以导致艾滋病的传染，所以在吸毒人群中宣传艾滋病的预防极为重要。

水平四：高中

5.1 持续一生的性

学习目标：

明确性对人一生幸福生活的意义。性是一把双刃剑，既可以给人带来美满的幸福生活，也能够让人产生困惑、感染疾病或触犯法律，所以青少年必须通过性教育对性有正确的认识并且能够驾驭性冲动和性欲望，为今后的幸福生活奠定基础。

核心内容：

性欲是人类整体的、愉悦的和自然的组成部分，性欲是爱情的生物学基础。"愿天下有情人终成眷属"，说明性是人们快乐的源泉，而性行为是人类得以繁衍生息的遗传本能，正如古人所言："食色，性也。"没有性就没有人类。尽管不恰当的性行为会给人类带来诸多问题，但这正是性教育缺失的结果，而不能否认性本身的美好，在构建和谐社会的过程中，我们提倡和谐的性行为、安全的性行为和负责的性行为。

5.2 性行为和性反应

学习目标：

了解性行为准则和性反应周期及其意义。

核心内容：

每个人都有权利拒绝任何形式的性行为，包括拥抱和接吻在内，这是法律赋予每个公民的权利。诱骗和强迫女性卖淫的行为是违法行为，坚决反对任何针对青少年的性交易行为；发生性行为的双方都要对性行为负责，尤其是在意外妊娠和面临感染性病和艾滋病风险的情况下。性行为应该发生在双方平等、自愿、快乐和相互尊重的情况之下，而且要能够保障不会意外怀孕和感染任何疾病，更为重要的是不会对任何一方造成情感伤害或违反社会法规。约会强奸是发生在恋人之间的一种强迫的性行为；了解人类性反应周期包括性欲望期、性唤起期、性高潮期和性消退期以及各期的生理变化。

5.3 自慰（手淫）与性梦

学习目标：

正确看待自慰，避免错误的自慰方式。

核心内容：

在性病和艾滋病流行以及意外怀孕更容易造成自身健康和社会问题的时代，健康专家对自慰持有比以往更加宽容的态度，但是，由于传统性观念的影响和一些关于自慰的误解，致使有些青少年对自慰是否会造成心理和性功能方面的不良影响仍然感到疑惑。我们认为正常的自慰方式不会对人的成长发育产生危害，而错误的自慰方式可能会产生某些不利影响，需要加以注意。错误或不当的自慰方式主要有以下几种：①两人在一起共同或互相自慰；②不安全环境下快速自慰；③男性自慰过程中阻止射精；④自慰时不注意卫生；⑤使用不恰当或危险物品用于自慰；⑥过多偏离常理的性幻想内容；⑦伴有诱发意外窒息的行为；⑧在尿道或阴道中插入物体。

尽管青少年能够理解自慰是正常的性行为，但还是有一些人为不能克服自慰而感到苦恼，他们因为自慰是性行为而感到内疚，又由于不能彻底克服而自认为没有毅力或没出息。其实任何人没有彻底克服自慰的必要，更不必为此耿耿于怀，如果觉得自慰过于频繁，可以适当减少。我们鼓励使用自我奖酬法减少自慰，不提倡彻底根除自慰。所谓自慰导致早泄或阳痿主要是精神压力所致而不是行为本身。

5.4 节欲

学习目标：

明确性交不是成为成年人的途径，更不是有魅力的表现。

核心内容：

即使已经恋爱也不应该有性交行为。即使是成人也经常会有不得不禁欲的阶段。世界卫生组织针对成人提出的 ABC 方案（禁欲、两人之间互相忠贞、使用安全套），在预防艾滋病方面具有积极意义和真实的效果。青少年在约会的时候应该积极讨论有关性的界限，恋人应该尊重他们制定的性界限，尤其是女性的意见，因为意外怀孕的后果全在女性身上，而感染性病和艾滋病的风险也是女性大于男性。有时男性会以不性交会伤害自己身体为理由迫使女友接受性交的要求或是以爱我就应该和我性交为借口达到性交的目的，这都是错误的。即使勃起后不性交也不会对身体产生危害，而且男性完全可以靠自慰来缓解性冲动。如果真正懂得爱情，更应该尊重女性的意愿，站在女性的立场，尊重女性的意见。

5.5 毒品

学习目标：

了解毒品成瘾的性质，毒品对社会以及对性与生殖健康的影响。

核心内容：

（1）掌握药物滥用对健康和社会的危害：①成瘾物质对身心健康的危害；②吸食过量而中毒或死亡；③周身感染和内脏损伤；④对妇女和婴儿的伤害；⑤家庭危害和社会危害。

（2）了解美沙酮维持疗法与预防艾滋病传播的关系。

（3）了解毒品对社会和家庭的破坏力以及轻型毒品泛滥的趋势。

（4）了解几种在娱乐场所比较流行的常见毒品。

①镇静剂本来是用于抗焦虑和催眠，但近几年来，一些非法分子在女青年的饮料中放入事先准备好的镇静剂，主要是氯硝安定和三唑仑等强效的催眠药。这些女青年在不知情的情况下喝下饮料而熟睡，最后被不法男性奸污，社会上称为迷奸。

②冰毒的学名是去氧麻黄碱或甲基苯丙胺（安非他明）。它是外观呈半透明的晶体，所以俗称为"冰"。冰毒对中枢神经系统产生严重的干扰作用，导致过度兴奋、精力充沛和不畏危险，减少对自己的约束能力。

③摇头丸的医学术语是二亚甲基双氧苯丙胺。摇头丸具有强烈的中枢神经系统的兴奋作用，服用后表现为活动过度、情感冲动、性欲亢进、暴力行为、幻觉妄想。

④K粉的医学术语是氯胺酮，其滥用形式和作用与摇头丸相似，但它不是苯丙胺类的化合物。1971年美国首先报告氯胺酮滥用病例，主要是旧金山和洛杉矶的娱乐场

所。1999年氯胺酮流入日本、泰国以及我国内地和香港地区。K粉主要是鼻吸和放入饮料中饮用，容易被很多人给误食。它能够兴奋心血管，过量可以致死。吸食者服用K粉后疯狂摇头，个别者可以摇断颈椎。对于神经系统的损伤比冰毒更为严重。

（5）大麻是致幻剂，属于软性毒品，能够激发某些艺术人士的创作灵感，也能够刺激性欲，所以被广泛滥用。大麻虽然能够在最初使用时产生强烈的恐惧感，但不会产生严重的戒断症状。

（6）迷奸药，也称为约会强奸药。迷奸药并不是具体指哪一种药物，而是指任何能够在约会过程中导致女性丧失意识或睡眠的物质，包括安眠药和各种酒类。目前最为流行的是新型的安定类药物，由于催眠作用强、无味和无色，很容易溶解在饮料之中而不易被受害者发觉。用迷奸药将女性催眠后奸污属于犯罪行为，需要女性提高警惕。

附录三 学校性教育指引

《学校性教育指引》由香港教育署课程发展委员会于1986年首次发布,其目的有三:其一,协助学校制定一些性教育方面的引导性原则;其二,介绍推行性教育的方式;其三,提供为学生推行性教育课程的实际方法和途径。《学校性教育指引》主要目标是帮助教师由学前教育开始,鼓励各级别的学生学习性的知识、培育应有的态度、建立价值观、掌握各种技巧,应付性情绪紧张,学会与人沟通、建立关系、培养自尊和对自我的概念,以及在明白后果的情况下有所抉择。此外也为各程度的学校设计出一个课程架构,以便个别的学校制定适合自己的校本性教育课程。

该指引表示性教育应广泛涵盖生理、心理、社会文化及道德伦理层面,因为这四个层面交织共同构成每个人的性。同时性教育可以从知识、价值与态度、技巧等三个领域提供有意义的学习经验。它也倡导在校内推行性教育,不只需要学校一方的参与和支持,也需要教职工、学生群体、家长、社团的协助和合作。这种群策群力、全校参与的方式,应是最佳的选择。其中,如何策划与开展性教育课程,如何在教学活动中渗透性教育,如何对性教育实施者进行培训,如何检测性教育是否有价值等这些内容在书中也进行了系统性的阐述与讨论。

指引的亮点是具体地说明了从学前教育到高中教育不同阶段在性教育方面的教育目标。它将所有性教育课程的主要概念和课程主题归入五个范畴中,即人的成长、健康与行为、人际关系、婚姻与家庭、社会与文化。每个范畴与性教育的四个层面及三个领域互相紧扣,而范畴中主要的概念和课程主题,都随着学龄的四个主要阶段,即学前、小学、初中、高中而发展。

主要概念与课程主题

		人的成长		
	学前教育	小学	初中	高中
人类的性	・认识到人与人的接触,例如握手、拥抱、亲吻或抚摸,可以产生亲切感和快乐,从而培育对人类的性的感觉采取积极的态度	・人类在性方面的本质:包括对作为人、作为男人或女人的感受,如何与同性及异性相处;性不单是指性交,也包括更广阔的层面,如所有在身体、情绪、社交上作为男性及女性的含意 ・培育对性的正面态度:性绝非污秽、罪恶或禁忌,不但是成长过程的一部分,可以用开放的态度和思想去讨论、去探索,而且是完整人性的一部分,是人类健康与幸福的基础 ・了解性的广义,即为人性的健康一面,包含性的知识、观念、态度、价值观及个别行为 ・了解社会上各种关于性的观念 ・认识性交是人类最高层次的表达爱的方式,而性的其中一项功能是延续后代		

续表

生殖系统和生理	• 男孩和女孩、成年男人和女人之间的异同 • 有关生殖系统的词汇和正确名词（例如阴茎、阴道） • 生命的起源、怀孕、婴儿如何出生、人类/动物和植物的繁殖方法有什么分别 • 事实与谬误（例如：胎儿是在子宫内而不是肚里成长，阴茎不会因触碰或把弄而折断，婴儿不是从腋窝或石头爆出来的）	• 更加深入了解生殖系统的各部分，它们的功能，以及成长和发育的生物基础性征：月经、梦遗及两者的含意 • 关于月经的事实和谬误（例如行经期间不应洗头） • 性交、怀孕和生育的生理事实	• 进一步的生理知识（例如性荷尔蒙和内分泌系统、割包皮、性交、怀孕和生育、遗传及环境的相互影响） • 节育原理：各种节育方法的原理、家庭计划的需要	• 深入了解节育的原理、选择、方法（强调可靠程度和使用避孕套的正确方法）、节育的含意、堕胎、人口数字的变化 • 经由性接触传染的疾病（种类、传染途径、病征、预防及治疗方法） • 艾滋病的生物学观点和社会观点 • 婚前检查、产前及产后检查的重要性，生育辅导，自我检查乳房和睾丸 • 关于性的事实与谬误（例如性交后冲洗阴道可免受孕）
青春期		• 每个人的身体变化速率和时间各异 • 青春期的变化：月经、梦遗、第二性征（例如胸部发育、阴毛等）以及青少年的情绪变化		
		• 不同的人于青春期间身体变化有很大的差异，而这些变化可能是短暂的，也可能是永久性的 • 个人卫生的重要性，实践个人卫生	• 青春期的特征 • 青春期的运动和休息 • 青春期的卫生	• 青春期内保持生理和心理健康
自我形象和自我观念	• 人皆有别和值得尊重 • 爱自己、爱他人	• 了解自我 • 无论对自己或他人，都要建立自尊和自信		
		• 认识和接纳自我：了解自己的长处和短处 • 尊重自己和别人 • 接受自己的不足之处	• 认识和接纳自我：了解自己的长处和短处，自我尊重、自我欣赏	• 提高/贬低自尊的因素 • 个性发展
		• 应付成功与失败		
			• 每个人的独特性	

续表

	学前教育	小学	初中	高中
性身份和性取向	·安于身为男孩或女孩	·接受自己的性别身份，也接受异性的性别身份 ·接纳身为男性或女性		
		·女性不一定是弱者，而男性不一定是强者	·讨论和识别性倾向 ·消除恐惧和偏见（例如害怕只因经常与同性朋友来往而被误为同性恋者一类）	·性身份、性角色的行为；性别身份、性别角色的行为（男仔头、娘娘腔）、性取向、生活方式
			·男性和女性之间的异同 ·性身份的发展	
情感	·认识每个人都有情感和情绪 ·学习正确表达情感的方法	·表达情感 ·情感如何影响身体机能 ·基本的情感需要（例如爱、接纳、归属感、安全感） ·处理与青春期有关的感情经验	·处理与性的成熟有关的感情经验——自慰、对异性产生兴趣、对色情刊物感到好奇、性幻想等 ·处理情感：处理情绪波动，例如情绪低落、紧张、恐怕失败、妒忌、情绪不安	·处理情感：内疚、紧张、惶恐、不安 ·处理性焦虑 ·情感趋于成熟
		·应付压力及解决因压力引起的问题的方法 ·认识到沉溺于自慰、在同辈的影响下随便性交等，可能源于不会适当地应付压力		

健康与行为			
	学前教育	小学	初中	高中
处理性冲动		·接纳有性的感觉和反应（例如阴茎勃起、梦遗、射精、经前综合征等对性刺激如接触、图片和读物有反应）是十分正常的 ·如何处理性感受和反应		·人类的性反应，处理性欲 ·处理性冲动和负责任的性行为
		·意识到性焦虑：压抑、好奇、无知、内疚、好玩乐	·应付性焦虑的方法	

221

续表

	学前教育	小学	初中	高中
身体隐私	• 尊重自己和他人的身体隐私			
	• 适当保护自己身体，免受伤害或侵犯	• 身体隐私和保护自己免受性侵犯、性暴力、乱伦		
性习惯和行为	• 行为举止应遵照社会规范（例如不应在公众地方大小便、暴露自己身体、把玩自己的性器官）	• 认识到随着性的成熟而来的感情经验——自慰、对异性产生兴趣、对色情刊物感到好奇、性幻想等 • 学习处理性欲和因性刺激所产生的性冲动		
			• 明白人在性方面的行为有很多种类，审视现代社会对一些在性取向上属少数者的歧视态度 • 善用空余时间，参加有异性参与的康乐和社交活动	• 负责任的性行为（抉择、后果、共同决定） • 人类成长的范畴：生理、认知、情感、道德、个性、社交、性、文化
			• 性行为的抉择、后果和责任	• 关于性习惯和行为的事实与谬误
		• 关于性行为（例如自慰）的事实与谬误		• 避免做出有偏见和偏执的行为，接纳有不同性价值观和生活方式的人
			• 与性有关的社会和感情问题：随便的性行为、性滥交、乱伦、卖淫、强奸、性骚扰、性侵犯、通奸 • 处理性冲动与社会、父母及宗教观念之间的冲突 • 认识到流行文化、同辈压力和大众传媒对性态度的影响力	
			• 了解更多亲密的性行为——底线是什么，对个人行为负责任	• 认识各种性行为的存在：同性恋、双性恋、异性恋 • 明白几种异常行为的成因及含义：偷窥、易装癖、变性、露体

附录 性教育指导纲要选编

续表

	学前教育	小学	初中	高中
经性接触传染的疾病		• 艾滋病教育 • 何谓人类免疫力缺乏病毒和艾滋病？ • 传染途径 • 病征 • 预防艾滋病在学校内传播 • 对艾滋病的态度 • 香港的艾滋病情况 • 消除谬误（例如接吻、握手或共用厕所会感染艾滋病）	• 性交所涉及的危险：意外怀孕、经性接触传染疾病（包括艾滋病）、情感问题、与父母及社会的价值观有冲突 • 艾滋病在亚洲及全世界的情况	• 经性接触传染的疾病（传染途径、病征、医治和预防方法、社会舆论），包括艾滋病的最新资料、建立不歧视艾滋病患者的态度 • 使用避孕套的正确方法
			• 在家庭及社会传递预防艾滋病的信息	• 对性伴侣应有的尊重和设想（例如若感染性病，应做足预防措施，避免传染性伴侣，以及尽早求医）
			• 预防感染性传染病（包括艾滋病）	
避孕			• 避孕简介：避孕的需要、生物原理 • 认识到意外怀孕时愿意寻求协助，以及可提供协助的途径	• 各种避孕方法 • 可靠程度 • 避孕与宗教信仰/道德 • 避孕与性角色：责任谁属 • 各种避孕方法的副作用
意外怀孕			• 有关青少年怀孕的问题和态度 • 对各有关方面（男孩、女孩、父母等）的影响和含义 • 社会对领养、堕胎及未成年父母的各种看法及价值观 • 不可将堕胎作为一种避孕方法 • 与堕胎有关的生理和心理问题 • 堕胎的过程、危险、法律和道德问题、资源/途径，堕胎以外的选择，例如领养	
身体护理	• 个人卫生的重要、保持卫生的方法、卫生习惯 • 仪容整洁的重要性	• 有些男孩子需要割包皮 • 女孩子使用卫生巾的正确方法		

223

人际关系					
	学前教育	小学		初中	高中
基本价值观	• 尊重自己和他人（例如不应偷窥或强吻别人） • 凡事为自己和他人着想	• 凡事要为己为人，不要伤害或利用他人，对自己的行为负责			• 道德决定：检讨、澄清和建立个人价值观；在培育健全的个性时，努力将自己定下的目标和所作的行动保持一致，按照个人信念并顾及他人利害行事
^	^	• 培育价值观，作为人与人之间社交行为的指引建立自己的价值标准		• 在互相尊重、信任和关怀的基础上，建立关系	• 正确地看待性：忠诚、平等及负责；爱和关怀是否比性吸引更重要 • 支持两性平等的基本因素——反对双重标准和性别歧视、反映性行为的最新趋势 • 阐释价值观：婚前性行为、婚外情、性滥交等
处世技巧	• 与他人相处 • 与他人沟通 • 积极地分享感受 • 交友和保持友谊	• 与同学、亲友、家人及邻舍相处		• 明白沟通是发展良好人际关系的有效方法，而沟通欠佳会导致误会或争执 • 交流对性的看法（个人价值观、信念、共同决定） • 培养判断思考的技能 • 从可增进关系的价值观出发，做出决定	
^	• 处理分离 • 留意各种资源，遇到个人问题时愿意寻求协助				
^	^	• 提升个人的聆听和表达技巧 • 积极地找出沟通障碍并加以克服（尤其是在家庭里） • 了解朋辈的影响力：迎合潮流、崇拜偶像、模仿 • 了解同辈及社会对性行为的压力 • 处理不良同辈压力的策略：坚定立场		• 培育人际沟通的技巧，例如聆听、同情、开放自我、做决定、解决问题、解决纠纷 • 认识与良好关系有关的因素 • 评估人际关系中协调的能力 • 建立正面的自我形象和观念、建立自信	
^	^	• 学习有效地沟通和练习抉择的技巧，会衡量后果轻重而有所抉择 • 对生命抱有积极的态度 • 处理情绪波动（例如挫败、紧张、压力） • 定下实际的目标（长远和短期目标） • 善用余暇，参加有意义的康乐活动和培养兴趣 • 学会预防和处理危机、情感及压力的方法			

续表

	学前教育	小学	初中	高中
友谊	• 友情 • 与他人建立良好的友谊，身为朋友的责任 • 不同层次的友情			
		• 友情的价值；如何选择朋友 • 与同性和异性朋友的关系		
约会、爱和迷恋		• 喜欢和爱 • 不同的人对爱和迷恋在认识上的分别 • 约会的动机、活动、态度	• 爱情关系的特点 • 喜欢、浪漫感觉、爱和性 • 约会的需要和动机 • 如何知道是否真正堕入爱河？ • 了解爱和迷恋的分别；亲密、爱和浪漫 • 约会行为：往什么地方、做什么、底线在哪里？ • 除性交外有哪些表达爱的方法 • 对约会的各种期望 • 为什么有些人约会（拍拖）？有些人却不？ • 约会的决定：约会标准和规则、婚前性行为的考虑、沟通技巧、拒绝技巧 • 以集体约会为另一选择	
				• 评价两人关系中的其他选择 • 影响选择伴侣的因素（社会、文化、个人） • 探讨约会和婚姻的关系
性骚扰、性侵犯和性暴力	• 保护自己，如遇到性骚扰、性侵犯和性暴力，须懂得如何表达及求助	• 何谓性骚扰和性侵犯？ • 认识到任何人（包括陌生人、相识的人、亲戚甚至是家人）都可能会性骚扰儿童（但不要引起过分戒备或产生恐惧）		
		• 想出预防和处理性骚扰、性侵犯和性暴力的方法 • 懂得如何求助（辅导、保护和受害人如何能寻找治疗）		
			• 性骚扰和性侵犯的种类、定义和意义	• 分类方式：例如淫亵电话、性侵犯儿童、乱伦、约会强奸、婚姻内的强奸 • 上述在法律上的观点
乱伦		• 何谓乱伦？ • 懂得如何寻求协助	• 从社会、伦理及生物学角度看乱伦 • 乱伦在法律上的观点	

婚姻与家庭			
	学前教育	小学	初中	高中
家庭的意义	• 我的家——家庭生活、家人、亲戚 • 认识每名家庭成员的身份，每个人都是家庭的一员 • 尊重父母			• 家庭在生理、心理、经济上和社会化的作用 • 家庭是保护、指导、眷顾和支持的来源，也可能是愤怒和暴力的来源 • 适应现代社会的家庭模式变化
家人互相依赖和不同年纪的家人之间的关系	• 家中每个人的责任和权利，大家互相依赖		• 父母和子女之间的关系	
^	• 在家庭中表达感受 • 在作息之间和游戏时，如何与家人和其他人合作 • 建立一个幸福家庭：每个家人的身份和责任	• 家庭当中的沟通 • 不同年纪和不同辈分的家人之间的关系、代沟		
^	^	• 家人之间的相互关系 • 每个家人的需要和期望 • 融洽的关系：分担责任，家庭活动	• 有助于加强家庭关系和达成团结一致的途径与方法 • 个人和家庭的角色	
^	^	• 需要互相接纳，尊重他人的需要，对家庭有归属感		
^	^	• 家人和亲戚的相互关系 • 明白各人有自己的空间和隐私的重要性	• 照顾和尊重年幼及年长者	• 成为家中负责的一份子：分担责任、照顾家庭里的年幼和年长者 • 有助于加强家庭关系和达成团结一致的途径与方法
家庭纠纷和解决方法		• 兄弟姊妹间纷争及争宠：成因、如何避免及解决方法		
^			• 成为家庭里的成人 • 为自己和家庭做决定 • 朋友和家庭的相互关系 • 个人和家庭价值观的分别	
^				• 反思由少年到长大成人期间，不同阶段所表现的成熟程度有何有不同、对家庭关系有何影响
^				• 父母之间以及父母和青少年子女间的冲突 • 找出年轻人与父母发生冲突的原因
^		• 子女与父母之间的沟通 • 了解自己的父母 • 建立良好的关系 • 解决家庭纠纷：容忍和牺牲、客观、互相了解和关怀 • 控制情绪		

续表

	学前教育	小学	初中	高中
家庭模式的转变	• 培养对不同类别的家庭（如单亲家庭、有领养子女的家庭等）一视同仁的态度			
			• 了解和分析单亲家庭、离婚和分居、独生子女家庭几种家庭模式，以及生于这些家庭的儿童可能受到的影响 • 在家里和社会上的角色与责任——性别角色定型、传统模式和转变趋势 • 转变中的家庭模式，以及转变对照顾年长和年幼者的影响	
处理家庭的转变	• 处理家庭里的转变和压力（例如新生命的诞生，父母分居、离婚、死亡）			
	• 欣然接受新生命（弟妹）的诞生	• 在家中控制情绪		
组织家庭时所要考虑的因素			• 婚姻的意义：选择一位终身伴侣；在婚姻中的角色身份和责任 • 创造和维系属于自己的家庭：考虑因素有分担责任、家庭财政预算、改变生活方式、家庭计划等 • 身为负责任父母所需的条件	
				• 现代社会对婚姻的期望有所改变 • 组成一个家庭后有了新的身份 • 家庭财政预算：收入与支出要取得平衡 • 家庭计划：准备什么时候为人父母、节育、家庭规模 • 考虑到与配偶的家人的关系
婚姻和终生承诺				• 选择配偶时需考虑的因素，结婚前必须了解对方 • 婚前检查的重要性 • 宗教对于婚姻和离婚的观点 • 关于婚姻的各种观点 • 爱、性与婚姻 • 现代的婚姻模式和对家庭的观念：伴侣平等抑或男人为一家之主、同居、合约婚姻等 • 生活方式的选择：单身、婚后不生育、同性恋、异性恋、双性恋、独身主义者 • 了解影响婚姻和家庭关系的因素，以及为人夫/妻和为人父/母的角色

续表

	学前教育	小学	初中	高中
为人父母			• 决定做父母 • 明白生儿育女的承担和责任，探讨和认识清楚为人父母的价值观和应有的态度 • 了解为人夫/妻和为人父/母的角色，为人父母的回报和困难 • 准备为人父母：决定什么时候为人父母、生儿育女的考虑因素 • 教养子女的最好方法：检讨自己在教养子女时是否受到自己的成长过程影响，以及养育子女所需的技巧 • 为人父母和为人子女的责任 • 夫妇间和父母与子女间的沟通模式和问题，包括压力和处理冲突	
				• 体会家庭标准和准则的重要性，以及父母与子女间要保持双向沟通的重要性 • 分析什么原因导致核心家庭的兴起，以及这方面现象对社会的影响 • 孝顺观念的转变 • 单亲家庭，儿童如何在单亲家庭中成长 • 产前、产后检查和生育辅导的需要和重要性 • 胎儿性别的偏爱/选择 • 父母肩负性教育的责任
	注：人际关系范畴的技巧，例如沟通、做决定、处理危机、坚定立场等日常生活技巧，在婚姻与家庭这一范畴中亦同样适用。			

	社会与文化			
	学前教育	小学	初中	高中
社会及文化对性的影响			• 不同文化会影响对与性有关的行为约束力和道德判断 • 影响年轻人性态度的社会和文化因素：宗教、传媒、朋辈、父母等 • 教育及教育制度对性成长的影响	
			• 个人及社会价值观：阐释婚前性行为、婚外情、性滥交、卖淫、色情刊物等价值观	• 对性产生影响的历史和文化因素或风俗 • 个人和社会价值观：阐释选择胎儿性别、遗传工程学、精子库、女权运动、优生学等价值观

续表

	学前教育	小学	初中	高中
两性角色		• 避免对性别有偏见和定型：男女之间谁是弱者、谁是强者并无定论 • 尊重异性	• 社会上及个人对性别身份的看法 • 明白性别定型的后果	
			• 男性与女性的角色和责任：在家里和社会上的角色——传统看法和不断改变的需要 • 进一步了解两性角色的定型：模式和影响、个别的歧异和其他选择	• 每个人对自己性别角色的反省 • 不论性别，每人将自己的潜能尽量发挥 • 强调平等机会，例如两性接受教育和就业的机会
			• 不断改变的两性角色，包括对追求伴侣、婚姻伴侣、父母和子女、兄弟姊妹及远亲的角色期望与行为 • 传媒、朋辈等对两性角色的影响	• 明白社会、文化传统、性方面一向以男性主导的情况
性与传媒			• 对传媒处理性作批判分析，例如对个人的性观念、家庭的价值观、色情刊物的影响 • 进一步认识色情刊物，其存在原因、对社会的后果、色情活动的起因、可能引起的问题的处理方法	
		• 传媒对于年轻人价值观与生活方式的影响		
				• 明白要对描述性事内容的物品和色情刊物（如报纸、杂志、录影带、光碟、电影等）分级的理由和准则 • 具争议的议题：审查和控制传媒描述性事内容和色情的尺度 • 批判思考、个人反省及抉择 • 透过传媒进行教育的需要

229

续表

	学前教育	小学	初中	高中
性与法律			• 儿童的法律权利：保护儿童条例，例如与十三岁以下女童发生性行为（刑罚：终身监禁）、与十六岁以下女童发生性行为（刑罚：五年监禁）、乱伦（如果女童为十三岁以下：终身监禁。其他年龄：七年监禁）	
			• 了解法律和政策对家庭和保护个人（尤其是有关性的问题）的影响 • 卖淫：探讨原因；年轻人的价值观和态度；事实；与性罪行、色情刊物、毒品、黑社会的可能联系 • 色情刊物和卖淫活动的法律问题：政府所采取的行动和这些行动的理据 • 针对性罪行的法律：非法性行为，例如强奸、与未成年少女发生性行为、乱伦、非礼、露体等	
性与道德和伦理	不同的宗教信仰或伦理观念和婚姻及家庭习惯		合乎道德与合法的分别	
		• 培养个人对性的价值观 • 价值观是抉择的基础：价值观及宗教信念如何影响个人的抉择 • 道德标准是价值观的一种 • 道德价值观是人类社交行为的指引 • 凡事遵照个人信念和为他人设想		
			• 在一个多元化社会中作道德抉择和决定所面对的复杂因素和困难之处 • 以欣赏和公平的态度，了解有不同生活方式、性方式和性取向的人：单身人士、不生育的已婚人士、同性恋者、异性恋者、双性恋者和独身主义者	

附录四　欧洲性教育标准

《欧洲性教育标准》是世界卫生组织欧洲区域办事处与联邦健康教育中心于2010年共同制定的，此标准从信息、技能、态度三个方面对六个年龄阶段的青少年在性教育方面制定了具体的内容。此标准首次系统性引入全面性教育，结合实际重新定义了性教育的年龄段，强调了各个年龄段的前后衔接，丰富和拓展了性教育的内容，对欧洲各国性教育的完善和儿童青少年的性健康具有重要的意义，为中国乃至全世界在性教育具体实施方面提供了重要参考。

参考欧洲各国已有的性教育标准，该教育标准有了更进一步的发展。具体表现为：一是提前了接受性教育的年龄。它倡导以一种全面的、整体的方式来解读性教育，认为性可以看成是人类的一种积极潜力，它提供了0～4岁、4～6岁婴幼儿期的性教育的具体内容。二是丰富和拓展了性教育的内容，主要是从信息、技能、态度三个方面来完善性教育。在信息方面，该标准主要以一种全面的、有针对性的方式提供关于性教育的认知信息；在技能方面，主要是指与性教育相关的具体技能；在态度方面，主要指与性教育相关的积极的情感态度和价值观。三是它强调了各个年龄段的前后衔接。《欧洲性教育标准》根据青少年的年龄阶段的交叉性，科学合理地描述了性教育的内容，每一阶段内容都包含了主要内容、附加内容以及特殊内容，并且它强调性教育的真正实施要适应儿童的年龄与身心发展状况，强调在特定的发展阶段要保证性教育的内容是儿童所感兴趣的并与儿童发展相关。四是首次引入全面性教育。全面性教育为教师与家长提供有关性的各方面的无刻板印象的、科学正确的知识，同时帮助他们按照这些科学知识来发展技能并培养正确的性价值观。《欧洲性教育标准》具有十分重要的参考价值，我们在性教育方面应摒弃传统性教育观念、倡导全面性教育，注重学校性教育内容的广泛性与实用性，以一种积极、整体的方式讲授关于性健康和预防性侵犯的知识，并注重培养高尚的性道德，树立正确的性价值观。

0～4岁	信息方面 （需要知道的知识）	技能方面 （需要具备的技能）	态度方面 （应当培养的正确态度）
人类身体与人类发展	·认识身体的所有部位及其功能 ·认识身体和性别的差异，能够区别自己和他人在身体和性别上的差异 ·学习身体卫生	·能说出身体每个部位的名称 ·养成卫生习惯（例如：清洗身体的每个部位） ·识别身体差异 ·能够表达需要和渴望	·积极的身体意象和自我意象：自尊 ·尊重差异，尊重性别平等 ·欣赏自己的身体，对身体经历和亲密经历带来的福祉、信任感和亲密感有积极态度

续表

0~4岁	信息方面 （需要知道的知识）	技能方面 （需要具备的技能）	态度方面 （应当培养的正确态度）
生育和生殖	• 知道怀孕、出生和婴儿的相关信息 • 知道人类生殖的基础（婴儿从哪里来） • 了解不同的家庭关系：知道成为家庭一员的不同方式（领养），知道一些家庭要孩子、一些家庭不要孩子的事实	• 运用正确的词汇来谈论这些问题	• 对成为家庭的小孩的不同方式有正确的态度
性	• 表达对身体接触的喜爱 • 探索自己的身体和生殖器官 • 知道身体接触带来的喜悦是人们生活的一部分 • 用关怀和亲近表达情感和爱意	• 拥有性别认同的意识 • 谈论身体愉快/不愉快的感受 • 表达自己的需要、愿望和边界，例如在"医生扮演"游戏中明确表达这些愿望与边界	• 对身体的所有功能有积极的态度，即积极的身体意象 • 尊重他人 • 对自己和他人的身体保持好奇心
情感	• 不同形式的爱 • 表达感受的词汇 • 了解个人隐私的需要 • "是"（接受）和"否"（拒绝）的感觉	• 能够表达同情心 • 能够表达"接受"和"拒绝" • 表达和交流自己的感情、渴望和需要 • 表达对自己隐私的需要	• 理解情感表达的多种方式 • 对自己性别有积极的态度 • 对个人经历和情感表达的正确态度 • 在不同环境下对不同感情的积极态度
关系和生活方式	• 知道多种多样的关系 • 知道不同的家庭关系	• 谈论自己的人际关系和家庭	• 身体接触带来的亲密和信任 • 对不同生活方式有积极态度 • 知道人际关系的多样性
性、健康和福祉	• 好的和不好的身体体验 • 拒绝不舒服的经历和感受	• 尊重自己的天性 • 学会拒绝、离开和向信任的人寻求帮助 • 实现福祉	• 对身体的欣赏 • 有寻求帮助的意识
性和权利	• 有被保护的权利 • 成人有责任保证孩子的安全 • 有权利询问有关"性"的问题 • 有探索性别身份的权利 • 有探索裸体与身体的权利，对其保持好奇的权利	• 表达接受和拒绝 • 发展交流技能 • 表达需求和渴望 • 区分好的与坏的秘密	• 有自信的权利意识 • 有"我的身体我做主"的态度 • 自己的事情自己做决定

续表

0~4岁	信息方面 （需要知道的知识）	技能方面 （需要具备的技能）	态度方面 （应当培养的正确态度）
性的社会和文化因素	·社会规范和文化规范 ·社会性别角色 ·不同的人有不同的社会距离 ·年龄对性的影响，与年龄适合的行为 ·关于裸露的规范	·区别个人和公共行为的不同 ·遵守社会规范和文化规范 ·有恰当的行为举止 ·知道哪里可以触碰	·尊重自己和他人的身体 ·接受关于个人隐私和亲密关系的社会准则 ·尊重别人接受/拒绝的决定

4~6岁	信息方面 （需要知道的知识）	技能方面 （需要具备的技能）	态度方面 （应当培养的正确态度）
人类身体与人类发展	·认识身体的所有部位及其功能 ·认识身体和性别的差异 ·学习身体卫生 ·身体随年龄的增长而变化	·能说出身体每个部位的名称 ·养成卫生习惯（例如：清洗身体的每个部位） ·识别身体差异 ·表达需要和渴望 ·意识到自己和他人对个人隐私的需求	·积极的社会性别认同 ·积极的身体意象和自我意象：自尊 ·尊重差异 ·尊重社会性别平等
生育和生殖	·关于生殖的传说 ·生命：怀孕、出生和婴儿，生命的终结 ·人类生殖的基础（婴儿从哪里来）	·能够用恰当的词汇谈论这些问题	·尊重差异：一些人有小孩，一些人没有小孩
性	·表达对身体接触的喜爱 ·探索自己的身体和生殖器官 ·性的意义和性的表达（例如，表达爱的感受） ·恰当的性语言 ·性的感觉（亲密感、快乐感和兴奋感）是所有人感觉的一部分（应该对性有积极的态度，性不应该包含强迫和伤害）	·谈论性问题（沟通技能） ·整合他们的性别认同 ·以恰当的方式使用性语言	·积极的身体意象 ·尊重他人
情感	·认识嫉妒、愤怒、失望等情绪 ·对同性别的人的友谊和爱 ·友谊和爱的区别 ·爱的秘密、初恋、迷恋和暗恋等	·应对失望的情绪 ·能够给自己的感受命名 ·表达和交流自己的感情、渴望和需要 ·尊重自己和他人的隐私	·接受爱的感觉（作为情感的一部分）是自然的 ·对待自己的经历和表达感情的态度是重要的、正确的

续表

4~6岁	信息方面 （需要知道的知识）	技能方面 （需要具备的技能）	态度方面 （应当培养的正确态度）
关系和生活方式	• 友谊 • 知道不同的家庭/人际关系 • 同性别个体的人际关系 • 家庭的不同概念	• 建立和保持人际关系 • 家庭成员共同生活的基础是相互尊重 • 和家庭成员与朋友有恰当的相处方式	• 接纳多样性 • 尊重不同的生活方式
性、健康和福祉	• 好的和不好的身体体验 • 拒绝不舒服的经历和感受	• 学会拒绝和离开，学会向信任的人寻求帮助 • 实现福祉	• 做决定 • 认识到危险 • 欣赏自己的身体 • 懂得向他人求助
性和权利	• 有被保护的权利 • 成人有责任保证孩子的安全 • 虐待 • 世界上存在一些坏人，有一些伪善的暴力分子	• 问问题 • 遇到困难时，向信任的人求助 • 表达需求和渴望	• 知道自己的权利 • 有"我的身体我做主"的态度
性的社会和文化因素	• 性别、文化和年龄的不同 • 不同国家和文化有不同的价值观和规范 • 所有的感受都是可以的，但并不是所有的行为都是由这些感受引发的 • 社会规范和文化准则	• 认识和面对不同的价值观 • 遵守社会规范和文化规范 • 谈论不同	• 有社会责任的行为 • 开放的、无偏见的态度 • 接受平等的权利 • 尊重与性有关的不同规范 • 尊重自己和他人的身体

6~9岁	信息方面 （需要知道的知识）	技能方面 （需要具备的技能）	态度方面 （应当培养的正确态度）
人类身体与人类发展	• 身体变化，月经，射精，随时间发展的个体差异 • （生物学）男女之间的差异（内部和外部） • 身体卫生	• 了解并能够使用正确的词汇来描述身体部位及其功能 • 评估身体变化 • 检查并照顾身体	• 接受因身体意识而产生的不安全感 • 积极的身体形象和自我形象：自尊 • 积极的性别认同
生育和生殖	• 关于为人父母、怀孕、不孕、领养的选择 • 避孕的基本理念（你可以计划和决定你的家庭） • 不同的受孕方法 • 生育周期的基本理念 • 关于生育的神话	• 培养沟通技巧 • 理解人们可以影响自己的生育能力	• 接受多样性：一些人选择要孩子，一些人选择不要孩子

续表

6~9岁	信息方面 （需要知道的知识）	技能方面 （需要具备的技能）	态度方面 （应当培养的正确态度）
性	• 爱、恋爱 • 温柔 • 媒体性（包括互联网） • 触摸自己身体时的享受和愉悦（手淫/自我刺激） • 恰当的性语言 • 性交	• 接受自己和他人的隐私需求 • 在媒体中处理性问题 • 以一种非冒犯的方式使用性语言	• 对"可接受的性"的理解（双方自愿、平等、年龄适宜、环境适宜和自尊） • 意识到性在媒体中以不同的方式被描述
情感	• 友情、爱情和欲望的区别 • 认识嫉妒、愤怒、失望等情绪 • 对同性的友谊和爱 • 初恋、迷恋、暗恋、单恋	• 表达和交流自己的情感、愿望和需求 • 管理失望 • 恰当地说出自己的感受 • 妥善处理自己和他人对隐私的需求	• 接受爱的感觉（作为情感的一部分）是自然的 • 自己的经历与情感表达的态度是合理的，也是重要的（重视自己的情感）
关系和生活方式	• 关于爱情、友谊等的不同关系 • 不同的家庭关系 • 结婚、离婚；住在一起	• 在人际关系中表达自己 • 能够协商妥协，表现出宽容和同理心 • 社交与交友	• 以承诺、责任和诚信作为关系的基础 • 尊重他人 • 接受多样性
性、健康和福祉	• 性行为对健康和福祉的积极影响 • 与性行为有关的疾病 • 性暴力和攻击 • 去哪里寻求帮助	• 设定界限 • 相信自己的直觉并应用三步走模型（说不，走开，和你信任的人交谈）	• 对自己健康和幸福的责任感 • 对选择和可能性的意识 • 对风险的意识
性和权利	• 自我表达的权利 • 儿童的性权利（信息、性教育、身体完整性） • 虐待 • 成年人对儿童安全的责任	• 寻求帮助和信息 • 在困难时向你信任的人求助 • 说出自己的权利 • 表达愿望和需要	• 对自己和他人的责任感 • 具备权利和选择意识
性的社会和文化因素	• 性别角色 • 文化差异 • 年龄差异	• 谈谈自己的经验、愿望和需求与文化规范的关系 • 认识和处理差异	• 尊重不同的生活方式、价值观和规范

9~12岁	信息方面 （需要知道的知识）	技能方面 （需要具备的技能）	态度方面 （应当培养的正确态度）
人类身体与人类发展	·身体卫生（月经、射精） ·青春期早期的变化（精神、身体、社会和情感的变化）以及这些变化可能发生的不同 ·内部和外部的性和生殖器官及其功能	·把这些变化融入自己的生活中 ·知道并使用正确的词汇 ·交流青春期的变化	·对身体变化和差异的理解和接受（阴茎、乳房、外阴的大小和形状可能有很大的不同，美丽的标准会随着时间和文化的不同而变化） ·积极的身体形象和自我形象：自尊
生育和生殖	·生殖与计划生育 ·各种避孕方法及其使用，避孕的误区 ·怀孕症状、不安全性行为的风险和后果（意外怀孕）	·了解月经/射精与生育的关系 ·今后有效使用避孕套和避孕工具	·认识到避孕是两性的责任
性	·初次性经历 ·性别取向 ·青少年性行为（性行为的可变性） ·恋爱 ·手淫、性高潮 ·性别认同与生理性别的差异	·交流和理解不同的性感受，并以适当的方式谈论性行为 ·有意识地决定是否要有性体验 ·拒绝不想要的性体验 ·区分"现实生活"中的性行为和媒体中的性行为 ·使用现代媒体（手机、互联网），并意识到与这些工具相关的风险和好处	·对性行为和性取向多样性的接受、尊重和理解（性行为应该是双方同意的、自愿的、平等的、年龄合适的、情境合适的与自尊的） ·将性行为理解为一种学习过程 ·接受不同的性表达方式（亲吻、抚摸、爱抚等） ·理解每个人都有自己的性发展时间表
情感	·认识不同的情感，例如好奇、矛盾、不安全感、羞愧、恐惧和嫉妒 ·个人对亲密和隐私需求的差异 ·友谊、爱情和欲望的区别	·表达和识别自己和他人的各种情绪 ·表达需求、愿望和界限，并尊重他人的需求、愿望和界限 ·管理失望的情绪	·对情感和价值观的理解（例如，对性的感觉或欲望不感到羞愧或内疚） ·尊重他人的隐私
关系和生活方式	·友谊、陪伴、关系之间的差异和不同的约会方式 ·不同的愉快和不愉快的关系（性别不平等对关系的影响）	·用不同的方式表达友谊和爱 ·进行社会交往，交朋友，建立和维持关系 ·在人际关系中传达自己的期望和需求	·对两性关系中性别平等的积极态度和自由选择伴侣 ·接受承诺，责任和诚实作为关系的基础 ·尊重他人 ·了解性别、年龄、宗教、文化等对人际关系的影响

续表

9~12岁	信息方面 （需要知道的知识）	技能方面 （需要具备的技能）	态度方面 （应当培养的正确态度）
性、健康和福祉	• 不安全、不愉快和不想要的性经历的症状、风险和后果（性传播感染、艾滋病毒、意外怀孕、心理后果） • 性虐待的流行程度和不同类型，如何避免，从哪里获得支持 • 性行为对健康和幸福的积极影响	• 为自己和他人的安全和愉快的性体验承担责任 • 表达界限和愿望，并避免不安全或不想要的性体验 • 遇到问题（青春期、恋爱等）时寻求帮助和支持	• 对选择和可能性的认识 • 对风险的认识 • 对健康和幸福的共同责任感
性和权利	• 性权利，由 IPPF 和 WAS 定义 • 国家法律法规（同意年龄）	• 在这些权利和责任范围内行动 • 寻求帮助和信息	• 权利和选择的意识 • 接受自己和他人的性权利
性的社会和文化因素	• 同伴压力、媒体、色情、文化、宗教、性别、法律和社会经济地位对性决定、伙伴关系和行为的影响	• 讨论这些外部影响并做出个人评价 • 具备现代媒体能力（手机、互联网），处理色情的能力	• 尊重不同的生活方式、价值观和规范 • 对性的不同观点和行为的接受

12~15岁	信息方面 （需要知道的知识）	技能方面 （需要具备的技能）	态度方面 （应当培养的正确态度）
人类身体与人类发展	• 身体知识、身体形象和身体改造（女性生殖器切割、处女膜和处女膜修复，厌食、暴食，穿孔、刺青等） • 月经周期；身体的第二性征，它们在男性女性中的作用和相伴随的感觉 • 媒体的美容信息；一生中身体的变化	• 描述人们对自己身体的感觉如何影响他们的健康、自我形象和行为 • 适应青春期，抵制同龄人的压力 • 对媒体信息和美容行业的潜在风险持批评态度	• 与身体改造相关的批判性思维 • 接受和欣赏不同的体形
生育和生殖	• （年轻）父母的影响（养育孩子的意义、计划生育、职业规划、避孕、意外怀孕时的决策和护理） • 避孕服务信息 • 无效避孕及其原因（饮酒、副作用、健忘、性别不平等等） • 怀孕和不孕	• 识别怀孕的迹象和症状 • 从适当的地方获得避孕措施，例如咨询专业保健人员 • 有意识地决定是否要有性经验 • 交流避孕知识 • 有意识地选择避孕药具，并有效地使用所选择的避孕药具	• 关于（年轻）父母避孕、堕胎和收养的个人态度（规范和价值观） • 在避孕方面承担共同责任的积极态度

续表

12～15 岁	信息方面 （需要知道的知识）	技能方面 （需要具备的技能）	态度方面 （应当培养的正确态度）
性	• 角色期望和角色行为与性冲动和性别差异的关系 • 性别认同和性取向，包括"出柜"/同性恋 • 如何以适当的方式享受性 • 第一次性经验 • 手淫、性高潮	• 培养亲密沟通和谈判技巧 • 评估每一个可能的选择（伴侣、性行为）的后果、优点和缺点 • 区分现实生活中的性行为和媒体中的性行为	• 将性行为理解为一个学习过程 • 接受、尊重和理解性行为和性取向的多样性（性行为应该是双方同意的、自愿的、平等的、年龄合适的、环境合适的和有自尊的）
情感	• 友谊、爱情和欲望的区别 • 认识不同的情感，例如好奇、矛盾、不安全感、羞愧、恐惧和嫉妒	• 用不同的方式表达友谊和爱 • 表达自己的需求、愿望和界限，并尊重他人的需求、愿望和界限 • 处理不同的/有冲突的情绪、感受和欲望	• 接受人们的不同感受（这缘于他们不同的性别、文化、宗教等，以及他们对这些方面不同的解释）
关系和生活方式	• 年龄、性别、宗教和文化的影响 • 如何发展和维护关系 • 家庭结构和变化（例如单亲家庭） • 不同的（愉快和不愉快的）关系、家庭和生活方式	• 解决不公平，歧视，不平等 • 以不同的方式表达友谊和爱 • 进行社交，交朋友，建立和维持关系 • 在人际关系中传达自己的期望和需求	• 渴望创造平等和令人满意的关系 • 了解性别、年龄、宗教、文化等对人际关系的影响
性、健康和福祉	• 身体卫生和自我检查 • 性虐待的流行程度和不同类型，如何避免它和在哪里得到支持 • 危险（性）行为及其后果（酒精、毒品、同伴压力、欺凌、卖淫、媒体） • 性传播感染，包括艾滋病毒的症状、传播和预防 • 保健系统和服务 • 性对健康和福祉的积极影响	• 做出负责任的决定和明智的选择（有关性行为） • 在遇到问题时寻求帮助和支持 • 发展谈判和沟通技巧，以获得安全和愉快的性生活体验 • 拒绝或停止令人不快或不安全的性接触 • 有效获得和使用避孕药具 • 认识并能够处理危险情况 • 认识性传播感染的症状	• 一种对健康和幸福的共同责任感 • 对预防性病与艾滋病的责任感 • 对预防意外怀孕的责任感 • 对防止性虐待的责任感
性和权利	• 性权利（由 IPPF 定义的） • 国家法律法规（同意年龄）	• 承认自己和他人的性权利 • 寻求帮助和信息	• 接受自己和他人的性权利

续表

12～15 岁	信息方面 （需要知道的知识）	技能方面 （需要具备的技能）	态度方面 （应当培养的正确态度）
性的社会和文化因素	·同伴压力、媒体、色情、（城市）文化、宗教、性别、法律和社会经济地位对性决定、伙伴关系和行为的影响	·处理家庭和社会中相互冲突的个人规范和价值观 ·获得媒体能力和处理色情的能力	·在一个变化的社会或群体中对性的灵活变通的个人观点

15 岁以上	信息方面 （需要知道的知识）	技能方面 （需要具备的技能）	态度方面 （应当培养的正确态度）
人类身体与人类发展	·青春期心理变化 ·身体知识、身体形象、身体改造（女性生殖器切割、包皮环切、厌食、暴食，处女膜和处女膜修复） ·媒体的美容信息；生命中的身体变化 ·青少年可以在与这些话题相关的问题上寻找提供相应帮助的服务点	·识别媒体形象与现实生活的差异 ·适应青春期并抵抗同龄人的压力 ·对媒体信息、美容行业、广告和整容的潜在风险持批评态度	·对与人体有关的文化规范的批判观点 ·对不同体形的接受和欣赏
生育和生殖	·生育力随年龄变化（代孕、医学辅助生殖） ·怀孕（也包括同性关系）和不孕症、堕胎、避孕、紧急避孕（更深入的信息） ·无效避孕及其原因（酗酒、副作用、健忘、性别不平等等） ·避孕服务信息 ·计划家庭和事业/个人的未来 ·少女怀孕的后果（女孩和男孩） ·"特制"婴儿，遗传学	·与伴侣平等交流；尊重不同的观点来讨论艰难的话题 ·使用谈判技巧 ·就避孕和（意外）怀孕做出知情决定 ·有意识地选择避孕方法，并有效地使用所选择的避孕方法	·愿意考虑生育、生殖和堕胎方面的性别差异 ·对怀孕、为人父母等相关的不同文化/宗教规范的批判性观点 ·认识到男性在怀孕和分娩期间发挥积极作用的重要性，父亲参与的积极影响 ·对共同承担避孕责任持积极态度

续表

15岁以上	信息方面 （需要知道的知识）	技能方面 （需要具备的技能）	态度方面 （应当培养的正确态度）
性	・性不仅仅是性交 ・不同年龄性行为的含义，性别差异 ・性行为和残疾、疾病对性行为的影响（糖尿病、癌症等） ・性交易（卖淫，但也有用性交换小礼物、吃饭、少量的钱），色情，性依赖	・讨论关系采取的形式和发生性行为或不发生性行为的原因 ・"出柜"（承认同性恋或双性恋） ・培养亲密沟通和谈判技巧 ・处理联系困难；处理冲突的欲望 ・能够尊重地表达自己的意愿和界限，并考虑他人的意愿和界限	・对性和快乐的积极态度 ・对不同性取向和身份的接受 ・接受存在于所有年龄段不同形式的性行为 ・从对同性恋可能产生的负面情绪、厌恶和仇恨转变为对性别差异的接受
情感	・认识不同类型的情感（爱、嫉妒），感觉和行动的区别 ・意识到理性思想和情感之间的差异 ・恋情刚开始时的不安全感	・处理矛盾、失望、愤怒、嫉妒、背叛、信任、内疚、恐惧和不安全感，讨论感情 ・处理不同/冲突的情绪、感受和欲望	・接受人们的不同感受（这缘于他们的性别、文化、宗教等，以及他们对这些方面不同的解释）
关系和生活方式	・性的社会和文化因素 ・性别角色行为、期望和误解 ・家庭结构和变化，强迫婚姻，同性恋/双性恋/无性恋，单亲家庭 ・如何发展和维护关系	・解决不公平、歧视和不平等问题 ・挑战不公正，停止（自己和他人）使用侮辱性的语言或讲侮辱性的笑话 ・探索成为母亲/父亲意味着什么 ・寻求平衡的关系 ・成为一个支持和关心的伴侣（男性或女性）	・对不同的关系和生活方式持开放态度，理解关系的社会和历史决定因素
性、健康和福祉	・卫生保健系统和服务 ・危险性行为及其对健康的影响 ・身体卫生和自我检查 ・性行为对健康和福祉的积极影响 ・性暴力，不安全堕胎，孕妇产妇死亡率，性畸变 ・艾滋病毒/艾滋病和性传播感染、预防、治疗、护理和支持	・反性骚扰、自卫的技巧 ・遇到问题时寻求帮助和支持 ・有效获取和使用避孕药具	・对自己和伴侣的性健康负责的内在化

续表

15岁以上	信息方面 （需要知道的知识）	技能方面 （需要具备的技能）	态度方面 （应当培养的正确态度）
性和权利	• 性权利：途径、信息、可获得性、性权利的违规行为 • 权利持有者和义务承担者的概念 • 基于性别的暴力 • 堕胎权 • 人权组织和欧洲人权法院	• 理解人权语言 • 有权要求性权利 • 承认侵犯人权，反对歧视和性别暴力	• 接受自己和他人的性权利 • 了解义务承担者关于权利持有者的权力范围 • 社会正义感
性的社会和文化因素	• 社会边界；社区标准 • 同伴压力、媒体、色情、（城市）文化、性别、法律、宗教和社会经济地位对性决定、伙伴关系和行为的影响	• 定义个人价值观和信仰 • 处理家庭和社会中相互冲突的个人规范和价值观 • 接触被边缘化的人；公平对待社区内的艾滋病毒携带者或艾滋病患者 • 获得媒体的能力	• 认识到社会、文化和历史对性行为的影响 • 尊重不同的价值观和信仰体系 • 在自己的文化环境中对自力更生和自我价值的欣赏 • 对自己的角色/与社会变化相关的观点有责任感

附录五 全面性教育技术指南
——国际标准在中国的潜在本土化应用

《全面性教育技术指南——国际标准在中国的潜在本土化应用》由联合国教科文组织、联合国人口基金会于 2022 年 11 月发布,是在我国性教育领域专家刘文利团队为主的技术团队的努力下,以《国际性教育技术指导纲要(修订版)》为基础,完成的符合我国社会、文化、伦理和政策现状的本土化修订。该指南旨在作为一种技术资源,为中国的教师、健康领域的教育工作者、项目管理者、青年发展领域的专业人士提供完整、科学、本土化和标准化的方法,从而设计、实施、监测和评估高质量的全面性教育课程和项目。

该指南包含 8 个核心概念:人际关系,价值观、权利、文化、媒介与性,社会性别、暴力与安全保障,健康与福祉技能,人体与发育,性与性行为,性与生殖健康。每个核心概念下都有不同的主题,共计 29 个,每个主题都同等重要,没有主次之分。依据各年龄段儿童的认知发展特点,提出了相应的学习目标,旨在使学习者掌握与性相关的知识、态度和技能。知识指的是与性有关的概念基础;态度强调积极的性观念,对个人、家庭、社会和世界的多元理解、包容与尊重;技能则包括沟通、协商、拒绝、做负责任决策、建立批判性思维、发展同理心、获取科学的信息、寻求可靠的帮助、挑战污名和歧视、倡导权利等多方面的能力。

该指南的亮点是提供的核心概念、主题和知识、态度、技能目标是根据年龄段制定的,并未规定严格的顺序;并提出确定教学主题、教学目标和关键知识点时,可以在不违背教学逻辑、不缩减性教育内容的基础上,基于对学生的学情分析,合理安排学习内容,形成科学的、系统的、适龄的和适合学习者学情的课程体系,体现不同地区和学区特色以及教师的个人教学风格,提倡以实际出发,对受众学生群体可能面临的实际问题提出针对性的探讨。

核心概念	主题	6~9 岁儿童学习要点
1. 人际关系	(1) 家庭	• 世界上有各种各样的家庭类型 • 家庭成员需要扮演家庭角色和承担家庭责任 • 性别不平等现象往往体现在家庭成员的角色和责任上 • 家庭在培养孩子的价值观方面起着重要作用
	(2) 友谊、爱及恋爱关系	• 友谊有很多种类型 • 社会性别、年龄、外貌、残障或健康状况等不应影响彼此成为朋友 • 友谊建立在信任、平等、尊重、同理心、分享和团结等基础之上 • 人际关系中包含着多种不同类型的爱,表达爱的方式也多种多样
	(3) 容忍、包容及尊重	• 每一个人都是独一无二的,都能够为社会做出贡献,且有被尊重的权利

续表

核心概念	主题	6~9岁儿童学习要点
1. 人际关系	(4) 长期承诺及养育子女	• 婚姻有各种形式
2. 价值观、权利、文化、媒介与性	(1) 价值观与性	• 价值观是个人、家庭和社区对重要问题所秉持的坚定信念
	(2) 人权与性	• 儿童享有各种权利 • 每个人都享有人权，权利面前人人平等
	(3) 文化、社会、法律与性	• 有许多信息来源可以帮助人们了解自己，包括自己的感觉和身体 • 有很多因素影响个人的自尊
	(4) 媒介与性	• 不同类型的媒介传播的信息有真实的，也有虚假的
3. 社会性别	(1) 社会性别及其规范的社会建构	• 了解生理性别与社会性别的差异 • 家庭、学校、个人、同伴、社区和媒体都是了解生理性别和社会性别的信息来源 • 了解性别认同和性别表达
	(2) 社会性别平等、性别刻板印象与偏见	• 家庭、学校、社区和社会中存在性别不平等现象
	(3) 基于社会性别的暴力	• 了解性别暴力发生的现象，学会寻求帮助
4. 暴力与安全保障	(1) 暴力	• 识别暴力和欺凌，并认识到这是错误行为，甚至可能是违法犯罪的 • 识别儿童虐待，并认识到这是错误行为，甚至可能是违法犯罪的 • 识别儿童性侵害，并认识到这是违法犯罪行为 • 父母之间或其他亲密关系中的暴力是错误的，甚至可能是违法犯罪的
	(2) 性同意	• 每个人都有权同意谁能以何种方式触摸自己身体的哪些部位
	(3) 隐私及身体完整性	• 保护身体的隐私部位非常重要
	(4) 信息与通信技术的安全使用	• 网络和社交媒体可以帮助人们获取信息并与他人交流，但也可能给使用者（尤其是儿童）带来风险
5. 健康与福祉技能	(1) 社会规范和同伴对性行为的影响	• 同伴影响形式多样，有积极的，也有消极的
	(2) 决策	• 每个人都有权利自己做决策，并且所有决策都会产生相应的结果

续表

核心概念	主题	6~9岁儿童学习要点
5. 健康与福祉技能	（3）沟通、拒绝与协商	・沟通在所有关系中都非常重要，包括儿童与父母或者其他监护人或可信赖的成年人之间的关系，以及朋友关系和其他关系
	（4）寻求帮助与支持	・家庭成员、同伴、朋友、教师及社区成员能够且应该相互帮助
6. 人体与发育	（1）性与生殖解剖及生理	・了解自己的身体器官并懂得如何保持清洁，明白对身体器官有疑问是很自然的
	（2）生殖	・精子和卵细胞结合形成受精卵在子宫着床，孕育新的生命 ・怀孕一般持续40周，在怀孕期间，女性的身体会发生很多变化
	（3）青春期	・在进入青春期后，儿童的身体和情感都会发生变化
	（4）身体意象	・所有人的身体都是特殊且独一无二的，每个人都应该尊重自己的身体 ・包括残障人士在内，每个人的身体都是独一无二的，都应该被尊重
7. 性与性行为	（1）性的生命周期	・语言和行为表达对人与人之间的亲密感会起到重要作用 ・与他人身体接触时，遵守社交礼仪规范 ・性贯穿生命的各个阶段，关系到每个人一生的幸福
	（2）性行为与性反应	・人们可以通过触摸和其他亲密行为表达对他人的爱 ・理解什么是"恰当的触摸"和"不恰当的触摸"很重要
8. 性与生殖健康	（1）怀孕	・怀孕是一个自然的、可计划的生理过程
	（2）避孕	・人们可以通过避孕不生孩子
	（3）包括艾滋病病毒在内的性传播感染	・认识传染病 ・免疫系统能够保护人体免受疾病的侵害并帮助人们保持健康
	（4）艾滋病病毒和艾滋病的污名、治疗及支持	・人们在生病时可能仍然看起来很健康 ・无论生病与否，每个人都需要爱、关心和支持

核心概念	主题	9~12岁儿童学习要点
1. 人际关系	（1）家庭	・父母或者其他监护人和其他家庭成员帮助孩子建立价值观，并为孩子的决策提供指导和支持 ・父母或者其他监护人和其他家庭成员可以通过他们的角色和责任促进性别平等 ・健康和疾病会影响家庭功能及其成员的能力和责任
	（2）友谊、爱及恋爱关系	・人与人之间的关系可能是健康的，也可能是不健康的 ・健康的友谊和爱能够让人建立良好的自我感觉 ・随着成长，人们表达友谊和爱的方式有所不同 ・人际关系中的不平等会给人际关系带来消极影响

续表

核心概念	主题	9~12岁儿童学习要点
1. 人际关系	（3）容忍、包容及尊重	• 污名和歧视是有害的 • 由于社会地位、经济地位、出身、民族、健康状况、外貌形象、性别认同、性别表达、性倾向或其他差异而对他人骚扰和欺凌是无礼的，会对他人造成伤害，甚至还是违法的
1. 人际关系	（4）长期承诺及养育子女	• 童婚、早婚、强迫婚姻和买卖婚姻是有害的，并且在包括中国在内的大多数国家是违法的 • 长期承诺、婚姻及养育子女三者之间存在差异，且受到社会、文化和法律的影响 • 文化和性别角色影响养育子女
2. 价值观、权利、文化、媒介与性	（1）价值观与性	• 家庭和社区赋予的价值观影响着人们对广义的性与狭义的性的理解，也影响着个人行为和决策
	（2）人权与性	• 知道自己的权利 • 中国法律和国际协议中有关人权的规定
	（3）文化、社会、法律与性	• 文化影响人们对性的理解 • 社会影响人们对性的理解
	（4）媒介与性	• 媒介对性与社会性别相关的价值观、态度以及规范具有重要影响
3. 社会性别	（1）社会性别及其规范的社会建构	• 社会规范和文化规范都是影响性别角色的因素 • 每个人的性别认同经历都是独特的，应该受到尊重 • 人类的性倾向是多元的 • 了解性少数群体
	（2）社会性别平等、性别刻板印象与偏见	• 应对在家庭、学校、社区和社会中的性别不平等 • 性别刻板印象会带来性别偏见和性别歧视，并造成性别不平等
	（3）基于社会性别的暴力	• 任何形式的性别暴力都是错误的，都是对人权的侵犯 • 性别刻板印象可能是性别暴力的根源
4. 暴力与安全保障	（1）暴力	• 任何形式的校园欺凌都是不可容忍的 • 性侵害、性骚扰和欺凌是有害的，面对这些情况时懂得寻求帮助非常重要 • 亲密关系中的暴力是错误的，在目睹暴力时寻求帮助非常重要
	（2）性同意	• 每个人都有权在身体界限方面表达同意或拒绝
	（3）隐私及身体完整性	• 非意愿的性关注是对个人隐私的侵犯
	（4）信息与通信技术的安全使用	• 谨慎使用网络和社交媒体

续表

核心概念	主题	9~12岁儿童学习要点
5. 健康与福祉技能	（1）社会规范和同伴对性行为的影响	• 同伴会影响与青春期和性有关的决策和行为 • 在青春期和性方面，有应对消极同伴影响的措施，也有接受和促进积极同伴影响的方法
	（2）决策	• 决策是一项可以学习和练习的技能 • 有很多因素影响人们做决策
	（3）沟通、拒绝与协商	• 有效沟通有不同的模式和风格，其中，表达和理解愿望、需求以及个人界限非常重要 • 性别角色影响人际沟通
	（4）寻求帮助与支持	• 家庭、学校、社区和社会可以提供多种帮助和支持
6. 人体与发育	（1）性与生殖解剖及生理	• 每个人的身体都有与性健康和生殖有关的部位，儿童青少年对于这些部位有疑问是很正常的 • 女性月经周期中的排卵和男性精子的产生与射精，是生殖过程中不可缺失的环节
	（2）生殖	• 精子和卵细胞结合并顺利着床代表着怀孕的开始 • 女性月经周期中最易受孕的时期是排卵期 • 怀孕会伴随一些迹象，女性发生性交行为后，出现月经停止或月经延迟，需要通过科学方法验孕以便确诊是否怀孕
	（3）青春期	• 青春期是一个人生殖系统发育和生殖功能成熟的阶段 • 在青春期发育过程中，保持良好个人卫生习惯 • 痤疮是青春期发育过程中出现的正常生理现象 • 月经是女性生理发育过程中正常又自然的部分，不应该被神秘化或污名化 • 青少年在青春期可能会经历一系列生理反应
	（4）身体意象	• 一个人的价值不由其外貌决定 • 每个人对外貌的"美"和"有吸引力"，有不同的理解和标准
7. 性与性行为	（1）性的生命周期	• 人类天生具备终生享受性的能力 • 对性感到好奇很正常，向可信赖的成年人询问性感觉等与性相关的问题非常重要
	（2）性行为与性反应	• 人具有性反应周期，即对性刺激产生生理反应 • 青春期的性幻想和性梦都是自然的 • 自慰是自然的，自慰本身并不会对身体造成伤害 • 负责任的性交行为需要身心成长的充分准备 • 在性交行为上做出明智决策很重要，包括决定是否推迟第一次发生性交行为的时间

续表

核心概念	主题	9~12岁儿童学习要点
8. 性与生殖健康	（1）怀孕	• 理解怀孕的基本特征非常重要
	（2）避孕	• 现代避孕措施可以帮助人们避免非意愿妊娠或按计划怀孕 • 性别角色和同伴规范可能会影响与避孕有关的决策
	（3）包括艾滋病病毒在内的性传播感染	• 认识性传播感染 • 人们可能会因为与性传播感染者发生无保护性交行为感染艾滋病病毒或发生其他性传播感染，可以通过切断性传播感染途径降低感染风险 • 艾滋病病毒可以通过不同途径传播，包括与艾滋病病毒感染者发生无保护的性交行为 • 有一些方法可以降低艾滋病病毒或其他性传播感染的风险 • 检测是确定一个人是否感染艾滋病病毒或发生其他性传播感染的唯一有效途径；艾滋病病毒和绝大多数性传播感染都已经有治疗手段
	（4）艾滋病病毒和艾滋病的污名、治疗及支持	• 了解艾滋病是可以被有效治疗的，艾滋病病人和非艾滋病病人是平等的 • 艾滋病病毒感染者享有平等的权利，也可以有所作为 • 对于艾滋病病毒感染者来说，能够在安全的支持环境中谈论自己的感染者身份非常重要 • 艾滋病病毒感染者具有特殊的护理和治疗需求，其中的一些治疗可能有不良反应 • 艾滋病病毒和艾滋病会影响家庭结构、家庭角色和责任

核心概念	主题	12~15岁儿童学习要点
1. 人际关系	（1）家庭	• 成长意味着要对自己和他人负责 • 父母或者其他监护人和孩子之间的冲突和误解十分常见，尤其是青春期阶段，但通常都是可以解决的 • 爱、协作、性别平等、相互关心和尊重对于健康的家庭关系和家庭功能非常重要
	（2）友谊、爱及恋爱关系	• 朋友之间会产生积极影响和消极影响 • 人与人之间存在不同类型的关系 • 不平等地位和权力的差异会严重影响恋爱关系
	（3）容忍、包容及尊重	• 基于差异的污名和歧视是缺乏尊重的表现，会危害他人的福祉，并且是对其人权的侵犯
	（4）长期承诺及养育子女	• 长期承诺和婚姻伴随着许多责任 • 人们可以通过不同的方式成为父母，为人父母意味着多种不同的责任 • 童婚、早婚、强迫婚姻和买卖婚姻以及因非意愿妊娠而成为父母，会带来负面的健康和社会后果 • 坚决抵制拐卖妇女的犯罪行为

续表

核心概念	主题	12~15岁儿童学习要点
2. 价值观、权利、文化、媒介与性	（1）价值观与性	• 了解个人重要的价值观、信念和态度，以及如何捍卫它们 • 了解个人价值观如何对自身和他人产生影响 • 随着儿童的成长，他们可能会形成与父母或者其他监护人不同的价值观
	（2）人权与性	• 每个人都享有性与生殖健康的权利
	（3）文化、社会、法律与性	• 社会和文化等因素影响人们对于性行为的接受程度，而这些因素会随着时间的推移发生改变 • 法律影响人们对与性相关议题的认识和态度
	（4）媒介与性	• 媒介中的性和性关系的虚假或夸张表现会影响人们的社会性别观念和自尊
3. 社会性别	（1）社会性别及其规范的社会建构	• 性别角色和性别规范影响人们的生活 • 亲密关系可能会受到性别角色和性别刻板印象的负面影响 • 理解性倾向的多样性 • 恐惧同性恋（恐同）和恐惧跨性别（恐跨），会对具有不同性倾向和性别认同等性少数群体造成伤害
	（2）社会性别平等、性别刻板印象与偏见	• 性别刻板印象和性别偏见影响了不同生理性别、不同性别认同和不同性倾向的人被对待的方式，也影响了他们所能做出的选择 • 性别平等可以促进与性行为和人生规划有关的平等决策
	（3）基于社会性别的暴力	• 任何形式的性别暴力都是对人权的侵犯，无论施暴者是成年人、青少年还是对未成年人负有特殊职责的人
4. 暴力与安全保障	（1）暴力	• 性侵害、性骚扰和亲密关系中的暴力与欺凌都是对人权的侵犯 • 坚决抵制拐卖儿童的犯罪行为
	（2）性同意	• 在不违背法律的前提下，每个人都有权决定在性方面做什么和不做什么，并且应积极与伴侣沟通，识别对方的"性同意"或"性拒绝"
	（3）隐私及身体完整性	• 每个人都有隐私权和身体权
	（4）信息与通信技术的安全使用	• 通过网络和社交媒体可以轻松获取色情物品，这可能强化有害的性别刻板印象 • 网络和社交媒体可能会带来大量非意愿的性关注 • 色情物品可能引发性唤起，并具有潜在危险
5. 健康与福祉技能	（1）社会规范和同伴对性行为的影响	• 社会规范和性别规范会影响性决策和性行为 • 同伴会影响性决策和性行为，一些策略可以应对同伴对性决策和性行为的负面影响
	（2）决策	• 在做与性行为相关的决策时，应考虑到所有积极和消极的结果 • 分析哪些因素会增加做出理性性行为决策的难度 • 性行为决策可能会带来法律后果

续表

核心概念	主题	12~15岁儿童学习要点
5. 健康与福祉技能	(3) 沟通、拒绝与协商	• 有效沟通对于人际关系至关重要
	(4) 寻求帮助与支持	• 评估服务机构和媒体中所能获取的帮助和支持，有助于获取优质的信息和服务
6. 人体与发育	(1) 性与生殖解剖及生理	• 在青春期和怀孕过程中，激素在性成熟和生殖过程中发挥了重要作用 • 不同个体、地域、文化和社会对于生理性别、社会性别和生殖的理解各不相同
	(2) 生殖	• 生殖功能与性感觉之间存在差异，而且会随着时间产生变化
	(3) 青春期	• 青春期是青少年的性成熟期，其在身体、认知、情感和社会交往各方面会发生较大变化，容易感到兴奋，并伴随压力
	(4) 身体意象	• 人们对于自己身体的感受会影响他们的健康、身体意象和行为
7. 性与性行为	(1) 性的生命周期	• 性感觉、性幻想和性欲都是自然现象，伴随人的一生，但人们并不总是选择付诸行动
	(2) 性行为与性反应	• 性反应周期是关于身体如何对性刺激发生反应 • 每一个社会、文化和时代都有关于性行为的不同观念，重要的是要了解关于性行为的事实 • 在性行为上做出明智的决策很重要 • 可以采取措施避免或减少危害健康和福祉的性交行为 • 以金钱或商品获取利益的性交易行为，会给一个人的健康和福祉带来风险，也是违法犯罪的
8. 性与生殖健康	(1) 怀孕	• 过早生育和生育间隔时间过短存在健康风险
	(2) 避孕	• 采取有效的避孕措施可以预防非意愿妊娠 • 不同形式的避孕措施有不同的有效率、功效、益处和不良反应 • 无论经济能力、婚姻状况、生理性别、性别认同或性倾向如何，进入性活跃期且有避孕需求的年轻人都应该能够顺利获取避孕工具
	(3) 包括艾滋病病毒在内的性传播感染	• 各种性传播感染都是可以被预防、治疗或控制的 • 一些机构会通过不同方式帮助人们预防艾滋病病毒感染、进行风险评估以及获得检测和治疗
	(4) 艾滋病病毒和艾滋病的污名、治疗及支持	• 在恰当的关爱、尊重和支持下，艾滋病病毒感染者能够有意义地生活并且不受到歧视 • 在知情同意的原则下，包括艾滋病病毒感染者在内的每一个人都平等享有表达性感觉和爱的权利，包括建立婚姻或长期承诺的关系 • 由艾滋病病毒感染者所组织或有他们参与的支持小组和项目可以提供帮助 • 艾滋病预防控制中心、各地疾病预防控制中心可以提供艾滋病免费咨询和检测服务

核心概念	主题	15岁以上青少年学习要点
1. 人际关系	（1）家庭	• 伴随成长，家庭角色和家庭责任将会发生变化 • 性关系和健康问题会影响家庭关系 • 如果在分享或公开性关系或性健康问题时遇到困难，年轻人和家庭成员可以寻求帮助
	（2）友谊、爱及恋爱关系	• 人与人之间存在健康的性关系和不健康的性关系 • 一个人在成长过程中，会用不同的方式表达喜欢和爱
	（3）容忍、包容及尊重	• 挑战污名和歧视，提倡包容、非歧视和多元
	（4）长期承诺及养育子女	• 长期承诺和婚姻可能是有益的，也可能充满挑战 • 人们关于是否、为何以及何时生育、收养子女的决定会受到多种因素的影响 • 父母或者其他监护人有责任满足儿童的多种需求
2. 价值观、权利、文化、媒介与性	（1）价值观与性	• 了解个人的价值观、信念和态度，并采取对个人健康福祉有利的性行为 • 随着儿童的成长，儿童可能形成与父母或者其他监护人不同的与性有关的价值观
	（2）人权与性	• 性与生殖健康权利不容忽视和侵犯 • 促进包括性与生殖健康权利在内的人权
	（3）文化、社会、法律与性	• 进一步了解和反思社会、文化和法律规范如何影响性行为，并在此基础上形成和发展自己的观点
	（4）媒介与性	• 对媒介中关于社会性别的错误和负面的刻画提出疑问，会对行为产生积极影响，并能促进性别平等
3. 社会性别	（1）社会性别及其规范的社会建构	• 敢于挑战自己和他人的性别偏见 • 社会性别深刻影响各种社会体系的建立和运行 • 在不伤害自己与他人的前提下，性少数群体可以决定自己的生活方式 • 反对歧视性少数群体
	（2）社会性别平等、性别刻板印象与偏见	• 性别不平等、社会规范和权力差异会影响性行为，并可能增加性胁迫、性侵害和性别暴力的风险
	（3）基于社会性别的暴力	• 亲密关系和性关系中的暴力是有害的，如果遇到这种暴力应该寻求相应的帮助 • 性别不平等、社会规范和权力差异会影响性交行为，并可能增加性胁迫、性侵害和其他形式的性别暴力的风险 • 每个人都有责任倡导性别平等，并公开反对侵犯人权的行为，包括性侵害和其他形式的性别暴力

续表

核心概念	主题	15岁以上青少年学习要点
4. 暴力与安全保障	(1) 暴力	• 每个人都有责任倡导人人享有健康与福祉且不受暴力影响
	(2) 性同意	• 自愿、同意、尊重和彼此不受到伤害是与伴侣拥有健康愉快性生活的关键 • 了解哪些因素影响人们解读或运用"性同意"或"性拒绝"的能力
	(3) 隐私及身体完整性	• 每个人的隐私权和身体权都应得到保障,不容受到侵犯
	(4) 信息与通信技术的安全使用	• 使用网络和社交媒体可以带来很多好处,但需要谨慎关注道德、伦理和法律等方面的问题 • 色情物品能够满足性幻想,但也可能引发个体对性行为、性反应和身体外貌产生不切实际的想法
5. 健康与福祉技能	(1) 社会规范和同伴对性行为的影响	• 有效应对消极的社会规范和性别规范以及同伴影响,对性行为做出理性决策是可能的,也是必要的
	(2) 决策	• 性决策会对自己和他人造成影响,包括健康影响和社会影响
	(3) 沟通、拒绝与协商	• 有效沟通对于亲密关系很重要,是表达性决策和个人界限的关键
	(4) 寻求帮助与支持	• 每个人都有权利获得可负担得起的、可信的、受到尊重的、遵循保密和隐私保护原则的帮助
6. 人体与发育	(1) 性与生殖解剖及生理	• 男性和女性的身体会随着年龄而产生变化,包括他们的生殖功能和性能力
	(2) 生殖	• 不是所有人都有生育能力,无法孕育孩子的人可以尝试其他方式实现养育孩子的愿望
	(3) 青春期	• 激素对人一生的身体变化和情感发展起重要作用
	(4) 身体意象	• 人们可以挑战不切实际的外貌标准
7. 性与性行为	(1) 性的生命周期	• 性是复杂的,它包含生理、心理、精神、伦理、社会和文化等多个层面,并贯穿人一生的发展
	(2) 性行为与性反应	• 性行为能带来愉悦,同时伴随着与健康和福祉相关的责任 • 做出性决策之前需要考虑降低风险的策略,以预防非意愿妊娠和包括艾滋病病毒感染在内的性传播感染

续表

核心概念	主题	15岁以上青少年学习要点
8. 性与生殖健康	（1）怀孕	• 有些行为会促进健康怀孕过程，有些则相反 • 对于某些没有准备好，或没有能力做父母的人，将孩子依法送养是一种解决方法
	（2）避孕	• 采用避孕措施可帮助进入性活跃期的年轻人避免非意愿妊娠或计划自己的生育，这对个人和社会都是有利的 • 非意愿妊娠时有发生，所有年轻人都应该能够获取维持自身健康与福祉所需的服务和保护
	（3）包括艾滋病病毒在内的性传播感染	• 沟通、协商和拒绝技能可以帮助年轻人应对违背个人意愿的性压力，或强化双方采取安全性交行为的意图 • 进入性活跃期的年轻人在选择降低感染风险的策略时，会受到多方面影响
	（4）艾滋病病毒和艾滋病的污名、治疗及支持	• 在恰当的关爱、尊重和支持下，艾滋病病毒感染者可以充分实现自己的人生价值 • 中国防治艾滋病政策有助于人们更加重视并有效参与艾滋病防治行动

参考文献

[1] 白璐. 和孩子谈谈性——0~12岁家庭性教育完全读本 [M]. 北京：中国妇女出版社，2018.

[2] 卞蓉，唐小红. 特殊儿童家长性教育实施情况、需求调查及其启示 [J]. 中国性科学，2018，27（7）：157-160.

[3] 美国不列颠百科全书公司. 不列颠百科全书（国际中文版）：第15卷 [M]. 中国大百科全书出版社不列颠百科全书编辑部，译. 北京：中国大百科全书出版社，1999.

[4] 陈亚亚. 论当代青少年性教育模式之转型 [J]. 中国青年研究，2011（8）：16-20.

[5] 陈义平，甘慧娟. 中国青少年性教育研究进展：1995—2005 [J]. 青年探索，2007（2）：76-78.

[6] 崔芳芳，袁茵，贾峰松. 浅谈智力障碍学生青春期性教育 [J]. 绥化学院学报，2019，39（4）：51-53.

[7]《大美百科全书》编委会. 大美百科全书：第24卷 [M]. 北京：外文出版社，1994.

[8] 哈夫纳. 从尿布到约会：家长指南之养育性健康的儿童（从婴儿期到初中）[M]. 张震宇，张婕，译. 上海：上海社会科学院出版社，2017.

[9] 方德静. 对性教育教师应具备法律意识的思考 [J]. 中国性科学，2009（7）：46-48.

[10] 方刚，董晓莹. 中学性教育的不足与努力方向——基于对"全国中学性教育优秀教案评比"的分析 [J]. 中国性科学，2015（2）：95-98.

[11] 方刚. 大学性教育模式的思考——禁欲型性教育与综合型性教育之辩 [J]. 中国青年研究，2008（7）：72-75.

[12] 方刚. 赋权型性教育：一种高校性教育的新模式 [J]. 中国青年研究，2013（10）：92-95.

[13] 方刚. 将性别教育引入学校性教育的思考 [J]. 中国性科学，2007，16（10）：6-7.

[14] 方刚. 性权与性别平等：学校性教育的新理念与新方法 [M]. 北京：东方出版社，2012.

[15] 弗洛伊德. 性学三论 [M]. 徐胤，译. 杭州：浙江文艺出版社，2015.

[16] 苟萍，李红. 论未成年人性侵害防范教育的责任主体缺位 [J]. 教育与教学研究，2017, 31 (1)：31-37.

[17] 苟萍，罗登远. 初中性教育用书 [M]. 成都：四川大学出版社，2019.

[18] 古晓. 学校性教育与素质教育 [J]. 中国性科学，2000 (2)：15-18.

[19] 关青. 论我国性教育的价值取向 [J]. 辽宁行政学院学报，2010, 12 (5)：115-117.

[20] 郭向前，袁铮，王莉. 智障青少年不良性交往及其干预对策 [J]. 中国性科学，2004 (10)：22-24+40.

[21] 胡萍. 善解童贞 [M]. 南京：江苏凤凰科学技术出版社，2016.

[22] 黄志芳. 浅议家园合作视域下幼儿性教育的问题与对策 [J]. 教师，2020 (34)：105-106.

[23] 《简明不列颠百科全书》编辑部. 简明不列颠百科全书：第8卷 [M]. 北京：中国大百科全书出版社，1986.

[24] 蒋宇. 我国大陆及台湾地区智力障碍学生性教育研究综述 [J]. 现代特殊教育，2017 (14)：60-66.

[25] 孔屏. 青少年性健康教育现状研究 [J]. 中国青年研究，2010 (4)：79.

[26] 雷良忻，漆书青，席殊. 中国大陆性教育的发展（1979—1995年）[J]. 江西教育科研，1997 (4)：3.

[27] 冷剑丽. 瑞典中学性教育的实践及启示 [D]. 重庆：西南大学，2006.

[28] 李红艳. 全面性教育的国际政策与实践 [J]. 江苏教育，2017 (12)：7-17.

[29] 李美美，吴婷，杨柳. 智力障碍人士性教育研究进展 [J]. 绥化学院学报，2018, 38 (4)：40-44.

[30] 李巧玲. 新中国三十年的性伦文化（1949—1978）[D]. 北京：首都师范大学，2004.

[31] 李涛. 班主任工作新论 [M]. 杭州：杭州大学出版社，2008.

[32] 李媛. 性心理学 [M]. 成都：西南交通大学出版社，2009.

[33] 李泽厚. 中国现代思想史论 [M]. 天津：天津社会科学院出版社，2003.

[34] 梁景和. 中国现当代社会文化访谈录（第四辑）[M]. 北京：首都师范大学出版社，2014.

[35] 廖怀高，熊少波，鞠庭英. 人权视角下智障者的性权利 [J]. 成都工业学院学报，2013, 16 (3)：64-68.

[36] 廖怀高，熊少波，李巧艺. 智障者性侵害问题研究综述 [J]. 理论与改革，2011 (4)：156-160.

[37] 廖熹晨. 新中国初期（1949-1966）北京地区性伦文化研究 [D]. 北京：首都师范大学，2011.

[38] 刘灿. 智力障碍儿童性教育中的问题、实践与思考 [J]. 南京特教学院学报，2011 (2)：32-35.

[39] 刘达临，胡宏霞. 儒家文化影响性文化 [J]. 中国性科学，2010, 19 (4)：3-5.

［40］刘达临. 世界性文化图考［M］. 北京：中国友谊出版公司，2000.

［41］刘建华. 中学生青春期性教育实施方案探寻［D］. 长沙：湖南师范大学，2004.

［42］刘明矾. 青春期性教育：全球青少年发展的重要课题［J］. 江西师范大学学报（哲学社会科学版），2002（2）：59－62.

［43］刘文利，元英. 我国中小学性教育政策回顾（1984—2016）［J］. 教育与教学研究，2017，31（7）：44－55.

［44］刘文利. 珍爱生命——小学生性健康教育读本　三年级　下册［M］. 北京：北京师范大学出版社，2013.

［45］柳扬，钟子渝. 青少年性教育现状调查［J］. 中国性科学，2011，20（8）：22－24.

［46］罗玉姣. 2例智障儿童青春期性问题行为的功能性行为评估和干预个案研究［D］. 武汉：华中师范大学，2017.

［47］马彦，陈光. 中度智障学生性表达失当行为综合干预个案研究［J］. 绥化学院学报，2014，34（10）：74－77.

［48］闵乐夫，王大凯. 国际青春期性教育现状、发展趋势及其对我国的启示［J］. 教育科学研究，2001（11）：56－59.

［49］毛荣建，顾新荣. 国内智障儿童性健康教育探析［J］. 中小学心理健康教育，2011（23）：42－44.

［50］潘绥铭. 当前中国的性存在［J］. 社会学研究，1993（2）：104－110.

［51］潘绥铭. 性教育不适合"集中领导，统筹安排"［J］. 人口研究，2002，26（6）：20－24.

［52］潘绥铭. 中国性教育的特有问题［J］. 生命世界，2007（3）：38－41.

［53］裴春莹，景时. 孤独症儿童青春期性问题行为的原因及教育干预策略［J］. 绥化学院学报，2017，37（1）：74－77.

［54］彭涛. 黑龙江省学校性教育的困境分析与推行策略［J］. 中国性科学，2006（4）：36－38.

［55］钱霖亮. "危险"的性意识：对福利院儿童性教育的反思［J］. 浙江工商大学学报，2017（6）：106－116.

［56］钱小华，王进鑫. 中美学校性教育比较研究［J］. 成都师范学院学报，2014，30（2）：27－29.

［57］沈明泓. 残疾儿童青春期性心理健康教育：德、智、体、美全面发展的教育——基于马克思主义关于人全面发展的学说［J］. 中国性科学，2011，20（12）：106－116.

［58］沈明泓. 积极心理学理念下的残疾儿童性心理健康教育［J］. 中国性科学，2012，21（5）：54－56＋60.

［59］石国亮，鲁慧. 国外青春期性教育模式及其启示［J］. 中国青年研究，2008（12）：13－17.

［60］石坚. 青春期智力障碍女生性防卫教育的行动研究［D］. 大连：辽宁师范大学，2017.

[61] 孙红旗. 青少年性教育缺失问题浅析 [J]. 预防青少年犯罪研究, 2015 (5): 100-102.

[62] 唐庆蓉. 上海市民办高职院校学生健康素养及健康危险行为现况研究 [D]. 大海: 复旦大学, 2013.

[63] 王波. 女性智力障碍者性侵害的研究述评 [J]. 中国特殊教育, 2011 (7): 28-32.

[64] 王道俊, 王汉澜. 教育学 [M]. 北京: 人民教育出版社, 1999.

[65] 王文卿, 潘绥铭. 意识形态斗争对我国性教育的影响 [J]. 宁波大学学报, 2008 (2): 132-138.

[66] 王曦影, 王怡然. 新世纪中国青少年性教育研究回顾与展望 [J]. 青年研究, 2012 (2): 48-57.

[67] 王雪. 智障儿童性教育回顾与展望 [J]. 绥化学院学报, 2013, 33 (10): 85-88.

[68] 王雪峰, 高畅. 作为教育的性教育 [J]. 华北水利水电大学学报 (社会科学版), 2004, 20 (1): 14-17.

[69] 王艺, 方刚. 高中生性教育教学工具包 [M]. 北京: 知识产权出版社, 2020.

[70] 王莹. 智障学生青春期健康教育教学的实践探索 [J]. 中国校医, 2018, 32 (3): 166-167+169.

[71] 王友平, 李建明, 邓明昱. 美国关于学校性教育的争论 (美国学校性教育现状简介之二) [J]. 国际中华神经精神医学杂志, 2005 (2): 84-96.

[72] 王志强. 蝶变: 新中国性教育历程纵览 [J]. 考试周刊, 2011 (50): 197-198.

[73] 魏青. 教育学 [M]. 成都: 西南交通大学出版社, 2005.

[74] 沃文芝, 程静. 四川省小学生性教育现状的研究 [J]. 成都工业学院学报, 2014, 17 (2): 85-88.

[75] 吴刚平. 课程资源的开发与利用 [J]. 全球教育展望, 2001 (8): 24-30.

[76] 吴阶平. 开展青春期性知识和性道德的教育刻不容缓 [J]. 性学, 1998, 7 (1): 3-7.

[77] 吴薇. 中美两国青少年性教育比较研究 [D]. 长春: 东北师范大学, 2006.

[78] 吴晓晶. 欧洲性教育的改革与创新——"全人性教育"之标准、特征分析 [J]. 中国性科学, 2014, 23 (7): 85-87.

[79] 吴晓晶. 欧洲中学性教育的探索和特点 [J]. 青年探索, 2014 (4): 49-53.

[80] 熊利平, 张文京. 智力障碍人士性教育原则初探 [J]. 中国特殊教育, 2004 (7): 60-63.

[81] 薛亚利. 青少年成才、性认知与性教育模式问题 [J]. 当代青年研究, 2009 (4): 55-60.

[82] 杨爱娟. 图画书在幼儿园集体教学活动中选用状况调查 [D]. 上海: 华东师范大学, 2010.

[83] 杨丹蓉. 辅读学校智力障碍学生与性有关问题行为的现状与干预研究 [D]. 上海: 华东师范大学, 2011.

[84] 杨玉学. 成长之道 [M]. 北京：中国人口出版社，2012.

[85] 叶国洪，杨显国，潘国森. 引入中医节欲学说：香港中小学性教育改革刍议 [J]. 中国性科学，2000（4）：15-18.

[86] 约翰·盖格农. 性社会学：人类性行为 [M]. 李银河，译. 呼和浩特：内蒙古大学出版社，2009.

[87] 岳盼，刘文利. 美国两大性教育模式的效果比较与政策发展 [J]. 比较教育研究，2014（1）：75-80.

[88] 张玫玫，那毅. 浅谈性价值观——当前我国性教育的重要课题 [J]. 中国性科学，2004，13（11）：25-26.

[89] 赵玉梅. 性教育绘本在幼儿性教育中的应用研究 [J]. 科教文汇，2020（32）：172-173.

[90] 赵蕴楠. 特殊儿童的性教育研究综述 [J]. 新课程（中），2014（6）：179-182.

[91] 中国就业培训技术指导中心，中国心理卫生协会. 心理咨询师（基础知识）[M]. 2版. 北京：民族出版社，2012.

[92]《中国性科学百科全书》编辑委员会，中国大百科全书出版社科技编辑部. 中国性科学百科全书 [M]. 北京：中国大百科全书出版社，1998.

[93] 中华医学会儿科学分会内分泌遗传代谢学组青春发育调查研究协作组. 中国九大城市男孩睾丸发育、阴毛发育和首次遗精年龄调查 [J]. 中华儿科杂志，2010，48（6）：418-424.

[94] 中华医学会儿科学分会内分泌遗传代谢学组青春发育调查研究协作组. 中国九大城市女孩第二性征发育和初潮年龄调查 [J]. 中华内分泌代谢杂志，2010，26（8）：669-675.

[95] 种华东. 智力障碍学生性教育的课程开发与实施 [D]. 重庆：重庆师范大学，2011.

[96] 朱广荣，季成叶，易伟，等. 中国性教育政策回顾研究 [J]. 中国性科学，2005（3）：1-3.

[97] Alford S. What's wrong with federal abstinence-only-until-marriage requirements [EB/OL]. (2013-09-20) [2022-10-21]. http://www.advocatesforyouth.org/storage/advfy/documents/transitions1203.pdf.

[98] Douglas B K. The impact of abstinence and comprehensive sex and STD/HIV education programs on adolescent sexual behavior [J]. Sexuality Research and Social Policy, 2008 (3): 18-27.

[99] Jones T. A sexuality education discourse framework: Conservative, liberal, critical, and postmodern [J]. American Journal of Sexuality Education, 2011, 6 (2): 133-175.

[100] Linda C McClain. Some ABCs of feminist sex education (in light of the sexuality critique of legeal feminist) [J]. Columbia Journal of Gender and Law, 2006 (1): 63-88.

[101] Watts J. China sex education lags behind sex activity [J]. The Lancet, 2004, 363 (9416): 1208.

[102] WHO Regional Office for Europe and Federal Centre for Health Education. Standards for Sexuality Education in Europe [EB/OL]. (2013-07-01) [2023-10-30]. http//www.oif.ac.at/fileadmin/OEIF/andere_Publikationen/WHO_BzgA_Standards.pdf.